总主编　方剑乔

# 浙江中医临床名家

# 周郁鸿

武利强　主编



科学出版社
北京

## 内 容 简 介

本书是“浙江中医临床名家”丛书之一，介绍了浙江名医周郁鸿。周郁鸿教授出身于医学世家，是全国知名的中西医结合血液病学专家，全国第五批老中医药专家学术经验继承工作指导老师，国家中医临床研究基地血液病学术带头人，在应用中医药治疗血液系统疾病方面具有极深造诣。本书共分六章：中医萌芽、名师指引、声名鹊起、高超医术、学术成就、桃李天下。重点介绍了周郁鸿教授从初学中医到经过名师指点，在临床实践中逐步成长为中医血液病名家的学医成才之路，同时介绍了周郁鸿教授治疗血液系统疾病的学术成就、学术思想及临床经验。向读者展现了中医中药在血液病治疗中的作用，并通过具体的病例展示如何在实际临床工作中进行中西医结合治疗血液系统疾病。

本书可供中医临床、科研人员及在校学生阅读使用，也可供中医爱好者参考使用。

**图书在版编目（CIP）数据**

浙江中医临床名家. 周郁鸿 / 方剑乔总主编；武利强主编. —北京：科学出版社，2019.7

ISBN 978-7-03-061808-5

Ⅰ. ①浙… Ⅱ. ①方… ②武… Ⅲ. ①周郁鸿-生平事迹 ②血液病-中医临床-经验-中国-现代 Ⅳ. ①K826.2 ②R259.52

中国版本图书馆CIP数据核字（2019）第137192号

责任编辑：鲍　燕　刘　亚　白会想 / 责任校对：王晓茜

责任印制：徐晓晨 / 封面设计：黄华斌

科学出版社 出版

北京东黄城根北街16号

邮政编码：100717

http://www.sciencep.com

北京捷迅佳彩印刷有限公司 印刷

科学出版社发行　各地新华书店经销

*

2019年7月第 一 版　开本：720×1000　B5

2020年1月第二次印刷　印张：13　插页：2

字数：233 000

**定价：68.00 元**

（如有印装质量问题，我社负责调换）

2018.3.20中国血小板日公益活动

（左起樊燕荣女士、阮长耿院士、周郁鸿教授、孟桐妃女士）

周郁鸿教授从教40周年合影

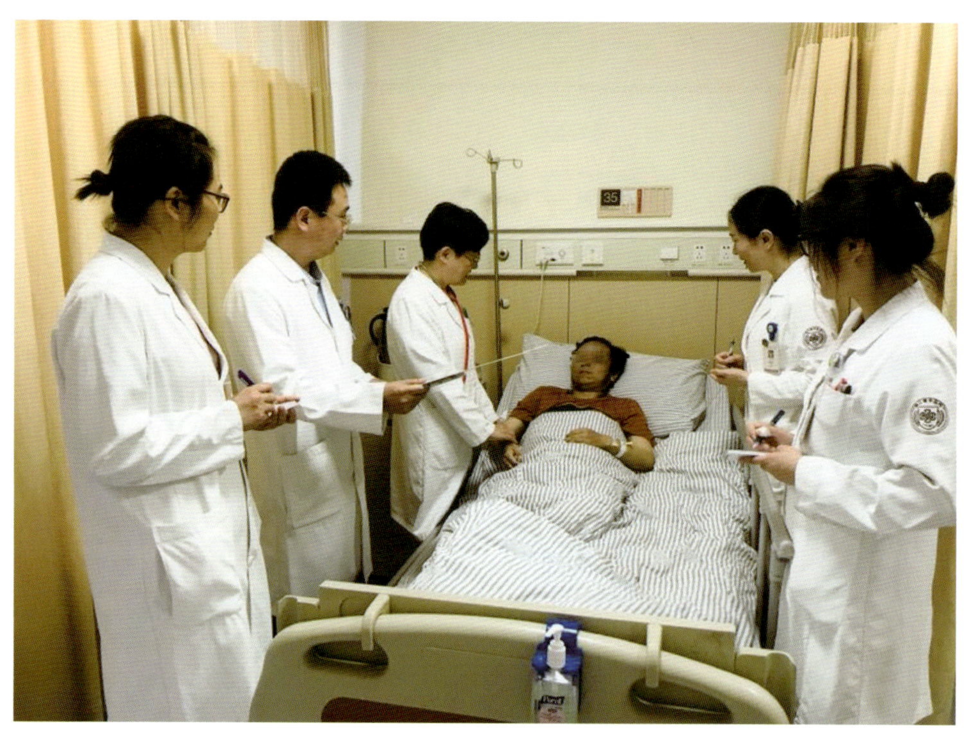

周郁鸿教授在浙江省中医院下沙院区教学查房

周郁鸿名医工作室成员合影

# 浙江中医临床名家

# 丛书编委会

# 浙江中医临床名家·周郁鸿

## 编　委　会

**主　审**　周郁鸿

**主　编**　武利强

**副主编**　林圣云　高雁婷

**编　委**（按姓氏笔画排序）

| | | | |
|---|---|---|---|
| 王　珺 | 毛钰轩 | 叶宝东 | 许晓娜 |
| 李　朗 | 李杭超 | 李晓蕾 | 吴迪炯 |
| 沈一平 | 沈建平 | 宋岩松 | 张　宇 |
| 陈　颖 | 陈志炉 | 邵科钉 | 武利强 |
| 林圣云 | 俞庆宏 | 高雁婷 | 赖正清 |
| 魏　岳 | | | |

# 总　序

中华医药，博大精深，源远流长。灵兰秘典，阴阳应象，穷万物造化之妙；《金匮》真言，药石施用，极疴疾辨治之方。诚夷夏百姓之瑰宝，中华文明之荣光。

浙派中医，守正出新，名家纷扬。丹溪景岳，《格致》《类经》，释阴阳虚实之论；桐山葛岭，《采药》《肘后》，载吴越岐黄之央。固钟灵毓秀之胜地，至道徽音之华章。

浙中医大，创业惟艰，持志以亢。忆保俶山下，庠序进修，克艰启幔；贴沙河干，省立学府，历难扬帆；钱塘江畔，名更大学，梦圆宇响。望滨文南北，富春秋冬，三区鼎足，一校华光；惟天惟时，其命维新，一德以持，六艺互襄；部省共建，重校启航，黾勉奋发，踵武增华。

甲子校庆，名医辈出，几代芳华。值此浙江中医药大学建校六十周年之际，特辑撰“浙江中医临床名家”丛书，以五十二位浙江中医药大学及直属附属医院名医为体，以中医萌芽、名师指引、声名鹊起、高超医术、学术成就、桃李天下为纲，叙名家成长成才之历程，探名家学术经验之幽微，期有益于同仁之鉴法、德艺之精进。

方剑乔

时己亥初夏

# 序

周郁鸿教授是国家中医临床研究基地血液病学术带头人，这次邀我作序，我欣然答应，深感荣幸。

周郁鸿教授1977年从浙江医科大学（现浙江大学医学院）毕业后，1986年结业于浙江中医学院西学中班，一直就职于浙江省立医院（现浙江中医药大学附属第一医院），从事临床医学工作40余载。医疗工作的艰辛自然不必多说，可贵的是，她始终秉承“大医精诚，救死扶伤”的初心；保持兢兢业业、一丝不苟的学术精神；传承经典、提携后辈、不断创新；在几十年的医疗临床一线工作中，兢兢业业、勤勤恳恳，以高度的责任心、优良的品德、丰富的知识和出色的能力，爱岗敬业，默默奉献，其本人及团队在中西结合治疗血液疾病方面取得了非常优异的成绩。

中医学是中华民族的宝贵财富，蕴含着深邃的哲学智慧，提倡“整体观念”和“辨证论治”。我曾在不同场合多次提到“诊治疾病的对象是患者而不是疾病，诊治的角度应是整体而不是局部”，这和中医学的诊疗思维是相统一的。周教授学贯中西，好学深思，该书系统地阐述了她多年来积累的诊疗理念、辨证思维、用药实践，同时附上了许多诊治实例，可谓是提炼精华、厚积薄发，为医学专业工作者提供了一份不可多得的学习资料。

现代科技迅猛发展，生物工程、人工智能等技术与传统中医药结合越来越紧密，医学的传承，正是需要不断地总结才能有源源不断的创新和发展。该书出版，望读者在探究中国医学的道路上得到指引，获得裨益，助力中国医学更好地走向世界。

苏州大学附属第一医院<br>江苏省血液研究所　阮长耿

2019年2月

# 目　　录

第一章　中医萌芽 …… 1
　第一节　一入医门深似海 …… 1
　第二节　博大精深需用心 …… 4
　第三节　立下终身学医志 …… 6
　第四节　甘为往圣继绝学 …… 8
　第五节　愿为百草著新篇 …… 9

第二章　名师指引 …… 12
　第一节　求得真知为梦想 …… 12
　第二节　为学莫重于尊重 …… 15
　第三节　瀚海医业精于勤 …… 16
　第四节　言传身教育德行 …… 19

第三章　声名鹊起 …… 21
　第一节　悬壶济世效贤人 …… 21
　第二节　到处逢君岂偶然 …… 25
　第三节　潜沉从医十春秋 …… 26
　第四节　医术超群人人尊 …… 28

第四章　高超医术 …… 31
　第一节　补肾祛瘀髓劳愈 …… 31
　第二节　益气滋阴疗紫癜 …… 47
　第三节　攻补兼施邪自除 …… 65
　第四节　解毒散结消痰核 …… 79
　第五节　中西结合疗骨痹 …… 88
　第六节　痰瘀同治除血积 …… 97

第七节　健脾益肾治虚劳……119
第八节　固本化瘀解髓毒……124

第五章　学术成就……136
第一节　未病先防为上工……136
第二节　血液痰瘀同治观……146
第三节　中西合参整体治……155
第四节　药对妙用画龙睛……160
第五节　著文写作育弟子……162

第六章　桃李天下……166
第一节　喜看杏林丰硕果……166
第二节　继往开来得益彰……171
第三节　望闻问切好传承……178
第四节　中华瑰宝有传人……184
第五节　谢却功名身外物……188
第六节　誉满乾坤享桃李……189

参考文献……192
附录一　大事概览……194
附录二　学术传承脉络……197

# 第一章

# 中医萌芽

## 第一节　一入医门深似海

周郁鸿教授出生于浙江杭州一个医师之家，祖籍浙江江山。父亲周朗生先生曾经担任浙江大学医学院附属第二医院大内科主任，于20世纪60年代受命筹建望江山疗养院，并担任院长，在望江山疗养院工作了四五十年之久。周朗生先生毕生从事临床医疗工作，尤以肝病为主，医术精湛，工作勤奋，同时对科研也十分重视，在全国主要的内科杂志上曾发表过多篇有影响的科研论文。浙江医科大学传染病研究所的刘克洲教授回忆道，周院长勤奋好学，对医术精益求精，当年刘教授担任中华医学会肝病学会常务委员暨浙江省主任委员，中国中西医结合肝病学会副主任委员暨浙江省主任委员等职务时，周院长是学会顾问，每次开学术年会，周院长总是坐在前排，从头至尾认真听取每位讲者的学术报告，大家深受感动。同时周院长非常重视年轻医生的教育和培养，给予年轻医生指点，放手让年轻人思考和钻研，周院长团队在肝病方面的主要贡献有两方面：一是乙型肝炎在母婴传播上的阻断，二是通过长期临床观察得出肝病患者不能超高能量营养支持的结论。周院长在长期临床实践中发现西医治疗肝病的局限性，而中国传统医学治疗肝病疗效很好，他于20世纪70年代初脱产二年，参加了西学中培训班，系统学习了中医理论知识，结业后在中西医联合治疗肝病方面取得了很大的成绩，同时也督促全院医务工作者加强中西医业务学习，鼓励他们联系临床实践，写成论文发表。因此一时间，业务学习和论文撰写在望江山疗养院蔚然成风。

周院长对职工们的关怀和体贴，更是有口皆碑，如技术骨干或家属患病住院，会抽空亲自到病房探望，当年在单位住房分配问题上也总是高风亮节，将住房让给最需要的职工，如今许多医生和护士说起周院长都感动得热泪盈眶。周郁鸿的外公从事中药材工作，唯一的女儿也就是周郁鸿的母亲祝震岷。周郁鸿的母亲祝震岷，安徽人士，年轻时嫁入浙江江山周家，是一位典型的贤妻良母，当年是浙江医科大学（现浙江大学医学院）内科教研组讲师，兼任浙江大学附属第一医院骨髓室负责人，事业上一直默默支持和辅助丈夫周朗生，家庭生活上细心养育三个子女。三个子女中两个女儿也都成长为名医，周家也算是医学世家。周郁鸿是家中老小，本应在家中受到父母的宠爱，但1968 年初中毕业后正逢知识青年上山下乡高潮，她也被这股浪潮带到了浙江诸暨。诸暨枫桥乡历史文化底蕴深厚，民风淳朴，当年周郁鸿的母亲祝震岷到诸暨枫桥乡进行巡回医疗时，与当地百姓结下了良好的关系，这也是母亲为女儿选择去诸暨下乡的原因。让母亲没想到的是，小女儿身形虽小，却从不服输，下乡期间同其他知青和当地农民一样挑担插秧。周郁鸿深受家庭的影响，渴望知识，热爱学习，在下乡期间工作之余认真学习，她的精神感动了知青的领导。1971 年她被保送到诸暨师范中等学校红师班培训学习（相当于现在的职高），毕业后被分配至诸暨县栎江公社三联学校教数理化，由于当时学校师资不完备，要同时给小学和初中的学生授课。后来周郁鸿成为名医后因材施教，成功培养出众多优秀学生与她人生中的这段经历有很大关系。

在诸暨下乡期间，周郁鸿有幸在诸暨人民医院遇见了第一位医学老师魏克民教授，魏克民教授可以说是周郁鸿西学中的启蒙老师。魏克民教授是周郁鸿母亲祝震岷的学生，1959 年毕业于哈尔滨医科大学，1964 年结业于成都中医学院西学中班，曾在中央保健局工作，负责中央领导同志的保健工作，一生经历坎坷，但无论什么时候，他心里都有一杆标尺，严格约束着自己的言行，在医学科学的大道上，即便是面对艰难坎坷，无私无畏的他，也一样直道而行。魏克民教授学风正派，治学严谨；他待患如亲，一视同仁；他廉洁从医，有口皆碑。魏克民教授崇尚中医，却不拘泥于中医，他遵循“勤求古训，博采众方”“博涉知病，多诊识脉，屡用达药”的古训，在中西医结合理论的指导下，在血液病和肿瘤的临床诊治上取得了突破性进展。魏克民教授擅长应用中西医结合治疗各类贫血、白细胞减少症、血小板减少性紫癜、白血病、恶性淋巴瘤、多发性骨髓瘤和其他恶性肿瘤，擅以活血化瘀、补肾生血、补中益气、养阴生津法则治疗血液病，以扶正祛邪、清热解毒、软坚散结、化瘀通络法则治疗恶性肿瘤，形成了独特的临床特色，在医疗界和患者中享有很高的声誉。他工作 45 年后获得全国五一劳动奖章、中国中西医结合学会贡献奖、中华中医药学会学术传承特别贡献奖等，被评为全国卫生系统先进工作者、浙江省劳动模范、浙江省中医药先进工作者、浙江省卫生系统优秀党员等。周郁鸿下乡的时候，魏克民教授也被下放到诸暨工作，魏教授历经坎坷，依旧对医学执着追求，无私奉献。周郁鸿也因此将魏教授视为榜样。魏克民教授专心研究中西医结合治疗，他精心钻研医术的精神影响着周郁鸿，为周郁鸿以后的医学生涯开启了一个航标。

1974 年 9 月由于工作认真，思维活跃、深受大家喜爱的周郁鸿被知青点领导推荐上大学深造，当年魏克民教授提出，周郁鸿的外公、父母都从事医学工作，出身于医学世家，父母的言传身教对她有着深刻的影响，应该推荐上医科大学，今后肯定能成为一位好医生，于是周郁鸿顺利地被保送至浙江医科大学学习。1977 年周郁鸿大学毕业后被分配至浙江省中医院内科工作。时逢百废待兴之际，医学科学技术逐渐受到人们的尊崇，而医学发展更是走在前沿。周郁鸿下过乡，就读过师范学校，当过民办教师，她十分珍惜每一个学习机会，虚心向老主任和老医师们请教和学习，刻苦钻研业务知识，一直尽心尽责、兢兢业业地工作在临床一线，内科基础十分扎实，被当时的大内科主任马逢顺教授看中，从此走上研究血液病的道路。马逢顺教授是周郁鸿人生中的严师益友，也是周郁鸿血液专病的启蒙老师。

马逢顺是著名血液病专家、教授，1916 年 12 月出生于绍兴陶堰，1945 年毕业于贵阳医学院；先后在战地医院、上海军医大学、浙江医科大学附属第一医院工作，1956 年后一直在浙江省中医院从事内科血液病工作，任内科主任多年，为浙江省中医院血液科的创始人，为探索血液病的治疗和血液科的发展打下了坚实的基础。1972 年她负责建立血液病专科组，1984 年建立血液病研究室，即之后的血液病研究所，1986 年血液科正式独立建科，马主任为医院培养了多名血液学临床和科研人才，为当前成为国家中医临床研究血液病建设基地奠定了良好基础。1986 年 8 月马主任获教授资格，先后任浙江省医学会血液病专业委员会副主任委员、主任委员及顾问。1958 年马主任和名中医吴颂康教授联手创新性地采用中西医结合疗法治疗 1 例重型再生障碍性贫血（简称再障），首次获得成功，当年被新华社报道，轰动中外。此后马主任根据慢性再障的临床症状从肾辨证论治，率先提出“补肾益气生血”的治则治法。1973 年马主任主持开展了中药提取物三尖杉酯碱治疗白血病新药的研究和开发，20 世纪 80 年代血液科首创的 HOAP 和 HA 联合化疗方案，目前已成为治疗急性非淋巴细胞白血病的一线疗法。三尖杉酯碱的提取和发

明获1978年首届国家科技大会奖、1980年浙江省科技成果二等奖及首届中国中医药文化博览会神农杯金奖。20世纪80年代马主任承担并开展浙江省血红蛋白病的普查工作，收集了8万个病例的研究，发现有价值的罕见的异常血红蛋白病7个家族，并调查了浙江省的异常血红蛋白病分布状况，填补了该方面的空白，该研究获1984年浙江省政府科技成果奖。自20世纪80年代以来，马主任一直致力于人参的提取和作用机制研究，经过10年的钻研，终于成功研制出浙江省中医院血液科的中药制剂——升血灵胶囊。1995年马主任创新性地应用自行研制的第一代人参提取产品升血灵胶囊（人参总皂苷）治疗再生障碍性贫血、免疫性血小板减少性紫癜，其疗效好，安全性高，深受患者的好评。马主任的研究成果先后获浙江省政府科技成果二、三等奖9项，其中5项排名第一，包括"三尖杉酯碱联合疗法治疗白血病急非淋白血病""浙江省血红蛋白病调查与研究""白血病祖细胞集落形成及对Hom和Ara-C的敏感性测定"和"细胞短期培养法预测高三尖杉酯碱等五种药物对急性白血病敏感性研究"等；先后发表学术论文50余篇。马主任博学众采，实干苦干，扎下深根，是医学上的一棵参天大树。她胸怀坦荡，忠诚事业，对下级医师既关心又严格，把知识和情感，都贡献给了医学事业。90多岁时虽已退休多年，但科里许多医生，还是把她尊为"医母"，经常向她请教。她也确实像慈母那样关心着大家，有求必应地帮助大家解决一些疑难问题，成为科里最亲爱的人。

在马主任的言传身教下，为了提高血液病的诊治水平，周郁鸿抓住每一个可以学习的机会，外出进修学习，参加国内外学术交流，不断地充实自己的专科知识。受她的父亲、魏克民和马逢顺教授中西医结合治疗疾病的影响，身在浙江省中医院的她充分体会到祖国医学的博大精深，人到中年仍积极报名参加学校举办的西医人员学习中医培训班学习。她认真学习，请教老中医专家，如今周郁鸿将中西医知识融会贯通，成为全国知名的中西医结合治疗血液病的名家、第五批全国老中医药专家学术经验继承工作指导老师、博士后流动站指导老师、国家中医临床研究基地血液病学术带头人。

## 第二节　博大精深需用心

1986年10月，浙江省中医院血液科正式独立建科，当时血液学科有很多如“再生障碍性贫血”“白血病”“血小板减少”等疑难专病需要研究和治疗，也有许多现代医学无法解决的难题，周郁鸿认为，既然在省中医院工作，就应该发挥祖国医学的作用。周郁鸿的父亲周朗生院长当时在肝病领域用中西医结合治疗取得了很大成果，深受医生和患者的爱戴，周郁鸿深受父亲的影响，1996 年当听到学校要举办西医人员学习中医培训班时，积极报名参加学习，周郁鸿年过四十学习中医，辛勤依然，培训班有很多名师名医授课，她每次上课都坐在前排，认真做笔记，课后勤于推敲，工作之余虚心求教院内外多名名老中医。在这些名家的帮助教导下，她圆满完成了中医理论的系统学习。更有幸的是，周郁鸿遇到了人生中的第二位中西医结合老师钟达锦教授，钟达锦教授也是她西学中的引路人。

钟达锦，1934 年 10 月出生，福建省武平县人，1959 年浙江医科大学临床医学系毕业，同年留校任临床教师，1973 年浙江中医学院西学中班结业，1980 年于中国中医研究院进修，在浙江大学附属第一医院工作 52 年；擅长造血系统、消化系统、肿瘤、心理障碍等疑难疾病的诊治，主攻溶血性贫血、血小板疾病、胃炎及慢性肝病、肿瘤的治疗。钟教授在 50 余年的临床工作中积累了丰富的经验，已形成具有显著中西医结合特色的诊疗思路，钟教授从中西医两种医学体系认识肿瘤的发生和发展，认为 1/3 的患者是可以预防的，80% 的肿瘤与生活习惯、环境因素有关。由于多数肿瘤患者早期无明显表现，从而未能早期发现、早期诊断、早期治疗。一旦发现多已处于中晚期，治疗十分棘手。而从中医整体观念出发，肿瘤的发生虽表现在某一局部，但与全身的正气关系密切，正如《黄帝内经》所云：“正气存内，邪不可干”“邪之所凑，其气必虚”。因此，中医认为其病机是一种“正不胜邪”“邪进正退”的渐进过程，正确辨明其可能的致病邪气和患者全身状况（正气），对中西医结合治疗本病具有重要指导意义。另外应该准确把握时机，适时制定有效的中西医结合治疗方法，能较大地改善肿瘤治疗疗效。自从学习中医后，周郁鸿认识到，要学好中医，用好中医，仅仅靠老师上课讲的内容和书本知识远远不够，跟师和临床实践非常重要。钟教授是周郁鸿父亲西学中班的同学，也是她母亲医院的同事，周郁鸿经父母介绍认识了钟教授，经常去钟教授诊室和家里虚心请教，钟教授也非常喜欢这个学生，从中医基础和中医诊断到临床案例不厌其烦、循序渐进地讲解，使周郁鸿受益匪浅，周郁鸿又将这些知识灵活应用到血液病临床实践中，疗效显著，获得病人好评。

2000 年周郁鸿面临晋升主任医师职称选择执业类别的问题，是选择晋升西医的主任医师还是选择晋升中西医结合主任医师，如果选择中西医结合主任医师，与中医专业出身的专家们竞争，是对自己的一次高难度挑战。周郁鸿为了学科在中西医领域有所突破，也对中西医联合治疗血液病有很大的信心，决定背水一战！中西医结合主任医师考试内容必须要掌握中医、西医内科专业相关的基本理论，包括西医学的解剖学、生理学、病理学、病理生理学、临床免疫学、临床生化、微生物学，还要熟练掌握中西医结合内科专业（包括心血管、呼吸、泌尿、消化、神经、血液和造血系统疾病、风湿性疾病、内分泌和代谢疾病、传染病）的中西医基础理论。周郁鸿每天白天上班，晚上捧着像砖头一样厚的专业书本学习，有很多不懂的地方，她一个个记下来，累积一定数量的问题就跑到钟达锦教授家里请教，钟教授非常欣赏周郁鸿勇于挑战的勇气，耐心细致地一一辅导和讲解，这次短时间强化复习中西医知识，对于周郁鸿来说，又一次巩固和提升了中西医理论基础。2000 年，她顺利通过了职称考试，证明了自己中西医结合的功底，也增加了中西医结合治疗血液病的信心。

## 第三节　立下终身学医志

许多重病的患者都对医院望而生畏，一则是危险的病患能不能治好，二则是高额的医药费能否承受得了。在血液科临床中，有不少其他医院治疗疗效不佳的患者慕名来到浙江省中医院，找到周郁鸿主任，周郁鸿主任想的是如何用中西医两套方法治好患者，她的座右铭是“凡是有希望的患者，一个也不能放弃”。

秀秀是位年仅 18 岁的花季少女，2003 年春天由江西随父母来杭州打工，不幸患上急性再生障碍性贫血，浑身乏力，奄奄一息。虽然几度求医，可是到了 2004 年春天，病情更加严重，药物治疗无效，只得依赖输血才能维持生命。彻底治愈疾病的办法只有进行亲缘间异基因骨髓移植。通过 HLA 配型检查，她和妹妹的 HLA 六个位点全部相合。这一喜讯，使周郁鸿主任分外激动。可是，这一手术需要 15 万元以上的费用，这对一个贫寒的家庭来说，无疑是一个天文数字。她的父母向天发出哀叹：“谁能救救我们的女儿？”一年多来，秀秀家为了给秀秀治病，已经欠了七八万元的债。妈妈每天流着眼泪看着女儿，秀秀看到妈妈天天流泪，心里难过，开始拒绝服药，好几次哭着对妈妈说：“妈妈，你对我的好我不会忘记。我不想治疗了，还是让我安静地走吧！”母女俩唯有抱头痛哭，绝望哀号。周主任看在眼里，疼在心里。她对患者家属说："我们医院已经为50多名白血病患者成功地进行了各种类型的造血干细胞移植，大多数患者都获得了新生，第一例急性白血病患者，异基因骨髓移植手术后12年，现已经成家并且生了孩子。再生障碍性贫血的造血干细胞移植治愈的概率比白血病移植治愈概率还要大。而且你们姐妹俩6项指标全部配上，成功概率是十分大的。至于费用，我尽量帮你们想办法。"患者家属听到这里，真不知用什么话感谢才好，也不知周主任怎样帮助他们想办法。周主任根据这位患者的手术要求，与科室成员制订了周密的中西医联合治疗方案，力图花最少的钱取得最佳的治疗效果。周主任首先向医院里打报告，说明这个患者的种种困境，请求医院同意减免一部分检查费、住院费，得到了医院领导的大力支持。但患者仍需交纳10万元方能进行手术。周主任马上与医院对外联络部门取得了联系，找到了热心的方记者，方记者尽力向社会呼吁，寻求资助，以解决一些必不可少的医药费用。一些医药公司也发扬着治病救人，乐善好施的传统美德，赠送给秀秀许多移植所必需的贵重药品，如丙种球蛋白、环孢素、提升白细胞和血小板的重组人粒细胞刺激因子、重组人白细胞介素-11等。在周主任的帮助下，加上社会上许多好心人的捐助，秀秀终于在2004年10月进行了骨髓移植手术，并且取得了成功。移植5年后复查，再生障碍性贫血完全治愈。她爸爸激动地说：我女儿恢复了健康，她的第二次生命，是杭州人给的，更是周主任他们给的！

其实，周主任做的何止这些？几年前，一位开化农民患骨髓增生异常综合征，在当地治疗多年全无效果。转到浙江省中医院血液科后，经过中西医结合治疗病情好转，准备出院时却怎么也凑不齐欠缺的2000元钱，周主任知道后就去住院处替患者交足了这笔钱。患者出院后多次来院复查，周主任只管治病，从不提钱的事。最后患者病情得到彻底治愈，可那钱始终不见来还，科室里人都替她抱不平，她却说："患者一定是实在太困难。"5年后的一天，那位患者来杭州做家政打工赚了钱，来还钱给周主任，但周主任早把这事忘了。一时间这故事在血液科成了佳话，也促使广大医护人员主动为患者排忧解难，得到患者的一再好评。平时，周主任在门诊时借钱给临时缺钱配药的患者已成家常便饭，多不胜数！她在业务上精益求精，融会中西医两套方案治病，在治病以外始终关心着患者的方方面面，成了患者的主心骨。

## 第四节　甘为往圣继绝学

从2004年起，担任多年科室副主任的周郁鸿继任了科主任。她医术精湛，领导有方，但她从不摆架子，依然以她的平易近人，热情负责的态度带领全科职工并肩前进。探讨学科建设思路，构建科室发展梯队。

“不辜负老一辈科主任创建的业绩，不耽误下一级医师们事业发展的前程”，这是她一直思考的问题。逢年过节，科室总要安排聚会，邀请老前辈参加，虚心听取他们对科室的建议。她对科室的发展有一条清晰的思路，积极支持和鼓励下级医师在医术上的深造，把科室医师的硕士化和博士化作为科室发展的重点，科室每位西医人员必须要学习中医，将中医人员送到北京或天津进修，副高职称以上人员要有自己主攻的亚专业，一有国内外学术交流的机会，她都很细致的轮流安排人员去学习交流，她真切地说：“希望我的下一代医术都能比我好。”

周郁鸿主任很注重科里医疗组业务水平的共同提高，她要求每个医疗组都能做血液界高难度的骨髓移植，如白血病患者从初诊联合化疗到骨髓移植及移植后的随访都要同一个医疗组专门负责，全科人员参与，真正做到首诊负责制，以提高恶性血液病的治愈率和患者的满意度及信任度。周主任也非常重视中医特色诊疗技术在血液病中的治疗，尤其对再障的辨证分型专方治疗、中医辨证联合西医治疗及中医药在异基因骨髓移植治疗急性重型再障及其并发症的预防等特色诊疗技术方面进行了卓有成效的临床研究，取得了一系列达到国内先进水平的研究成果，形成了一支中医特色鲜明，稳定团结的研究队伍。浙江省中医院血液科从建科的12张病床壮大成为今天拥有两个院区、3个血液病病区，180张床位、21张骨髓移植无菌层流床，掌握全国领先的中西医结合血液病治疗方法的重点学科。周郁鸿主任带领的学科团队经过多年的努力，在中西医结合诊治血液病上处于浙江省内领先水平，获得业界和患者的肯定和称赞，但周郁鸿主任不满足于所取得的成绩，她经常对科室的医生们说要看得远，想想科室将来的发展，一定要有远大的目标，科室才能有不断的进步。

2006年至2008年，科室为了创建国家中医药管理局中医临床血液病研究基地，周郁鸿主任积极组织科室医生总结多年来科室在中西医联合治疗血液病方面获得的经验和成果，写成创建材料，另一方面她在浙江中医药大学和浙江省中医院领导的支持帮助下，多次跑北京、天津和上海等地推广科室已经取得的临床科研成果，进一步扩大了浙江省中医院血液科在浙江省内外的知名度，2008 年依托整个医院的综合平台，在周主任的协调和组织下，科室医护人员齐心协力，终于成功申报国家中医药管理局中医临床研究血液病建设基地，同时周主任成为国家中医药管理局再生障碍性贫血协作组组长，和全国各大医院通力合作深入开展再生障碍性贫血的临床研究。通过国家中医临床研究基地的建设，科室开展了一系列临床研究，确定了“补肾益气活血”作为慢性再障的主要治则，中医药联合造血干细胞移植治疗重型再生障碍性贫血和“凉-温-热”序贯治疗急性髓劳，取得了一定的成果，并推广应用于临床。周主任及其团队建立了再生障碍性贫血诊治科学管理和全程追踪的新模式，开展中医药分阶段诊治再生障碍性贫血的临床研究，开展再生障碍性贫血研究型门诊和研究型病房的工作，明确了再生障碍性贫血免疫治疗起效时间缓慢的主要因素，对中医药分阶段诊治再生障碍性贫血方案进行优化；积极开展拓展病种（白血病、淋巴瘤、免疫性血小板减少症）的中医药研究；启动全国范围内的专家网络咨询研讨会，同时联合全国 10 个省市 16 家三甲医院参与 2014 年行业专项——“再生障碍性贫血辨证分型/分阶段中医诊治方案的临床研究”。通过基地建设，学科综合能力进一步提高，周主任以她敏锐的科研能力和极强的协调组织能力与浙江省乃至全国血液界及全科室同仁并肩作战，构建了一个团结协作、奋发进取的和谐科室，不断地攀登医学科技高峰！

## 第五节　愿为百草著新篇

周郁鸿主任不但在中西药治疗再生障碍性贫血、白血病和血小板减少症的临床研究上有较深的造诣，而且在造血干细胞移植联合中医中药治疗恶性血液病和难治性自身免疫系统疾病等方面也取得了进展。

大家知道治愈白血病的最佳方法是采用骨髓移植，浙江省中医院血液科在几位前辈主任的辛勤耕耘下，自 1991 年在浙江省内开展首例骨髓移植治疗急性白血病获得成功以来，对传统的骨髓移植手术已很熟练，而且成功率高，早已名闻遐迩。但传统的骨髓移植，是采用异基因骨髓移植或异基因外周血造血干细胞移植，这种骨髓的配对非常艰难。每 1 万～ 10 万人的骨髓才能和一位患者的骨髓配上，而几年前中华骨髓库只有 5 万人的供者资料，白血病患者却有400多万。一个需要做骨髓移植手术的白血病患者，有时等上几年也未必等到一份相合的骨髓，为此许多白血病患者病情复发死亡，无可奈何！面对这样的形势，担任科室负责人的周郁鸿主任，一方面对科内传统的骨髓移植技术精益求精，力争术到成功，尽量提高受医者的满意度。另一方面潜心钻研中医药联合造血干细胞移植的新技术，大力吸收国内外先进经验，积极开拓新的骨髓移植方法，在造血干细胞移植的不同阶段实施不同的中医治则治法，加快了患者移植植入成功率，减轻了排异反应和感染率。

2003年3月，从义乌送来一位陈姓14岁男孩患者，该患者被确诊为慢性粒细胞性白血病。按照病情发展规律，平均三四年就会进入急变期，最佳治愈方法是异基因骨髓移植。但是，几乎找遍国内外现有的骨髓库，均未找到HLA全相合的供体。周郁鸿主任觉得这病不能等，她和全科同事一起研究，提出在成功完成自体骨髓移植、自体外周血干细胞移植和兄妹间HLA全相合异基因骨髓移植的基础上进行新的探索。根据遗传学的规律，子女分别继承父母各1/2的遗传物质，也就是说父母和子女的骨髓之间至少有1/2的遗传信息是相同的，所以考虑把患者父母的骨髓移植给患者。又考虑到患者父母相比之下，母亲的骨髓移植给孩子产生的排异反应更大一些，最后确定了父亲作为移植供者。以周主任为主的治疗小组采取了周密的治疗方案，联合使用多种免疫抑制剂和无菌护理措施，9月，父亲的600mL骨髓注入到了儿子体内，骨髓回输后，辅以中药益气养阴、健脾和胃等治疗，较大程度地减轻了移植并发症，促进了骨髓造血的早日恢复。移植后23天，先后用中医药进行调理脾胃、补益扶正治疗，攻克了感染、移植物抗宿主病（GVHD）等难题，小陈的造血功能恢复，父亲的“种子”在儿子体内生根发芽，最后儿子的“O”型血也变成了和父亲一样的“B”型血。骨髓移植技术获得了重大突破。这种亲缘间不全相合异基因骨髓移植的成功，使白血病患者的生存希望大增。这说明患者的父母、兄妹都有成为有效的供体资源的可能，可以说每一个家庭都会拥有一个骨髓库！这将大大缓解骨髓供体不足的矛盾，为广大白血病患者带来最大的福音。浙江省中医院血液科的中西医联合攻克顽疾的医疗史上，又出现了一大奇迹！然而周郁鸿主任却从中看到了造血干细胞移植的更为广阔的天地。她认为除了淋巴瘤，急、慢性白血病，多发性骨髓瘤等血液恶性肿瘤能通过这一办法移植外，许多与自身免疫相关的疑难重症，如系统性红斑狼疮、重症肌无力、多发性肌炎等难治复发性自身免疫性疾病，都可用自体造血干细胞移植进行针对性的医治。近年来周主任的团队成功对难治复发性系统性红斑狼疮、重症肌无力、多发性肌炎等进行中医中药联合自体造血干细胞移植，为难治复发性自身免疫性疾病的治疗开创了一个新的局面。周郁鸿主任和她的同事们在日新月异的血液病领域里应用祖国医学不断探索新的诊治手段，攻克疑难病症，挽救患者的生命，这是他们长期追求的奋斗目标。

（林圣云）

# 第二章 名师指引

## 第一节　求得真知为梦想

2005年，周郁鸿主任所在医院要申报“国家中医临床研究基地”，鉴于周主任带领的血液学科在医院各个学科中各方面的突出表现，医院隆重推荐血液科申报，已成为名医的周郁鸿主任特地邀请中国中医科学院著名中医血液病专家邓成珊教授来医院指导。确切地说，邓成珊教授在中医血液病学上对她的指导，使周郁鸿主任在中医治疗血液病方面的业务能力得到了跨越式的、突飞猛进的提高，对于周主任来说，邓教授是她的第三位中医导师。

邓成珊教授，1938年2月出生于重庆合川县，1963年以优异成绩毕业于成都中医药大学医疗系本科（六年制），并留校任教。同年10月因国家中医继承工作需要，奉调至北京中国中医科学院西苑医院内科工作。1983年任血液病研究室副主任，1986年至1999年任西苑医院副院长。师从全国著名老中医王文鼎及朱颜先生，深得其真传，并在研究生班脱产研修一年。长期从事内科临床科研及教学工作，中医功底深厚，中西医汇通，临床经验丰富。曾赴美国、日本、德国、新加坡、泰国等国家讲学，进行医疗及学术交流。擅长血液病、免疫系统疾病及内科杂病，尤其对各种贫血、白血病、血小板减少性紫癜、骨髓增生异常综合征、风湿性关节炎及类风湿关节炎、系统性红斑狼疮等疾病有深入研究，独创见解，临床疗效卓著。同时，邓教授还承担多项重点科研课题，1986年“大菟丝子饮为主补肾中药治疗慢性再生障碍性贫血的临床及实验研究”获卫生部重大科技成果二等奖；主编《当代中西医结合血液病学》，1999年获国家中医药管理局中医药基础研究三等奖。1990年邓教授晋升为主任医师及研究员，1993年获国务院政府特殊津贴，

1995年任全国中医血液病医疗中心主任。1997年任国家中医药管理局全国名老中医师承教育导师。1999年任国家药品监督管理局中药新药评审专家。长期担任中国中医科学院专家委员会委员。他在中医药学术领域及临床研究中，主张中医为主，中西结合，兼收并蓄，融会贯通；治学严谨，刻苦钻研，站在学科前沿，在疾病的重点、热点、难点上下功夫，掌握病机，方少药专，狠抓可重复疗效。邓教授在中医血液病学领域德高望重。

2005年浙江省中医院血液科为争创国家中医临床研究血液病基地，更是为了提高科室中医治疗血液病的能力，周郁鸿主任多次电话联系和亲自到北京西苑医院面见邓教授，请求邓教授做浙江省中医院血液科的客座教授，邓教授被周郁鸿主任的诚心所感动，爽快答应了周主任的恳请。邓教授多次来到浙江省中医院血液科，他认为传统中医学对再生障碍性贫血单纯以补养气血的方法效果并不明显，他结合自己的临床实践，提出了以补肾为主治疗再生障碍性贫血的方法，由于肾为元气之根，是人身命门之所在，造血功能不好，就是元气不足，命门火衰，所以应当从补肾这个根本上着眼，从临床应用来治疗的话，适当加一些补养气血的药，以补肾为主，这样疗效就大大提高了。对于急性白血病，邓成珊教授认为，如果单纯以传统的解毒抗癌的方法进行治疗的话，效果并不好，他根据自己的临床经验，在解毒抗癌治疗的同时，根据病人的病因、症状，将急性白血病分成了热、痰、湿、瘀、虚五种类型进行治疗，收到了很好的疗效。比如虚型，很多病人是在大剂量的化疗以后，体质很虚，远期效果也不是很理想，如果我们加上一些气阴两虚、扶正的药进行治疗，对于远期效果和一些残留白血病的治疗，都起到了很好的作用。对输血依赖的再生障碍性贫血病人，他就勤求古训，博采众方，提出了“补脾不如补肾”的观点，就是说除了补养气血以外，还要用补肾的办法来治疗一些虚劳重症、疑难病症，如大菟丝子饮、当归补血汤，另外可以合并用一些血肉有情之品，比如紫河车、阿胶、红参等，这样一些治疗方法，可以减少病人输血并提高疗效。

在邓教授的悉心指导下，科室的中医理论和实践水平得到大幅度提高，2008年依托整个医院的综合平台，在周主任的协调和组织下，科室医护人员齐心协力，成功申报国家中医药管理局中医临床血液病研究基地，同时血液科也被评选为国家中医药管理局再生障碍性贫血协作组组长单位，此后和全国各大医院通力合作深入开展再生障碍性贫血临床研究。

在国家中医药管理局、浙江中医药大学和浙江省中医院领导的大力支持和帮助以及科室全体医护人员的努力下，通过几年的中医临床研究基地建设，重点病种再生障碍性贫血的研究方向及特色是“补肾益气活血法”治疗慢性再生障碍性贫血、中医药联合造血干细胞移植治疗重型再生障碍性贫血和“凉-温-热”序贯治疗急性髓劳，这些相关研究及工作取得了一定的成果，并且这些方法被推广应用于临床。他们确定了“补肾益气活血”为慢性再生障碍性贫血主要治则，在全国21家单位推广应用，急性再生障碍性贫血通过中医分期分型（“凉-温-热”）配合西药治疗（11个血液病中心验证），在全国13家单位推广应用；2014年行业专项——“再生障碍性贫血辨证分型/分阶段中医诊治方案的临床研究”，有全国10个省市16家三甲医院参与，启动全国范围内的专家网络咨询研讨会，召开5次研究者会议，完成了全国各研究中心的监察工作，进行数据录入工作。中药分阶段联合造血干细胞移植治疗重型再生障碍性贫血提高了植入率，减轻了副反应，国家中医临床研究基地科研专项“补肾活血祛瘀法联合异基因造血干细胞移植治疗重型再生障碍性贫血”通过验收，该研究初步阐明了重型再生障碍性贫血造血干细胞移植后中医证型变化特征，移植前以阴虚血热和气阴两虚为主，移植后3个月转为气虚为主；早期植入率为100%，晚期排斥率为2.44%；急性移植物抗宿主病总发生率为32.56%，其中严重的Ⅲ～Ⅳ度发生率仅为6.98%，慢性移植物抗宿主病发生率为7.32%；总成活率为90.70%。

研究建立了再生障碍性贫血诊治科学管理和全程追踪的新模式，开展中医药分阶段诊治再障的临床研究，开展再生障碍性贫血研究型门诊和研究型病房的工作（包括再生障碍性贫血临床-科研结构化病例收集和生物组织标本库建设），明确再生障碍性贫血免疫治疗起效时间缓慢的主要因素，对中医药分阶段诊治再生障碍性贫血方案进行优化。

学科还积极开展拓展病种（白血病、淋巴瘤、免疫性血小板减少症）的中医药研究和中医药护理干预血液病技术。例如，拓展病种白血病，学科参加了陈赛娟院士牵头、全国17家多中心参与的对三尖杉酯碱方案的验证研究，研究成果于2013年发表在*The lancet oncology*上，“抗白延年汤”序贯治疗联合小剂量高三尖杉酯碱+阿糖胞苷（HA）和高三尖杉酯碱+阿糖胞苷+阿克拉霉素（HAA）方案治疗老年急性髓系白血病患者取得良好疗效，围绕中医药在白血病免疫调控等方面的作用，以及中医药（及单体）在联合化疗及造血干细胞移植后的疾病复发等难题开展深入研究。关于血小板减少方面的研究完成于“十一五”国家科技支撑计划项目——“益气滋阴法治疗血小板减少症”，明确了单纯“益气滋阴”方口服治疗免疫性血小板减少性紫癜能显著改善患者临床症候，总有效率为86.25%，显著高于西药对照组（氨肽素）的59.52%。血小板计数上升方面，试验组总有效率为77.5%，对照组为72.6%，该治法在丽水市人民医院、金华市中医院、南京中医药大学附属医院、中国中医科学院西苑医院、黑龙江中医药大学附属第一医院等全国8家单位推广应用。2017年，浙江省中医院国家中医临床研究基地（血液病）以高分通过了验收。

## 第二节 为学莫重于尊重

2018年是周郁鸿主任从医40周年，多年来，她刻苦钻研业务知识，兢兢业业工作在临床一线。在教导学生时，她总是身体力行，以自己的行动感化着学生们，使学生们能够学到、学通，会操作、懂操作，更重要的是学生们能够跟着模范榜样学习如何做人行医。周主任非常关心每一位学生，学生的学习、科研、毕业论文等，事无巨细都会过问，一一解答难点，直到学生们弄懂为止，甚至学生的毕业工作去处，她都会给出合理的建议，学生毕业了，她也同样关心他们的工作和生活。有一位来自北方的学生，夫妻双方同年毕业，但不是同一个专业，很难在同一个地方找到工作，周主任经多方打听，建议小两口同时到海宁市人民医院不同科室工作。两人去到海宁市人民医院后，工作认真负责，深得科主任的喜欢。由于血液病在地级市医院很难开展，周主任亲自与海宁市人民医院的医院领导和科主任联系，在海宁市人民医院成立周郁鸿名中医工作站，每个月都会去海宁市人民医院坐诊并进行疑难病例查房，以周主任的声誉，医院吸引了很多当地血液病患者，这既方便了当地百姓，也给海宁市人民医院拓展了病源，也提高了科室业务能力。

同时周主任也非常关心和尊重老一辈主任。2008年浙江省中医院血液科首位主任马逢顺教授患胰腺癌住院。马老是血液科的元老，是学科学术的引路人，深受大家爱戴，患病那年已经90周岁，大多数子女都在国外，身边的子女也已是年逾古稀，周郁鸿主任跑前跑后联系住院，联系专家会诊制订治疗方案，带领全科各级医生轮流看望马老，给马老讲述科室近年来的开展的新技术、新项目，各级医生的临床特长，医院给科室的各种荣誉，马老看到自己开创的学科事业蒸蒸日上，后继有人，幸福和开心洋溢在心里和脸上，忘记了病痛。马老生日那天，周主任带领科室医生和护士送去鲜花和生日蛋糕，使马老感受到家的温暖，爱心贯穿在马老患病的整个过程，坚强的马老在科室同仁们的温暖下，与胰腺癌顽强搏斗，3 年后平静地离开了她热爱的医院和科室。

## 第三节 瀚海医业精于勤

2009 年医院被评为国家中医临床研究基地（血液病），重点病种是再生障碍性贫血，对于如何通过中医临床研究基地建设来进一步开展临床新技术、新项目，提升学科建设和提高业务能力，更好地开展国家中医临床研究基地的重点病种研究工作，集合全国优势力量进行科学攻关，周主任探索性地提出尝试建立以“顶级专家指导，优势力量联合”为原则，以“专家指导组—病种研究学术委员会—病种研究负责人—研究团队”为模式的病种研究队伍机制，形成国家中医临床研究基地血液病研究联盟、“十一五”重点专科协作组的研究和合作平台。

通过周主任各方面协调，医院同意聘用顶尖的中西医血液病专家“智囊团”：上海交通大学医学院附属瑞金医院陈赛娟院士担任主任委员，江苏省血液研究所所长阮长耿院士、黑龙江中医药大学附属第一医院孙伟正教授、中国中医科学院西苑医院麻柔教授为副主任委员。聘请了中国中医科学院西苑医院、中国医学科学院血液学研究所血液病医院、北京中医药大学东直门医院、北京大学血液病研究所、全国中医血液专病医疗中心、天津中医药大学第一附属医院、天津医科大学总医院、上海交通大学医学院附属瑞金医院、上海中医药大学附属岳阳中西医结合医院、浙江大学附属第一医院、廊坊市中医医院等国内血液病研究机构的一线专家 13 人担任委员，为基地血液病的研究工作提供学术指导。随着基地建设工作的正式启动，血液病病种研究学术委员会已逐步形成较完善的专家指导与协作机制，及时解决研究过程中出现的问题，在制订基地科研专项招标指南、基地重点病种国际合作意向等工作中提出了建设性建议和意见，为病种研究提供了学术咨询。

在科室内部，周主任要求紧紧围绕基地研究方向，以项目为抓手，整合国内外血液病的行业力量，汇集多方优势资源集体攻坚，形成重点研究病种临床科研协作网络。

在国内协作方面，基地设立 300 万元的科研开放基金。并根据国家中医药管理局的文件要求，制定再生障碍性贫血和白血病的临床科研问题及需求。

联合全国十几家协作单位，组织并完成2011年度中医药行业科研专项——“慢性再生障碍性贫血致重因素中医干预方案的研究”。同时血液病学科积极参加血液病行业内的研究项目，与综合性医院开展科研协作，共享科研资源。

第一，浙江省中医院自20世纪70年代初开始研究中药三尖杉酯碱，首创的HA方案，使急性白血病的缓解率上升至71.4%，该方案已成为治疗急性髓细胞白血病的一线方案。中药联合小剂量HAA化疗治疗老年白血病的临床疗效显著，基地建设首先决定扩大样本量，牵头开展全国多中心合作研究，进一步优化老年白血病中医药干预方案。第二，参加上海交通大学医学院附属瑞金医院血液病研究所陈赛娟院士牵头的科技部863计划“急性白血病的分子分型和个体化诊疗”子课题“急性髓细胞白血病生物学特征研究及化疗新方案的创建和推广应用”项目。该项目参加单位有全国17家综合性医院和浙江省中医院，浙江省中医院积极参加完成了HAA方案治疗急性髓细胞白血病的临床研究。第三，参加北京大学血液病研究所黄晓军牵头的中华医学会分子生物学临床应用研究专项基金项目“Fish技术在白血病前期（骨髓增生异常综合征）的诊断/鉴别诊断及预后评估中的临床研究”，该项目参加单位每省有1～2家，浙江省中医院为唯一参加的中医医院，通过合作研究，借助现代先进医学检测手段，开展中医防治白血病的研究，为病种研究构建技术合作的平台。第四，借助社会团体，建立社会公共服务平台。中国抗癌协会及中华慈善总会组织全国多中心进行地拉罗司（恩瑞格）治疗铁过载、甲磺酸伊马替尼（格列卫）治疗慢性粒细胞白血病的研究，该研究项目为中华慈善总会援助项目。第五，与中国及浙江省红十字会合作，借助中国造血干细胞捐献者资料库浙江分库的公共平台，开展造血干细胞移植捐献和志愿者爱心服务，为广大白血病和再生障碍性贫血患者带来福音。

在浙江省内协作方面，为保障基地科研工作的顺利开展，浙江省中医药管理局在中医药计划项目中给予政策倾斜和统筹，设立50万元的浙江省中医药重大疾病科技创新平台研究专项基金，搭建血液病科技创新平台。浙江省中医院血液科作为课题总负责单位，组织全省包括浙江大学附属第一医院、浙江省立同德医院、浙江大学医学院附属儿童医院、丽水市人民医院在内的12家单位，开展再生障碍性贫血中医药干预方案及疗效评价相关机制研究，同时在浙江省中医药管理局的支持下，前往浙江医院参观交流，商讨共建再生障碍性贫血研究平台的有关事宜。利用浙江省卫生厅的慢病管理平台，在浙江省范围内筛选再生障碍性贫血患者，开展流行病学调查研究，获得我国再生障碍性贫血流行病学特点和依据，提高了再生障碍性贫血的诊疗水平和社区康复水平。

在国际协作方面，浙江省中医院与国际著名的科研机构实行全方位的实质性合作，全面合作开展中医临床研究和中药新药研发。2011年与浙江大学附属第一医院合作主办中法血液病干细胞移植交流会，会上欧洲骨髓移植年会（EBMT）巴黎办事处主任Norbert Claude Gorin教授就欧洲干细胞移植治疗血液病情况进行了精彩的讲授，会后双方签署了《中国浙江中医药大学附属第一医院和法国巴黎第六大学医学院关于院际医学交流的协议书》，就互派血液病学临床医学专家进行学术交流开展长期合作达成共识。

作为国家中医药管理局基地业务建设专家指导组成员及血液病研究学术委员会主任委员，陈赛娟院士在基地重点病种研究过程中一直给予支持，对再生障碍性贫血和白血病研究方案的修订与实施提供了多次指导与帮助。血液病学科每年举办全国和省级中医、中西医结合血液病继教学习班，省级中医血液病年会等一系列学术活动，积极开展国内外学术交流。在举办国家中医临床研究基地血液病研究高峰论坛时，多次邀请中华医学会血液病分会主任委员阮长耿院士、中华中医药学会血液分会主任委员孙伟正教授等国内血液病研究领域的著名专家及中医临床研究方法学专家，围绕血液病临床与科研进行系列专题讲座。这些学术会议及讲座受到了院内及兄弟单位同行的广泛欢迎。

血液病的中医药治疗与研究离不开行业内的认可与支持。基地在重点病种的研究过程中，注重与血液病行业内知名专家的沟通与交流，明确研究方向；加强与行业内实力较强的综合性医院协作，及时获取最前沿的医疗与科研信息，共享研究资源。通过自身实力的不断提高，基地获得了社会及行业内的认可。周主任荣幸地担任了中华医学会血液病分会委员、中国中西医结合学会血液病分会常委、中华中医药学会血液病分会副主任委员、中国免疫学会血液免疫分会委员、中国医师学会血液病医师分会委员、浙江省中医药学会血液病分会主任委员、浙江省医学会血液病分会副主任委员、浙江省中西医结合学会血液病分会副主任委员、浙江省免疫学会血液免疫分会副主任委员、浙江省抗癌协会血液淋巴专业委员会副主任委员等。借助学术交流的平台，扩大业内影响力。

中医药在血液病治疗中大有可为，但如何在科学研究的过程中寻找符合中医药特色的发展道路，在临床实践中将中医与西医两种医学有机结合，发挥最大优势，使其理论互补、优势共存、取长补短，从而提高临床诊疗水平，是中医药治疗血液病迫切需要解决的问题。

重点病种的研究以提高再生障碍性贫血和白血病的临床疗效，减轻药物毒副作用为研究切入点，中医药疗法与血液病的西医疗法形成优势互补，能够更好地提高临床疗效，为广大血液病患者谋福音。周主任带领的团队，通过基地建设，既提高了重点病种再生障碍性贫血的治疗疗效，又培养了科室的人才，这些离不开周主任勤于思考的习惯、组织协调的能力、快速行动的魄力。

## 第四节　言传身教育德行

周郁鸿主任天生乐观，博学多才，与同事关系融洽，组织协调能力极佳，在医界有口皆碑，更由于她勤于治学，精于医术，为人正直，成绩斐然，不仅在患者中广泛享有盛誉，在血液病学中医和西医领域也有深远的影响，2008 年周主任获批为博士生导师，2012 年被评为第五批全国名老中医药专家学术经验继承工作指导老师，为国家中医临床研究基地血液病学术带头人。周主任为医院、为学科、为浙江省的中西医事业做了很多有益的工作。

熟悉的人都知道，周郁鸿教授待下级医师如亲人，一视同仁，她总是说，我们是老一辈，总要站在前、多干些。对于有困难、有困惑的同事们，她总是站在对方角度考虑，耐心、有效地指导大家。在指导下级医师的业务时，她常教诲下级医师要“活到老，学到老”，要成为一名好医师，首先要有高尚的医德医风，还要有扎实的理论基础，并在临床上不断充实自己，达到理论与实践的有机结合，方可在医学上有新的创新和突破。身在中医院工作，要充分利用中医院的资源，西医要学精中医，中医要贯通西医，只有中西医联合治疗血液病，才能在疑难的血液病问题上“中西合璧，优势互补”。她对每位医师按特点进行培养，使他们很快能成为业务骨干。为了提高科室业务能力，周主任高瞻远瞩，早在 2000 年初就提出每位高年资主治以上医师必须有自己的亚专业，每位医师根据自己的爱好和专长一一确定了亚专业，包括再生障碍性贫血、老年白血病、血小板减少、淋巴瘤、骨髓增生异常综合征、骨髓瘤，国内外有相关专业学术会议就派相应人员去参加，周主任要求每位医师对自己的亚专业要有年度计划，对临床、科研都要有所钻研，这样才能真正提高科室专业技术。武利强医师的亚专业是再生障碍性贫血，浙江省中医院当初申报国家中医临床研究基地（血液病）的重点病种是再生障碍性贫血，科室派任务给武医师写申报材料，要整合很多科室前期所做的工作成果，提出今后研究的方向，预期获得的目标，由于是原创工作，没有参考资料和格式，难度较大，写的材料经过反复修改，后遭遇了瓶颈期，周主任看在眼里，急在心里，多次进行写作指导，在科室共同协作下汇报材料得以完成，并顺利通过了评审，使浙江省中医院被选为国家中医临床研究基地（血液病），为医院和科室争得荣誉。通过基地建设，科室的科教研各方面都取得了突破性发展。在佳评如潮的声音中，周郁鸿主任无论到什么时候，都严格约束着自己的言行，在科学的大道上，即便是面对艰难坎坷，无私无畏的她，也一样勇往直前。

周主任重视学术传承，也甘为人梯，为人才的成长尽己所能地创造环境，注重中西医理论完整结合的诊疗体系，以循证医学的观点重视对疾病的明确诊断，然后按辨证的特点进行治疗。她用药强调安全第一，其次是疗效性；行医过程中秉持“医德第一，技术第二”的观点，为中医药人才梯队的发展不遗余力地奉献着自己的力量。虽然周主任已经退休，但她仍然关心科室的发展和科室人才的培养，坚持参加专家门诊和科室疑难病例讨论，为了浙江省中医院下沙院区血液科的发展，周主任将名医工作室设在下沙院区，成为下沙院区首个名医工作室，也吸引了各个名中医工作室陆续落户下沙院区。周主任无论多忙都坚持到下沙院区出门诊并亲自到病房查房，为病人提出自己的治疗建议。周主任的一言一行感染着科室每一位医师，大家有各方面的问题都会向她请教，她都会给大家满意的答案；同时周主任善于与各类名家交流学习，博采众长，自成一格，她的诊治特色与临证经验积累于临床，升华于临床，渗透于临床，她不因循守旧，也不故步自封，开创了独特的个体化诊疗体系，在血液病的中医药辅助、分阶段治疗和客观规律方面有开拓性成就。在她的影响下，血液学科成为了医院有名的学风正、德育良好的科室，浙江省中医院血液科团队在中西医联合诊治血液学的领域中取得了一个又一个新的创举，得到业界和患者的认可和好评。

（林圣云）

# 第三章

# 声名鹊起

## 第一节　悬壶济世效贤人

前面提到的魏克民教授是让周郁鸿主任真正踏入中西医结合医学界的第一位老师。魏教授的学术思想对周郁鸿主任在中医道路上的成长有着深刻的影响。魏教授在血液系统疾病的中医治疗方面有着许多独到的见解，他认为再生障碍性贫血当从肾论治，该病多为内伤所致，与心肝脾肾有关，尤其与肾虚关系最为密切，“肾主骨，生髓藏精”“血为精所化”，骨髓是造血的场所，故肾之功能强弱，直接影响骨髓造血功能。该病由于正气亏虚，不能抵御外邪，邪毒乘虚入侵，进一步耗伤正气，影响气血化生，或由于邪毒内陷，灼伤营血或下及肝肾，耗精伤髓，以致生血乏源，往往气血亏损渐及阴津亏损，阴阳互根，日久则阴阳俱损。魏教授对该病的治疗上重视调节阴阳，恢复阴阳相对平衡。魏教授还研制了以蚕沙提取物为主要成分的药物——血障平片，此药临床上治疗再生障碍性贫血疗效显著。魏教授还认为慢性粒细胞白血病属中医“虚劳”“血证”“癥积”“热毒”等范畴，正气亏虚是其发生、发展的根本原因。机体正气不足，易感毒邪，毒邪入里，耗伤阴血则为贫血，热迫血行则为出血。魏教授常采用当归芦荟汤加减，方中青黛散五脏郁火，解中下焦蓄蕴风热；黄芪补气摄血；当归滋阴补血；芦荟、龙胆草、黄芩、黄柏清热解毒。全方祛邪而不伤正，扶正而不留邪。临床观察到，用当归芦荟汤治疗慢性粒细胞白血病取得了良好的疗效。

魏教授善用地方药材治疗恶性增生性疾病，他认为恶性增生的血液系统疾病在治疗上要注意邪与正的消长，辨病与辨证相结合。早期病人应以祛邪为主，佐以扶正；缓解期病人应以扶正为主，祛邪为辅；恶化期病人邪实正虚，宜扶正祛邪并重。他主张祛邪采用清热解毒法和活血化瘀法。采用清热解毒法时，魏教授喜用具有清热解毒、软坚散结作用的地方药材，如藤梨根、香茶菜、三叶青、羊蹄草、白花蛇舌草、半枝莲、半边莲、夏枯草、肿节风、小蓟草、岩柏、山海螺等。魏教授关于中药三叶青抗肿瘤作用的研究表明，三叶青对肿瘤细胞的增殖有一定的抑制作用。对于有瘀血症状的患者加用活血化瘀药，常用药物有丹参、当归、川芎、赤芍、三棱、莪术等。扶正法常用于巩固或维持缓解阶段，魏教授常以三黄三仙汤为基础加减，以奏补气养血、调理阴阳之功，临床上均取得良好的疗效。采用中西医结合治疗的方法，让魏教授在医疗界和患者中享有很高的威信，获得了很多荣誉称号。他的这些中医思想对周主任影响深远。在学术上，周主任以魏教授为榜样专心研究中西医结合；在为人上，学习魏教授治学之道，虽多创论，然措辞婉转，鲜直斥前人之非，与同道多友善，不好贬人贵己，不好大言傲人。魏教授处世为学以“志诚”为信条，这些优良品质也让周主任耳濡目染，将其奉为人生信条。

马逢顺教授是周郁鸿主任在血液专病的伯乐，她一生致力于血液学的研究与发展。出身名门的马逢顺，是马寅初先生的堂侄女，又是浙江大学著名教授、原杭州大学校长陈立先生的夫人。从1945年毕业到1956年她先后在多家医院工作，这为她以后一直在浙江省中医院从事内科血液病工作打下了坚实的基础。马教授来到浙江省中医院后，刻苦钻研，奋斗在工作的一线。作为大内科的一部分，血液组于1953年开始工作，1956年正式成立。最初成员仅马逢顺、吴颂康、张君蕙三人，之后有潘如瑾加入。1957年，在时任院长吴德跃的支持下，血液组建立了拥有13张床位的血液病房并配备了检验骨髓的基础设备。上至主管部门的领导，下至医院的管理层，无不对血液组的发展给予各方面的支持和精神鼓励。结合自身资源的比较优势，顺应本土患者的医疗需求，血液组在1960年之前，收治了很多白血病和再生障碍性贫血的患者，并将学科的发展重点倾向于再生障碍性贫血的发病机制以及中西医结合治疗方法。马教授在先前大量的化验室工作中，积累了相当扎实的科研基础。她既是医院内科主治医师，又兼浙江医学院的骨干教师工作。在很长一段时间内，马教授每周在医学院上18节课。她培养了一批优秀的医学生，其中不少人成为她开展科研的得力助手。在他们的携手之下，血液组于1958年治愈了一位重型再生障碍性贫血的女孩。中西医结合治愈重型再生障碍性贫血，在当时的浙江，乃至全国，都是破天荒的重大事件。经媒体报道后，省内外百余患者慕名而来，医院的血液病房从内科病房里渐渐独立出来，拥有近 20 张床位，并配备检验骨髓的基础设备。多家医院的医师纷纷前来参观学习，其中包括血液病研究所的孔宪云医师。与此相关的某些论文传到香港等地，载入香港医学界的史册。这与马教授呕心沥血的付出息息相关，这也为以后周主任治疗血液病留下了宝贵的经验。马教授的成果并不止于此，为了让血液科有更好的发展，在她的努力下，医院 1972 年建立血液病专科组，1984 年建立血液病研究室，1986 年血液科正式成为探索血液病的独立建科。她曾先后任浙江省医学会血液病专业委员会第一、二届副主任委员，第三届主任委员，第四、五届顾问。她在中医学方面提出“补肾益气生血”法治疗慢性再生障碍性贫血；在西医学方面首创 HOAP 和 HA 联合化疗方案，目前已成为治疗急性非淋巴细胞白血病的一线治疗方案。她勤勤恳恳，任劳任怨，仔细钻研医学，这样的优秀品质对周主任影响深远。

周主任进入浙江省中医院工作后，血液科在全省范围内做了再生障碍性贫血和白血病的流行病学调查、HA 方案治疗急性非淋巴细胞白血病的研究，以及多个省内领先的造血干细胞移植治疗恶性血液病的研究……血液科从 2 个组开始，分成 3 个组，分为 6 个组……各个大组之间、大组下的小组之间、医生护士和研究员之间、新药的研制和转化医学之间，都保持紧密合作、畅通沟通的关系。大家经常一起学习、一起交流、一起做疑难病例讨论。

血液科累积近半个世纪的潜力与动能，被政策的春风与基地的建设激发出来。厚积薄发，必然一鸣惊人！在学科建设上，血液科循着“省医学重点学科——国家级重点学科——国家中医临床研究基地（血液病）”之路拾阶而上，取得了累累硕果。周主任既传承了几位老主任的优良传统，又紧紧抓住时代发展的大好机遇。从以下几个方面进行突破，成绩斐然！2001 年，在上海华山医院的技术支持下，在全省率先开展了“脐带血移植治疗白血病”研究，并取得成功。与国家名院的合作开阔了血液科管理者的视野，他们将目光投放到浙江省外更宽广的舞台。

中华骨髓库刚刚建立时，浙江地区的采集医院设在浙江大学附属第一医院，后来由于种种原因需要改换医院。周主任得知这一资讯之后，与医院管理者进行沟通，申请成为骨髓采集医院。医院领导班子非常支持，经过周主任运筹帷幄，医院于 2005 年被批准为首批入选中华骨髓库指定的造血干细胞移植医院和采集医院，配合红十字会做了很多工作。此举大大提升了医院在全国范围内的知名度。2008 年，中医血液科荣升为国家级重点学科。血液病虚证重点研究室得以成立，血液科被批准成为全国唯一的重点研究血液病基地。血液病基地作为一个服务全国同行的平台，致力于为全国血液病的研究工作服务，每年会举办中医血液病的继教学习班。平台建立了完善的国内及浙江省内的科研协作网络，涵盖了全国16个省市地区，浙江省内11个市区。

基地的成立为血液学科的发展带来许多资源，也带来许多压力。血液科的医者们要更多进行课题研究、项目申报、床位扩张、人才梯队建设、门诊建设、研究性病房建设等工作。

周主任意识到单靠一个中心的发展是远远不够的，必须要联系其他能力资质同样足够强的团队一起协作。在她的带领下血液科与其他学科和其他医院合作构建了平台。比如，扶植了糖尿病足（血管炎）的临床研究，配合开展骨伤科的股骨头坏死的研究，还帮助放射科开展铁过载的研究工作等。2014年6月，基地成立了“血友病中心”，整合骨伤科、放射科、口腔科、检验科、B超室、外科等多个科室进行合作。

2013年，医院设立了300万开放基金，向全国招揽课题，邀请各地的血液学科精英在基地开展科学研究。全国十几家医院都在基地建立了多中心的临床研究。血液科还进一步加强了与澳大利亚新南威尔士大学、美国洛杉矶City of Hope国家医疗中心等国外知名研究室的合作，建立了长期稳定的合作关系；派出专业团队深入基层单位，进行中医诊疗技术的推广；培养相关学科人才，带动其他相关学科发展，如中医诊断学、中医内科学、实验诊断学等；承担起本学科继续教育、研究生教育和其他相关学科学员进修任务，成立3年后承办7项国家级或省级继续教育项目，接受相关学科学员进修6人次。血液科还致力于建立科研方法学平台，致力于申请国家自然科学资金。2013年至今，科室新增牵头临床及基础科研项目19项，总研究经费1285万元。其中国家级项目3项，经费889万元；省部级项目9项，经费369万元；厅局级及校级项目13项，经费27万元。2013年至今科室发表论文90篇，其中SCI论文13篇；获国家中医药管理局科技创新二等奖1项。

如今蓬勃发展的血液学科，作为浙江中医药大学中西医结合内科博士点，包括湖滨和下沙两个院区4个病房，总床位200张，无菌层流洁净床共21张。学科拥有国家中医药管理局三级实验室及各种先进诊疗设备。有医、护、研人员90名，其中博士生导师2名，硕士生导师8名，教授、主任医师8名，专职研究人员10名。专科下设再生障碍性贫血诊疗中心、骨髓移植中心、淋巴瘤诊治中心、出血性疾病诊疗中心及 7 个医疗组。年平均门诊量 39500 余人次，年出院病人约 3500 人次，年床位使用率超过 100%，区域外病人占 90% 以上。专科中医特色鲜明，综合实力强，尤其在包括再生障碍性贫血、白血病、血小板减少症临床研究和中西医结合诊治方面有独到之处，这几个病种成为专科的重点病种。所有的辉煌，与血液科人敬业进取、救济苍生的普世胸怀有关，与血液科深厚的人文传承有关，更与学科带头人周主任勇攀科研高峰、敢为人先的精神有关。

## 第二节 到处逢君岂偶然

周主任时常温习李东垣的《脾胃论》，认为此书始终贯彻着“发明脾胃之病，不可一例而推之，不可一途而取之，欲人知百病皆由脾胃衰而生也”（《脾胃论·脾胃盛衰论》）的原则。犹记跟诊时周主任多次提及此书以《黄帝内经》为旨，引述了多篇论述，认为“历观诸篇而参考之，则元气之充足，皆由脾胃之气无所伤，而后能滋养元气。若胃气之本弱，饮食自倍，则脾胃之气既伤，而元气亦不能充，而诸病之所由生也”。脾胃一元论观点独特，其中用药特点也十分鲜明，李东垣在《脾胃论·脾胃盛衰论》当中指出：“今所立方中，有辛甘温药者，非独用也。复有甘苦大寒之剂，亦非独用也……阳分奇，阴分偶，泻阴火。以诸风药，升发阳气，以滋肝胆之用，是令阳气生，上出于阴分。末用温药接其升药，使大发散于阳分，而令走九窍也。”这段文字言简意赅地阐述了“升降浮沉”和“风药升阳”这两大用药法则，是李氏用药法的重要纲领。周主任从此得出脾胃气机的动态平衡十分重要。根据治疗大法，周主任临床自创“调胃方”，方中党参补益元气，茯苓、白术燥湿健脾，麦冬益胃生津，浮小麦止汗，升麻升阳举陷，陈皮理气健脾，枳实破气消积，阳春砂化湿开胃，此方在临床上取得了良好的疗效。同时周主任对于再生障碍性贫血，从阴阳角度认识其发病观，从“调整阴阳”的思想看其治病观；从“脾胃为本”的病因病机基础提出“未病先防”的防病观。

对于实践精神，周主任严格要求，精益求精。一是对药物的切实研究，二是临床的细致观察，以及详细可靠的病历记录。她认为，理论需与实践相结合，应重视临床实践。在其任浙江省中医院教师期间，她提出中医学院的学生要早临床、多实践，并要求学习基础理论的同时需与临床实践相结合。她多次指出：“我们的目的是培养既能掌握中医理论，又具有一定医学知识的中医人才。中医学院学生除了要学习中医课程外，西医理论也一定要学。”这一指导理念仍在发挥积极的作用，她提倡支持西医学习中医，培养了许多中医人才，不少人已经成为医疗、教学、科研战线的主力和栋梁。经过周主任几十年潜心研究与实践，2017 年编写了《周郁鸿教授治疗血液病学术经验集》一书，全书讲解周主任多年的临床经验，学者多感百读不厌，关键在于其内容多为生动详细的实践记录和总结，而绝少凿空臆说。其中有周主任的重要医论百余处，涉及中西医基础和临床的内容，几乎无一方、一药、一法、一论不结合临床治验进行说明。重要方法所附医案较多，重要论点在几十年临证和著述中反复探讨，反复印证，不断深化。该书载案丰富，轻浅之病记载稍略，重病、久病或专示病案者，观察记载无不详细贴切，首尾完整。许多病案及论文也多不及其著述资料翔实。文中以中医立论者，必征诸实验；沟通中西者，多发人深思。读其书者或不能尽服其理，但必不以为作者妄言欺人或故弄玄虚以凑篇幅。勤于实践，切身体会，仔细观察，随时记录，不断整理提高，就是周主任的实验方法。

无论是门诊病人还是住院患者，周主任总是认真地切脉问诊，耐心地解说病情，严谨地辨证治疗。另外，她多次举办病友聚会，详细讲解相关疾病的发生发展与防治知识，如 ITP 家园，周主任多次主持这个活动，并邀请血液界专家与病友交流，如邵征洋教授为大家分享了《请给您的孩子与众不同的呵护》；周郁鸿教授为大家讲解《贫血的防治》；沈一平教授为大家介绍了《血小板减少症的中医治疗》；叶宝东教授向患者和患儿家长们做了《干细胞移植治疗再生障碍性贫血的适应证和注意事项》讲座。感触最深的是活动现场为大家播放了《爸爸我爱你》公益片，这部公益片历时一年紧锣密鼓地筹备拍摄，以 ITP 家园患者故事改编，真实再现了 ITP 家园发生的故事，疾病的揪心和父女间真挚的感情，让在场的每一位都深受感动。这些活动通过临床专家的学术报告交流加强医患沟通，广泛传播血小板疾病知识及治疗进展，促进广大患者对血小板减少性疾病的了解，提高患者的规范治疗意识。

## 第三节　潜沉从医十春秋

几十年如一日的努力学习，周主任在中药及治疗上颇有见解，总结介绍如下。

**1. 注重配伍，善用对药**

周主任在《周郁鸿教授治疗血液病学术经验集》中，论述每一方剂时，对一证一药都做了详尽的分析与阐明，对其用量、加减、单用、合用、服法、疗效情况都给予详细记载，其组方严谨、药味少、用量大、针对性强、立意明确、配伍巧妙，并着重指出用药配伍原则："取其药性化合，借彼药之长，以济此药之短"。

（1）党参和黄芪：党参甘温补中，归脾、胃经，补气而兼能养阴，守而不走，含有多糖、多种氨基酸及党参苷等多种成分，药理研究证实其具有促进淋巴细胞转化、增强机体免疫功能的作用。黄芪味甘温苦，归肺、脾、心经，补脾益气，补肺固表，利尿。周主任认为血液病的发生发展多与免疫功能失调有关，党参偏于阴而补中气，黄芪偏于阳而固卫气，两者一里一表，一阴一阳，共奏不弃之功，能明显增强患者的免疫力，提高抗病能力，故临床上相须而用，治疗各类贫血、白细胞减少及血小板减少症患者。

（2）半枝莲和半边莲：半枝莲味苦、辛，性凉，清热解毒，散瘀止血，利水消肿。《泉州本草》谓其"通络，清热解毒，祛风散血，行气利水，破瘀止痛。内服主血淋，吐血；外用治毒蛇咬伤，痈疽，无名肿毒"。半边莲味甘，性平，清热解毒，利水消肿。《陆川本草》谓其"解毒消炎，利尿，止血生肌。治腹水，小儿惊风，双单乳蛾，外伤出血"。周主任认为，热毒是血液病早期的主要病因病理之一，运用两药相须相配，可以增强其清热解毒、消瘀之功，临床常将此二药用于各种血液病证属热毒血瘀患者。

（3）川芎和当归：川芎味苦，性温而燥，善于行走，有活血行气，祛风止痛之功，现代药理也证实其有抗血小板聚集、抗炎、降血压、强心及一定程度上的抗肿瘤作用。《日华子本草》谓其"治一切风，一切气，一切劳损，一切血，补五劳，壮筋骨，调众脉"。当归味甘、辛，性温，归肝、心、脾经，有补血活血、调经止痛、润燥滑肠的功效。现代药理研究证实，当归具有镇痛、抑菌抗炎及抗血小板聚集、抗血栓等作用。《本草纲目》谓其"治头痛，心腹诸痛，润肠胃筋骨皮肤。治痈疽，排脓止痛，和血补血"。川芎、当归伍用，出自《普济本草方》佛手散。周主任认为川芎以行气为主，当归以养血为要，两药配伍，活血、养血、行气三者并举，使祛瘀而不耗伤气血，养血而不致血壅气滞，故临床常用此二药用于气虚血瘀、气滞血瘀之血液病患者。

（4）女贞子和墨旱莲：女贞子，《神农本草经》中记载其性味归经及功效为味苦平，主补中、安五脏、养精神、除百病，在上百种中药中将其列为上品中药。李时珍认为该药具有强阴健腰膝、变白发、明目等功效。近年来，多用于治疗更年期综合征、呼吸道感染、急性黄疸型肝炎、冠心病、糖尿病、不孕症、高脂血症，认为升高白细胞、抗血栓、提高免疫等功效。墨旱莲首次见载于《千金月令》，临床上可用于治疗冠心病等心血管疾病及咳血、吐血、尿血、崩漏等血证，还可治巧斑秃、脂溢性皮炎等皮肤病及尖锐湿疣等病。《本草纲目》谓其“乌须发，益肾阴”。两药都入肝、肾经，互相促进，补肝肾，强筋骨，凉血止血，乌须黑发，周主任将其用于辨证治疗肝肾阴虚患者。

（5）菟丝子和补骨脂：《名医别录》记载菟丝子“味甘，无毒。主养肌，强阴，坚筋骨，主治茎中寒，精自出，溺有余沥，口苦，燥渴，寒血为积”。《药性论》取“治男子女人虚冷，添精益髓，去腰痛膝冷。又主消渴、热中”；《日华子本草》以其“补五劳七伤，治鬼交泄精，尿血，润心肺”。两书扩大了补益病证范围，并拓展用于消渴、热中和尿血，明确菟丝子作用趋势的脏腑定位。《本草图经》认为“此药治腰膝祛风，兼能明目。久服令人光泽，老变为少”，增加了其“治腰膝祛风”“明目”的功效。补骨脂为常用的补肾壮阳药。其性温，味苦、辛，归肾、脾经；功效包括补肾壮阳，固精缩尿，温脾止泻，纳气平喘；常用于肾虚阳痿，腰膝冷痛，遗精，遗尿，尿频，五更泄泻，虚寒喘咳。慢性再生障碍性贫血最主要的病因病机是肾虚，周主任承袭马逢顺教授提出的“补肾益气生血”之治病要点，在临床上将二药合用，使肾精得补，气血乃生。

**2. 注重炮制**

周主任认为，“药物有非制过不可服者，半夏、附子、杏仁诸有毒之药皆是也”。前人炮制半夏失宜易致呕吐，为了用药安全，她认为黄芪入汤剂，生用即是熟用，不必先以蜜炙；龙骨、牡蛎，若取其收涩，可以煅用，若用以滋阴、敛火，皆不可煅。周主任结合中西医、自创新方、配伍用药等均围绕提高临床疗效而展开，并付之临床验证，在数十载的从医之路上逐渐形成自己独特的理论体系，并在全国中西医治疗血液病领域有了一定的声望。

## 第四节　医术超群人人尊

周主任本是西医院校毕业，刚开始她喜欢西医讲解新异。后来，钻研了十年，又认为西医新异文理，原多在中医包括之中。于是，中医包括西医之说，就成为她中西医结合治疗的理论根据。所谓中西医结合治疗，就是试图以中医为主体，沟通中西医，以发展祖国医学。她从理论到临床，从生理到病理，从诊断到用药，全面进行了尝试。就以她用药来说，多喜取西药之所长，以补充中医的不足。她认为，西医用药在局部，是重在病之标；中医用药求原因，是重在病之本。治病原就应当兼顾标本，因此中药西药可以配合使用。

周主任曾在《庆祝改革开放 40 周年，写给 40 年前的自己：我和省中血液科这 40 年》这封信中记述到："作为从医 40 多年的老医生，我多了很多'头衔'，全国知名的中西医结合血液病专家、主任医师、二级教授、博士、博士后导师，第一届海峡两岸血液病专家委员会委员，中国民族医药学会血液病分会会长，国家中医临床基地血液病学术带头人，第八、九届中华医学会血液病分会委员，中华中医药学会血液病分会副主任委员，曾任浙江省医学会血液病分会副主任委员，浙江省中医药学会血液病分会主任委员等职。这些'头衔'，体现了 40 年来我在自己的专业领域花费了大量心血，也取得了一些成绩。这些成绩的取得，离不开学校和医院领导的支持，科室老主任的精心教导和科室全体医护人员的团结协作。其中，我最想说说我在血液病人移植手术方面的努力。人们都把白血病的治愈称为'幸运'，因为白血病曾是不治之症，'谈白色变'。可是现在，幸运不断出现。医治白血病的办法，最好是采用骨髓移植，但传统的骨髓移植，是采用异基因骨髓移植或异基因外周血造血干细胞移植，可是这种骨髓的配对非常艰难。通常，每 1 万～ 10 万人的骨髓才能和一位患者的骨髓配上，而我国的骨髓库只有 5 万人，但白血病患者却有 400 多万。一个需要做骨髓移植手术的白血病患者，有时等上几年也未必等到一份相合的骨髓，为此许多病人都是白血病复发死亡，无可奈何！"

面对这样的情势，业内人士都很着急。周主任是共产党员，又是从医多年的血液科医生，而浙江省中医院血液科在几位前辈主任的辛勤创建下，对传统的骨髓移植手术已很熟练，成功率很高，早已名闻遐迩。1993 年，周主任和治疗组采用 HLA 全相合异基因骨髓移植的方法，在浙江省内率先治愈了一位急性髓系白血病患者。经随访 12 年，该患者身体健康，已结婚生育。浙江省中医院血液科是医院首个无偿献血爱心基地，团队内的 89 名医护人员全部填写了中华骨髓库志愿捐献书，志愿捐献骨髓。遇到家庭困难的患者，医院会主动为其减免医药费。治疗期间需要输血治疗，但是血源紧张时，医护人员带头给患者献血。同时血液科在病区建立"施爱阳光园"，使患者能放松心情在医院治疗。血液科还组织建立"血友病之家"，连续多年为这些

特殊体质的患者带去关心和服务。血液科的医师护士们充分利用各种节假日，利用自身专业优势，利用周末休息时间参加“天使与健康同行”和“仁和之家”志愿者服务等社区义诊，普及血液病知识，受到广大市民的好评。2013年3月，由浙江狮子会、浙江省血液中心和浙江省无偿献血志愿者协会联合举行的“无偿献血·红色行动”正式启动，周主任加入了慈善组织国际狮子会。

（陈　颖）

# 第四章

# 高超医术

周郁鸿教授从事临床、教学和科研工作40余年，在中西医结合治疗血液病，尤其在再生障碍性贫血（髓劳病）、白血病、淋巴瘤、血小板减少症（紫癜病）、过敏性紫癜（紫癜风）、白细胞减少症、骨髓增殖性疾病及造血干细胞移植等方面具有独到的见解，积累了丰富的经验，下面是周老师临床中西医治疗血液系统疾病多年积累的一些经验，简要列举，供大家参考。

## 第一节　补肾祛瘀髓劳愈

再生障碍性贫血（aplastic anemia，AA，简称再障）是一种骨髓造血功能衰竭症，主要表现为骨髓造血功能低下，全血细胞减少和贫血、出血、感染症候群。中医学文献中并无再障病名的记载，但依其临床表现、病因与发病特点，可归属于"髓劳""血虚""血证""血枯"等范畴，后在全国再障中医协作组会议上，统一为"髓劳病"病名。目前认为T淋巴细胞功能亢进在原发性获得性再障发病机制中占重要地位，再障是T淋巴细胞介导的以造血系统为靶器官的免疫性疾病。

### （一）周老师中医药治疗再生障碍性贫血经验介绍

**1. 病因病机**

周老师认为再障发病的病因病机为肾虚－脾虚－痰瘀－肝郁。再障有急性再障与慢性再障之分，急性再障的始动因素是外感毒邪，毒邪入血伤髓，致髓不生血，血不归经，故而出血；正邪相争，遂发热不止。急性再障发病急、进展快，虽然发热、出血症状重，但本质仍为本虚，以精气内夺为病理基础，病机以虚损为本，其根本在于脾肾两脏亏损，肾为先天之本，脾为气血生化之源，先天之本不足，后天生化无源，不能抵御外邪致邪毒内侵，邪毒乘虚入侵，进一步耗伤正气，影响气血的化生。慢性再障病程较长，病久必虚，虚久及肾。因肾藏精生髓，精血同源，故肾虚是慢性再障病机之本。再障病程迁延不愈，元气亏虚，无力推动血行，可致血瘀；瘀阻于局部脉络又成瘀血，髓海瘀阻则新血不生。津血同源，痰瘀相关，津化成痰，血滞为瘀，痰滞则血瘀，血瘀则痰凝，痰瘀胶着而致病程迁延不愈。此外，肝肾乃藏精血之脏，肾精与肝血之间可以互生互化。如清初医家张志聪所言："精不泄，归精于肝而化清血。"肝调气，气机畅达则脾胃化生血液正常，气血即生，行于体内，更有赖于肝之疏泄作用；肝藏血，与脾统血相辅相成，防止血溢脉外。除上述病因病机外，毒损髓络在急性再障发病中也占有重要地位。周老师对于病因病机的认识为辨证治疗提供了理论基础，具体介绍如下。

（1）肾虚：再障的发病部位主要在骨髓，由于"肾主骨生髓"，肾虚，肾精不足，则骨髓生化乏源，而致髓海空虚，骨髓减少。现代医学研究显示，再障患者骨髓腔中的红骨髓减少、脂肪组织增多、骨髓多部位增生减低、全血细胞减少等。《素问·阴阳应象大论》说："肾生骨髓。"肾虚，藏精不足，不能主骨生髓是再障发病的关键。周老师在治疗过程中始终以"肾藏精，主生髓"为指导原则，做到以补肾、填精益髓为主，培补后天为辅，还要兼顾其他脏协调，以达到骨髓充足、气血皆从的疗效。《素问·生气通天论》也说："骨髓坚固，气血皆从。"《素问·四时刺逆从论》提出："冬者盖藏，血气在中，内著骨髓，通于五脏。"各脏腑气血阴阳亏虚，日久不复，累及于肾，均可导致肾精亏虚、精不化血。肾不主骨，骨不生髓，髓空血枯，久虚不复则致髓劳。故肾功能的强弱，直接影响骨髓的造血功能。《张氏医通》云："血之源头在乎肾。"精血同源，精能化血，精足则血旺。因此，血液的化生与肾精密切相关，肾虚髓枯是再障发病的关键。

（2）脾虚：再障属于中医"虚劳""劳损""髓劳"等范畴，临床多以贫血为主要表现。《济阴纲目》谓："血生于脾，统于心，藏于肝，宣于肺，根于肾。"气血的生成及运行离不开五脏，其生成又以脾肾为主，脾为后天之本，气血生化之源。血主要是由营气和津液合成，营气和津液都来自人体所摄入的饮食经脾胃消化吸收而生成的水谷精微。《灵枢·决气》云："中焦受气取汁，变化而赤者，是谓血。"可以看出，脾肾在血液的生成中占有十分重要的地位。故治疗时应立足于根本，重点调补脾肾，补先天，调后天，以使脾肾健旺，气血生化有源。

（3）肝郁：理气止血，勿忘调肝，慢性再障病人又易合并出血，对于出血原因，周老师认为不外气血两端。缘于气者，多为气虚，极少数可能因于气滞；缘于血者，或为血热，或为血瘀，血热者又以阴虚火热者多。“载气者血也，而运血者气也”，气为血帅，血为气母，气血的运行又与肝关系密切。肝体阴而用阳，主藏血，称为“血海”，又主疏泄，调畅气血，同时与肾同居于下焦，肾阴不足势必导致肝阴受损，肝阳独亢，则易化风、化火，或致肝气郁滞，从而影响气血运行，进而出现各部位出血。有鉴于此，周老师认为治疗吐血应宗三要法之原则，对慢性再障出血当宗其病机，因证施治，在调肝基础上，理气调血，最忌见血止血。具体来说，对于虚火内扰所致出血，当滋补肝肾，以扶阴抑阳，使虚火得熄，血热自宁；对于气滞血瘀之出血，应疏肝调气，活血行血，则气顺血通，出血自止。肝失职而不能藏血，故应治肝。治肝之法即治气、治血、治火之法。培土泄木、降气疏肝为治气，凉肝泻火为治其火，滋阴柔肝为治其血，诸法相机而用，以使肝得条达，气机通畅，血行循经，血有所藏，则出血自止。

（4）痰瘀：痰瘀致病早载于《黄帝内经》，《灵枢・百病始生》曰：“若内伤于忧怒，则气上逆，气上逆则六输不通，温气不行，凝血蕴里而不散，津液涩渗，著而不去，而积皆成矣。”李梴《医学入门》曰：“痰乃津血所成。”据此，《黄帝内经》说的“积皆成”，可理解为既是瘀血，又是津液凝而成的痰，也是痰瘀胶着而致的病症，这是痰瘀同源同病的最早记载。《景岳全书・痰饮》曰：“痰涎本血气，若化失其正，则脏腑病，津液败，而血气成痰涎。”痰浊与瘀血虽为两种不同的致病因素，但同为气血津液代谢失常的病理产物，痰缘于津，瘀成于血，津血同源是痰瘀同源的生理基础。而相应的“痰瘀同治”法则首见于朱丹溪的《丹溪心法》，认为单行瘀则痰不消，独豁痰则瘀难除，唯兼施二法方能拔毒而出，其治疗怪病、难病多宗此法。《诸病源候论》指出：“诸痰者，此由血瘀壅塞，饮水结聚而不消散，故能痰也。”进一步明确了痰与瘀的病理关系。慢性再障的痰瘀论治较易理解，久病必瘀、久病入络、久病必虚，最终可致瘀血内阻、痰湿内生，交杂为邪，若留滞于髓骨则旧血不去新血不生，痰阻髓窍更令精气不通，生血乏源。因此，用活血化瘀、滋养肝肾之法治疗慢性再障已见不少报道。痰是津液不化的病理产物。《景岳全书・痰饮》说：“痰即人之津液，无非水谷之所化，此痰亦即化之物，而非不化之属也。但化得其正则形体强，营卫充，而痰涎本皆血气。若化失其正，则脏腑病，津液败，而血气即成痰涎。”瘀是人体气血运行不畅，或离经之血留着不去的病理产物。《血证论》说："气结则血凝，气虚则血脱，气迫则血走。"痰与瘀的病理变化，似乎各有其源，然而追溯其本，痰来自津，瘀本乎血，津血同源，阴精阳气失其常度，则津灼为痰，血滞为瘀，说明痰瘀实为同源。再障病变在骨髓，属于中医所谓"怪病""络病"。古人有"怪病多痰""怪病多瘀"之说。叶天士创"久病入络"说，指出"经年累月，外邪留着，气血皆伤，其化为败瘀凝痰，混处经络"。现代临床资料显示，痰瘀同病是十分普遍的现象。再障的病理变化主要是红骨髓总容量减少，代之以黄色胶状的脂肪组织，并伴有周围毛细血管排列不整齐、畸形等微循环障碍。红骨髓转化为黄骨髓，骨髓小粒非造血细胞脂肪细胞增加，应是痰瘀为病导致的病理改变。研究发现痰浊与瘀血在微循环、自由基损伤、血液生化指标等方面存在相同或相似的病理改变。因此，结合各家以往认识，再障病机应本于正虚，标于痰瘀。

**2. 中医证型**

（1）肾阴虚型：心悸，气短，周身乏力，面色苍白无华，唇淡，甲床苍白，伴有低热，手脚心热，盗汗，口渴思饮，大便干结，口腔黏膜、牙龈出血，鼻出血。皮肤有出血点或紫癜，妇女月经量多，脉细数，舌质淡。此型重者多为急性再障，轻者可见于慢性再障。

（2）肾阳虚型：心净、气短，周身乏力，面色苍白无华，唇色淡，畏寒喜暖，手脚冷凉，腰酸，阳痿，夜尿多，大便稀溏，虚胖或浮肿，多无出血，脉细无力，舌质淡，舌体胖，边有齿痕，苔白。

（3）肾阴阳两虚型：心悸，气短，周身乏力，面色苍白，并有肾阴虚及肾阳虚证，轻型者阴虚、阳虚均不明显，只表现气血两虚；面色白，唇甲色淡，头晕目眩，心悸气短，乏力倦怠，畏寒肢冷，腰膝酸软，自汗盗汗，手足心热，舌淡苔白或舌红少苔，脉沉细或沉细略数。

（4）脾肾阳虚型：面色苍白，口唇淡白，形寒肢冷，气短懒言，食欲不振，腰膝酸软，面浮肢肿，夜尿频数，大便溏泻，舌淡胖嫩，苔白，脉沉细无力。

（5）肝肾阴虚型：面色苍白，神疲乏力，心悸气短，头晕耳鸣，目涩，胁痛，失眠多梦，五心烦热，颧红盗汗，腰膝酸软，遗精或精少，或鼻衄、齿衄、肌衄，舌红少苔，脉细数。

（6）痰瘀互结型：指痰浊与瘀血相互搏结，肢体麻木、痿废，胸闷多痰，或痰中带紫暗血块，舌紫暗或有斑点，苔腻，脉滑或弦涩等，为常见症候；胸闷或胸痛。次症：①脘痞（或食少纳呆）；肢体沉重；形体肥胖。②口唇紫暗（或有瘀斑、瘀点）；舌质紫暗（或有瘀斑、瘀点或舌下脉络迂曲青紫）。舌脉：舌体肥胖，边有齿痕，苔白腻或厚腻，脉弦涩、沉涩或弦滑。

**3. 辨治经验**

（1）肾为根，脾肾同治：首先以肾为中心，慢性再障的病机以肾虚为主，因此治疗本病当以补肾为基本法则，采用滋阴补肾、温补肾阳及滋阴温阳法。多角度的补肾综合疗法是取得疗效的关键。①阴中求阳，阳中求阴。根据“阴阳互根”“孤阴不生，独阳不长”的理论，无论补阴还是补阳周老师多采用“阴中求阳，阳中求阴”之法。正如张景岳所云：“善补阳者，必于阴中求阳，则阳得阴助而生化无穷；善补阴者，必于阳中求阴，则阴得阳升而泉源不竭。”补肾阴时少佐补阳药，如淫羊藿、巴戟天；补肾阳时少佐补阴药，如女贞子、旱莲草、黄柏等。②重视阴阳转化。肾阳虚型患者，经用温补肾阳、养血生血药后，症状一般减轻较快，血象、骨髓象也随之好转。肾阴虚型患者，经滋养肾阴治疗后往症状好转较慢，血象、骨髓象恢复更缓慢。说明慢性再障存在“阳虚易治，阴虚难调”的现象。但阴虚、阳虚是相对的，若疾病的转化为肾阴虚型→肾阴阳两虚型→肾阳虚型，则病情由重到轻，由轻到重转化则为肾阳虚型→肾阴阳两虚型→偏肾阴虚型。慢性再障的治疗应抓住阴阳转化的关键，提高疗效，辅以补气生血。慢性再障都有气血虚的证候，治疗时在补肾的基础上必补气血，而且“气为血之帅，血为气之母”，补血先补气。正如《名医方论》所云：“有形之血不能自生，生于无形之气故也。”方中常加入黄芪、党参、太子参、阿胶、熟地黄、生地黄之品。③脾肾同治。脾虚气血生化无源，可致气血不足而出现头晕乏力、面色不华等贫血证候；脾虚统血无权，血溢脉外而出血。肾虚则精气不足，无以生髓化血，致骨髓造血功能紊乱或低下；肾中阴阳互根，一方面肾精亏虚，致肾阳不振，进而不能鼓动骨髓造血；另一方面，肾精亏虚，虚热内生，耗损阴津，日久精枯髓竭，无以化生气血。脾肾虚损在再障的发病中起着重要的作用，并贯穿其发病过程的始终，治当补益脾肾，填精补髓，脾旺则气血有所化，肾精充足则骨有所充，髓有所养，精血自生。补益脾肾又有健脾温肾和健脾滋肾之不同，常用健脾药物有党参、黄芪、白术、山药、茯苓等，温肾宜选淫羊藿、补骨脂、巴戟天、肉苁蓉、锁阳、杜仲等补而不燥之品，附子、肉桂辛燥之属当慎用；滋肾常用熟地、菟丝子、制首乌、枸杞子、女贞子等，并加用血肉有情之品，如龟胶、鹿胶、阿胶、紫河车、冬虫夏草之类，叶天士说：“夫精血皆有形，以草木无情之物为补益，必不相应。”又说：“血肉有情之品栽培身内之精血，

多用自有益。”

（2）化痰逐瘀法：再障病机既然是以肾为本的虚证，同时兼见火热毒邪，并且痰瘀贯穿始终。那么治疗法则仍然以贯彻补肾为主，或兼健脾，或兼清热解毒，或兼补气血，同时痰瘀同源是化痰逐瘀法形成的理论依据，故宜痰瘀同治。再障之病邪入骨髓，且虚实夹杂，用药不能峻猛，再障之痰亦别常见之痰。《丹溪心法》认为，痰有湿痰、热痰、食积痰、酒痰、风痰、老痰、顽痰之别，治疗方法各异，并且治痰必先治气。再障之痰应属顽痰范畴，朱子言：“海石，热痰能降，湿痰能燥，结痰能软，顽痰能消”，“苍术治痰成窠囊，运行极妙，痰夹瘀血遂成窠囊”，“五倍子能治老痰，佐他药大治顽痰”，“枳实泻痰，能冲墙壁”。《本草正义》言：“山慈菇，能软坚散结，化痰解毒。”因此，化痰散结药物宜选用海浮石、苍术、五倍子、枳实、山慈菇等，亦可根据病情选用南星、白芥子等作用较猛的化痰药。活血化瘀药物以养血活血为佳，可选用鸡血藤、三七、丹参、当归、赤芍等，以达化痰散结、活血化瘀之目的。本着“急则治其标，缓则治其本”原则，临证中应抓主证，适病机，辨虚实。补虚不忘祛邪，祛邪顾及扶正。

（3）疏肝理气法：肝肾同居下焦，在五行、天干配属上，肝属乙木，肾属癸水，功能上肝主藏血，肾主藏精，精血相互资生。五行关系是肾水生肝木。《素问・五运行大论》云：“北方生寒，寒生水，水生咸，咸生肾，肾生骨髓，髓生肝。”《灵枢・本神》云：“肝藏血……肾藏精。”肝藏之血，来源于先后天之精，如《素问・平人气象论》云：“藏真散于肝。”《素问・经脉别论》云：“食气入胃，散精于肝。”《张氏医通》亦载：“气不耗，归精于肾而为精；精不泄，归精于肝而化清血。”肾所藏之精，也有先后天之分，先天之精与肝相同，后天之精受脾胃化生气血精微的滋养，而脾胃之功能正常有赖于肝之疏泄作用，而肝为气血调节之枢机，具有疏泄无形之气、贮藏有形之血之功。肾精肝血，荣损与共，休戚相关，故有“肝肾同源”或“精血同源”“乙癸同源”之说。《读医随笔》云：“肝者，绩阴阳，统气血，……握升降之枢也”，“凡脏腑十二经之气化，皆必借肝胆之气以鼓舞之，始能调畅而不病”。肾主封藏与肝主疏泄功能正常则气机调畅，脾胃化生血液亦正常，气血即生，人体的脏腑功能才能正常协调，五脏六腑才能发挥其功能。诚如《素问・六节藏象论》云：“肝者，罢极之本……其充在筋，以生血气。”《血证论・脏腑病机论》亦说：“肝主藏血焉，至其所以能藏之故，则以肝属木，木气冲和条达，不致遏郁，则血脉得畅……木之性主于疏泄，食气入胃，全赖肝木之气以疏泄之，而水谷乃化。”肝所藏之血，可化精养肾，肾主水、纳气也离不开肝之疏泄，而肾之阴可养肝，肾之阳可助肝的生理功能。说明肝藏血主疏泄，肾藏精主水之功能在气血生化过程也起重要的作用。精为血之源，血为精之泉，精血相互化生，肾精亏耗，血乏精化，肝血不足，则无血以化精，又导致肾精亏损，形成虚劳。

（二）典型案例

**1. 痰瘀互结证**

**案例 1** 李某，女，32 岁。

主诉与病史：反复鼻衄、牙龈出血 2 月余，加重 10 天，于 2018 年 7 月 16 日就诊于我院。2 个月前患者无明显诱因下出现鼻出血，量少，伴牙龈出血，自觉一般情况可，未引起重视。10 天前上述症状加重，遂就诊于当地医院，查血常规、骨髓常规均提示急性再障，予常规环孢素 A（CsA）100mg，每 12 小时 1 次口服，十一酸睾酮胶丸 40mg 每日 2 次口服及糖皮质激素，辅以输血维持治疗。2018 年 5 月 15 日复查血常规：白细胞（WBC）$2.4 \times 10^9$/L，血红蛋白（Hb）58g/L，中性粒细胞（ANC）$0.48 \times 10^9$/L，血小板（PLT）$19 \times 10^9$/L，血象恢复不佳。患者自诉因体胖及多毛，自行停药半月余。后于 7 月 16 日就诊于我院，门诊拟“急性再障”收入院。

四诊摘要：满月脸，面色苍白，乏力，肢体沉重，形体肥胖，胸闷多痰，食少纳呆，舌体肥胖，边有齿痕，苔白腻，脉弦涩。

化验检查：血常规：WBC $1.7 \times 10^9$/L，Hb 54g/L，ANC $0.41 \times 10^9$/L，PLT $18 \times 10^9$/L，骨髓常规：各系增生极度低下，粒红比为 1.83 ∶ 1，粒系占 21%，红系占 11.5%，淋巴系占 61.5%，巨核细胞 1 个 / 片。染色体：正常核型。基因突变检查：未见突变。血清铁蛋白、叶酸、维生素 $B_{12}$ 均在正常范围；血红蛋白电泳未见异常；抗人球蛋白（Coombs）试验阴性，酸化血清溶血（Hams）试验阴性。病毒类：EB 病毒（EBV）和巨细胞病毒（CMV）IgG 阳性，IgM 阴性；乙肝病毒表面抗体阳性，其余均阴性。抗核抗体阴性，肿瘤类指标阴性。流式细胞术检测：CD55/CD59 未见异常。

西医诊断：急性再生障碍性贫血。

中医诊断：髓劳病。

治疗经过：西药予 CsA 100mg，每 12 小时 1 次口服，十一酸睾酮胶丸 40mg，每日 2 次口服治疗。中医首诊辨证：痰瘀互结证。中药以清气化痰汤合桃红四物汤加减：黄芩 15g，半夏 12g，枳实 9g，瓜蒌仁 15g，苍术 6g，桃仁 12g，红花 9g，熟地黄 9g，当归 9g，金银花 12g，连翘 12g，牡丹皮 10g，竹沥 20g，茯苓 15g，甘草 3g。每日 1 剂，水煎服，每次 80mL，每日 2 次。

二诊：服上方 7 剂后，患者自觉痰少，肢体困重好转，偶感乏力腰酸，胃纳一般，夜寐安，大便干，小便正常，舌稍胖，苔薄白，脉弱。血常规：WBC 2.5×$10^9$/L，Hb 62g/L，PLT 21×$10^9$/L。减牡丹皮、金银花、连翘、瓜蒌仁、黄芩，加鸡内金 12g，五倍子 3g，白芍 9g，黄芪 30g，肉苁蓉 9g，附子 3g，继服 20 剂。

三诊：患者症状较前明显好转，纳可，夜寐安，二便调，舌淡胖，苔白，脉滑。血常规：WBC 3.1×$10^9$/L，Hb 75g/L，PLT 31×$10^9$/L。继服二诊方。病情明显好转，嘱继续门诊服中药。随访至今，患者病情稳定。

**2. 肾阳虚证**

**案例 2** 董某，女，36 岁。

主诉与病史：反复头昏乏力 1 年余，于 2017 年 9 月 2 日就诊于我院门诊。患者 1 年前，感冒后出现头晕乏力，面色苍白，伴心悸、气短，偶有咽痛，无发热，就诊于当地医院。查血常规：WBC 3.0×$10^9$/L，ANC 0.5×$10^9$/L，Hb 66g/L，PLT 22×$10^9$/L，Ret 0.2%。骨髓常规及活检：骨髓增生减低，粒系增生欠活跃，红系增生减低，全片可见巨核细胞 5 个，小粒非造血细胞比例为 46.5%。活检提示：造血组织增生极度低下，髓内多为脂肪组织。染色体：46，XX。MDS 基因检测，未见异常基因突变。当地诊断考虑慢性再生障碍性贫血。患者服用十一酸睾酮胶丸 80mg，每日 2 次，用药近 1 年。血象未见明显好转，症状未改善。后就诊于我院，拟“慢性再生障碍性贫血”收治。

四诊摘要：面色无华，倦怠乏力，腰膝酸软，诉易感冒，舌质淡嫩，苔薄白稍腻，边有齿痕，脉沉细。

化验检查：血常规：WBC 2.9×$10^9$/L，ANC 0.6×$10^9$/L，Hb 76g/L，PLT 32×$10^9$/L，Ret 0.1%。抗核抗体阴性，甲状腺功能、肿瘤类均阴性。血清铁蛋白、叶酸、维生素 $B_{12}$ 均在正常范围；血红蛋白电泳未见异常；Coombs 试验阴性，Hams 试验阴性。病毒类：EBV 和 CMV IgG 阳性，IgM 阴性；乙肝病毒表面抗体阳性，其余均阴性。流式细胞术检测：CD55/CD59 未见异常。骨髓常规：骨髓增生减低，粒系增生欠活跃，红系增生减低占 8%，全片可见巨核细胞 2 个，非造血细胞比例为 56.7%。染色体：正常核型。基因突变检查：未见突变。

西医诊断：慢性再生障碍性贫血。

中医诊断：髓劳病。

治疗经过：首诊患者西药继续服用十一酸睾酮胶丸 80mg，每日 2 次；中医辨证：肾阳虚，兼脾肺气虚。中药给予温肾健脾益肺，四维生血处方：黄芪 30g，当归 20g，生、熟地黄各 15g，仙灵脾 20g，肉桂 6g，仙茅 15g，鹿角霜 15g，红参 6g，枸杞 12g，白术 10g，防风 15g，陈皮 15g，白豆蔻 3g，茯苓皮 20g，赤芍 15g，丹参 15g，焦山楂 15g，甘草 6g，7 剂，水煎服。

二诊：乏力腰酸有所改善，同时舌根腻已退去，舌苔稍罩淡黄，诉月经半年未至后今复来潮。复查血常规：WBC 3.2×$10^9$/L，ANC 1.2×$10^9$/L，Hb 78g/L，PLT 41×$10^9$/L，Ret 0.1%。原方去防风、赤芍、白豆蔻，加紫草 30g，益母草 20g，继服 14 剂。

三诊：前乏力倦怠明显减轻。舌质淡，苔白腻，体胖大，有齿痕，舌脉迂曲，脉沉细无力。血常规：WBC 3.0×$10^9$/L，ANC 1.2×$10^9$/L，Hb 80g/L，PLT 43×$10^9$/L，Ret 0.2%。上方基础上加制白附片（先煎）9g，丹参加至 30g，加鸡血藤 15g。14 剂。

四诊：服药半年左右来诊，体质较前明显好转，偶感冒，可自愈。自觉平素无特殊不适，舌质淡红，苔薄白，体胖大，有齿痕，舌脉迂曲，脉沉细。血常规：WBC 3.6×$10^9$/L，ANC 1.3×$10^9$/L，Hb 106g/L，PLT 76×$10^9$/L，Ret 0.8%。患者血常规明显好转，脾肾阳虚舌象仍在，予滋髓生血胶囊 6 粒，每日 3 次，口服。

**3. 脾肾阳虚证**

**案例 3** 张某，男，26 岁，职员。

主诉与病史：发现血三系减少 1 年余，加重 1 个月，于 2017 年 6 月 28 日初诊。患者 1 年前因周身乏力、面色灰白于 2016 年 6 月就诊于当地医院。查血常规：WBC 2.3×$10^9$/L，Hb 66g/L，RBC 2.9×$10^{12}$/L，PLT 22×$10^9$/L。自诉予利可君、中药口服后自觉症状好转，期间未复查血常规。1 个月前患者劳累后乏力加重，牙龈出血、四肢皮肤散在针尖样出血点，当地医院查血常规：WBC 1.8×$10^9$/L，Hb 52g/L，PLT 10×$10^9$/L，当地医院未予处理直接转至某血液病医院住院，查骨髓（髂后）穿刺示三系增生低下，符合再生障碍性贫血骨髓象，活检示粒、红、巨三系细胞减少，脂肪细胞增多。诊断为再生障碍性贫血。给予十一酸睾酮 40mg，每日 3 次；CsA 150mg，每日 2 次；期间输血小板治疗 1 次，病情无明显好转。2017 年 6 月 28 日开始就诊于浙江省中医院。

四诊摘要：面色苍白，全身乏力，时觉四肢发冷，头晕，心悸，偶有牙龈出血，纳呆食少，夜寐欠安，二便调，舌淡，苔薄白，脉沉细。

化验检查：血常规：WBC $2.6\times10^9$/L，Hb 76g/L，PLT $28\times10^9$/L，ANC $0.3\times10^9$/L。骨髓（髂后）穿刺：三系增生低下，粒系增生减低占15%，红系增生减低占7%，淋巴细胞占65%。骨髓活检：粒、红、巨三系细胞减少，脂肪细胞增多。抗核抗体阴性，甲状腺功能、肿瘤类均阴性。血清铁蛋白650ng/mL，叶酸、维生素$B_{12}$均在正常范围；血红蛋白电泳未见异常；Coombs试验阴性，Hams试验阴性。病毒类：EBV和CMV IgM均阴性；乙肝病毒表面抗原阳性，e抗体阳性，核心抗体阳性，其余均阴性。流式细胞术检测：CD55/CD59未见异常。

西医诊断：重型再生障碍性贫血；慢性乙型肝炎。

中医诊断：髓劳病。

治疗经过：西药继续CsA 150mg，每日2次，口服，根据谷浓度调整剂量；首诊中医辨证属脾肾阳虚，治以补肾健脾。中药以右归丸合归脾丸加减：黄芪30g，当归15g，党参15g，龟甲（先煎）15g，山茱萸15g，杜仲15g，菟丝子15g，山药25g，鸡内金15g，补骨脂15g，巴戟天10g，龙眼肉9g，茜草20g，仙鹤草15g，侧柏炭15g，炙甘草6g，每日1剂，水煎服，每次80mL，每日2次。

二诊：服上方30剂后，患者自觉症状好转，周身无力较前略有好转，肢体渐温，头晕时作，胃纳差，夜寐安，大便时有溏薄，舌脉同前。血常规：WBC $3.6\times10^9$/L，Hb 78g/L，PLT $34\times10^9$/L。前方加莲子肉30g，芡实15g，继服25剂。

三诊：患者症状好转，周身尚有力，贫血貌较前有明显改善，无头晕，纳可，夜寐安，二便调，舌淡红，苔薄白，脉细。血常规示：WBC $4.3\times10^9$/L，Hb 109 g/L，PLT $42\times10^9$/L。继服二诊方。病情明显好转，嘱继续门诊服中药。随访1年，患者病情稳定。

**4. 肾阴虚证**

**案例4** 患者，女，45岁，服务员。

主诉与病史：确诊再生障碍性贫血11年，加重7天，于2015年10月20日就诊。患者11年前，因“头晕乏力，皮肤瘀斑”就诊于当地医院，经血常规、骨髓常规及活检检查，诊断为再生障碍性贫血（具体不详）。自诉患病来一直口服司坦唑醇、环孢素、叶酸等治疗，病情控制尚可，近2个月因外出旅游过度劳累致病情反复，近 1 周来乏力症状加重，于 2015 年 10 月 20 日就诊。

四诊摘要：面色无华，乏力气短，头晕眼花，双下肢散在出血点，牙龈出血，耳鸣，腰膝酸软无力，时感口干，纳差，夜寐不安，大便干燥，小便正常，舌暗红，苔少，脉细。

化验检查：首诊查血常规：WBC $1.9\times10^9$/L，Hb 49g/L，RBC $2.8\times10^{12}$/L，PLT $8\times10^9$/L。查骨髓检查：粒系、红系增生均低下，未见巨核细胞，符合再生障碍性贫血骨髓象。骨髓活检：骨髓增生极度低下，非造血组织比例增高。抗核抗体阴性，甲状腺功能、肿瘤类均阴性。血清铁蛋白、叶酸、维生素 $B_{12}$ 均在正常范围；血红蛋白电泳未见异常；Coombs 试验阴性，Hams 试验阴性。病毒类：EBV 和 CMV IgG 阳性，IgM 阴性；乙肝病毒表面抗体阳性，其余均阴性；流式细胞术检测：CD55/CD59 未见异常。染色体：正常核型。基因突变检查：未见突变。

西医诊断：重型再生障碍性贫血Ⅱ型。

中医诊断：髓劳病。

治疗经过：继续口服西药环孢素治疗，并予输血止血对症支持治疗，首诊中医辨证属肾阴亏虚，治以滋阴补肾。中药以知柏地黄丸合四物汤加减：生黄芪 30g，当归 9g，知母 12g，黄柏 9g，熟地黄 12g，山药 12g，茯苓 15g，牡丹皮 9g，酸枣仁 30g，枸杞子 15g，牛膝 15g，黄精 10g，女贞子 15g，墨旱莲 15g，杜仲 10g，菟丝子 10g，茜草 20g，血余炭 15g，三七（冲服）3g，炙甘草 6g。每日 1 剂，水煎服，每次 80mL，每日 2 次。

二诊：患者服上方 7 剂后出血症状基本消失，血红蛋白、血小板低下，血象恢复欠佳，仍需间断输血维持，症见贫血貌，双下肢皮肤黏膜有陈旧瘀斑瘀点，未见新出血点，仍感乏力，纳可，夜寐安，二便调，舌淡红，苔薄白，脉弱。血常规：WBC $2.3\times10^9$/L，Hb 68g/L，RBC $3.1\times10^{12}$/L，PLT $20\times10^9$/L。前方减女贞子、墨旱莲、黄精、知母、黄柏、酸枣仁，加太子参 20g，补骨脂 9g，桂枝 6g，改杜仲 30g，菟丝子 9g。

三诊：患者服上方 15 剂后，自觉乏力、头晕症状好转，贫血貌改善，皮肤黏膜无出血点，纳可，夜寐安，二便无殊，舌脉同前。复查血常规：WBC $3.1\times10^9$/L，Hb 90g/L，RBC $3.6\times10^{12}$/L，PLT $34\times10^9$/L。二诊方减三七、血余炭、枸杞子，加附子（先煎）3g，继服 30 剂。

四诊：患者服药期间自觉症状明显改善，皮肤黏膜、牙龈未见出血点，纳可，夜寐安，二便调，舌淡红，苔薄白，脉浮。血常规：WBC $3.7\times10^9$/L，Hb 98g/L，RBC $4.1\times10^{12}$/L，PLT $54\times10^9$/L。守方继服 14 剂。

五诊：患者服药期间未行输血，病情稳定，无明显不适，舌淡、边略有齿痕，苔薄白。夜寐欠安，二便调。血常规：WBC $4.1\times10^9$/L，Hb 109g/L，RBC $4.6\times10^{12}$/L，PLT $55\times10^9$/L。考虑患者血小板持续上升，结合患者久病必瘀，上方加用丹参 10g，加用酸枣仁 15g，紫草 20g，继服 28 剂。随访 1 年，患者病情稳定，血象控制可。

**经验体会** 再生障碍性贫血的中医发病机制归纳为：虚为本，邪实标，痰瘀为变；肾源亏，脏腑伤，生化失司；阳气衰，阴分损，阴阳俱羸；髓骨枯，精血竭，气血双亏。部分患者可伴见夹瘀夹痰之象，因此治疗上兼顾"痰瘀"有助于进一步提高疗效，补肾为治疗本病之根本，在补肾基础上佐以健脾化痰祛瘀之品，用药需缓。本病需长期规范治疗，治疗过程中需注意预防外感，一旦外邪侵袭，常令髓骨生血再受打击，疾病反复。

### （三）西医诊治现状[1]

AA 是一种骨髓造血衰竭（BMF）综合征。AA 分为先天性 AA 及获得性 AA。目前认为 T 淋巴细胞异常活化、功能亢进造成骨髓损伤在原发性获得性 AA 发病机制中占主要地位，新近研究显示遗传背景在 AA 发病及进展中也可能发挥一定作用。

**1. AA 的诊断**

（1）检测项目

1）必需检测项目：①血常规检查：白细胞计数及分类、红细胞计数及形态、血红蛋白水平、网织红细胞百分比和绝对值、血小板计数和形态。②多部位骨髓穿刺：至少包括髂骨和胸骨。骨髓涂片分析：造血细胞增生程度；粒、红、淋巴系细胞形态和阶段百分比；巨核细胞数目和形态；小粒造血细胞面积；是否有异常细胞等。③骨髓活检：至少取 2cm 骨髓组织（髂骨）标本用以评估骨髓增生程度、各系细胞比例、造血组织分布（有无灶性 CD34+ 细胞分布等）情况，以及是否存在骨髓浸润、骨髓纤维化等。④流式细胞术检测骨髓 CD34+ 细胞数量。⑤肝、肾、甲状腺功能，其他生化，病毒学（包括肝炎病毒、EB 病毒、巨细胞病毒等）及免疫固定电泳检查。⑥血清铁蛋白、叶酸和维生素 $B_{12}$ 水平。⑦流式细胞术检测阵发性睡眠性血红蛋白尿症（PNH）克隆（CD55、CD59、Flaer）。⑧免疫相关指标检测：T 细胞亚群（如

CD4+、CD8+、Th1、Th2、Treg 等）及细胞因子（如 IFN-γ、IL-4、IL-10 等）、自身抗体和风湿抗体、造血干细胞及大颗粒淋巴细胞白血病相关标志检测。⑨细胞遗传学：常规核型分析、荧光原位杂交等，以及遗传性疾病筛查（儿童或有家族史者推荐做染色体断裂试验），胎儿血红蛋白检测。⑩其他：心电图、肺功能、腹部超声、超声心动图及其他影像学检查（如胸部 X 线或 CT 等），以评价其他原因导致的造血异常。

2）可选检测项目：有条件的医院可开展以下项目。①骨髓造血细胞膜自身抗体检测；②端粒长度及端粒酶活性检测、端粒酶基因突变检测、体细胞基因突变检测。

（2）AA 诊断标准

1）血常规检查：全血细胞（包括网织红细胞）减少，淋巴细胞比例增高。至少符合以下三项中两项：Hb ＜ 100g/L；PLT ＜ $50\times10^9$/L；中性粒细胞绝对值（ANC）＜ $1.5\times10^9$/L。骨髓穿刺：多部位（不同平面）骨髓增生减低或重度减低；小粒空虚，非造血细胞（淋巴细胞、网状细胞、浆细胞、肥大细胞等）比例增高；巨核细胞明显减少或缺如；红系、粒系细胞均明显减少。

2）骨髓活检（髂骨）：全切片增生减低，造血组织减少，脂肪组织和（或）非造血细胞增多，网硬蛋白不增加，无异常细胞。

3）除外检查：必须除外先天性和其他获得性、继发性 BMF。

**2. AA 严重程度确定（Camitta 标准）**

（1）重型 AA 诊断标准：①骨髓细胞增生程度＜正常的 25%；如≥正常的 25% 但＜ 50%，则残存的造血细胞应＜ 30%。②血常规：需具备下列三项中的两项，ANC ＜ $0.5\times10^9$/L；网织红细胞绝对值＜ $20\times10^9$/L；PLT ＜ $20\times10^9$/L。③若 ANC ＜ $0.2\times10^9$/L 为极重型 AA。

（2）非重型 AA 诊断标准：未达到重型标准的 AA。

**3. AA 鉴别诊断**

AA 应与其他引起全血细胞减少的疾病相鉴别。

（1）原发性 BMF：原发性 BMF 主要包括：①源于造血干细胞质量异常的 BMF，如 PNH 和骨髓增生异常综合征（MDS）；②自身免疫介导的 BMF，其中又包括细胞免疫介导的 BMF（如 AA）和自身抗体介导的 BMF；③意义未明的血细胞减少（ICUS）［包括非克隆性 ICUS、意义未明克隆性血细胞减少（CCUS）］，这些情况可以是某特定疾病的过渡阶段，可发展

为 MDS 或其他血液病，也可能是尚未认知的某疾病。

（2）继发性 BMF：造成继发性 BMF 的因素较多，主要包括造血系统肿瘤，如毛细胞白血病（HCL）、T 细胞大颗粒淋巴细胞白血病（T-LGLL）、多发性骨髓瘤（MM）等；其他系统肿瘤浸润骨髓；骨髓纤维化；严重营养性贫血；急性造血功能停滞；肿瘤性疾病因放化疗所致骨髓抑制等。

**4. AA 的治疗**

（1）支持疗法成分血输注：红细胞输注指征一般为 Hb＜60g/L。老年（≥60 岁）、代偿反应能力低（如伴有心、肺疾患）、需氧量增加（如感染、发热、疼痛等）、氧气供应缺乏加重（如失血、肺炎等）时红细胞输注指征可放宽为 Hb≤80g/L），尽量输注红细胞悬液。拟行异基因造血干细胞移植者应输注辐照或过滤后的红细胞和血小板悬液。存在血小板消耗危险因素者［感染、出血、使用抗生素或抗胸腺细胞球蛋白/抗淋巴细胞球蛋白（ATG/ALG）等］或重型 AA 预防性血小板输注指征为 PLT＜$20\times10^9$/L，病情稳定者为 PLT＜$10\times10^9$/L。发生严重出血者则不受上述标准限制，应积极输注单采浓缩血小板悬液。因产生抗血小板抗体而导致无效输注者应输注 HLA 配型相合的血小板。粒细胞缺乏伴不能控制的细菌和真菌感染，广谱抗生素及抗真菌药物治疗无效，可以考虑粒细胞输注治疗。粒细胞寿命仅 6～8h，建议连续输注 3d 以上。治疗过程中预防及密切注意粒细胞输注相关不良反应，如输血相关性急性肺损伤、同种异体免疫反应及发热反应。

（2）其他保护措施：重型 AA 患者应予保护性隔离，有条件者应入住层流病房；避免出血，防止外伤及剧烈活动；必要的心理护理。需注意饮食卫生，可预防性应用抗真菌药物。欲进行移植及 ATG/ALG 治疗者建议给予预防性应用抗细菌、抗病毒及抗真菌治疗。造血干细胞移植后需预防卡氏肺孢子菌感染，如用复方磺胺甲恶唑（SMZco），但 ATG/ALG 治疗者不必常规应用。感染的治疗，AA 患者发热应按中性粒细胞减少伴发热的治疗原则来处理。

（3）AA 本病治疗：AA 一旦确诊，应明确疾病严重程度，尽早治疗。

1）重型 AA 的标准疗法是对年龄＞35 岁或年龄虽≤35 岁但无 HLA 相合同胞供者的患者首选 ATG/ALG 和环孢素 A 的免疫抑制治疗（IST）；对年龄≤35 岁且有 HLA 相合同胞供者的重型 AA 患者，如无活动性感染和出血，首选 HLA 相合同胞供者造血干细胞移植。HLA 相合无关供者造血干细胞移植仅用于 ATG/ALG 和 CsA 治疗无效的年轻重型 AA 患者。造血干细胞移植前必须控制出血和感染。输血依赖的非重型 AA 可采用 CsA 联合促造血（雄激素、造血生长因子）治疗，如治疗 6 个月无效则按重型 AA 治疗。非输血依赖的非重型 AA，可应用 CsA 和（或）促造血治疗。ATG/ALG 联合 CsA 的 IST 适用范围：无 HLA 相合同胞供者的重型或极重型 AA 患者；输血依赖的非重型 AA 患者；CsA 治疗 6 个月无效患者。CsA 治疗 AA 的确切有效血药浓度并不明确，有效血药浓度窗较大，一般目标血药浓度（谷浓度）为成人 100 ～ 200μg/L、儿童 100 ～ 150μg/L。CsA 减量过快会增加复发风险，一般建议逐渐缓慢减量，疗效达平台期后持续服药至少 12 个月。服用 CsA 期间应定期监测血压、肝肾功能。

2）IST 在老年患者中的应用：ATG 治疗 AA 无年龄限制，但老年 AA 患者治疗前要评估合并症。ATG/ALG 治疗老年 AA 患者时，出血、感染和心血管事件发生风险高于年轻患者，因此需要注意老年患者的心功能、肝功能、血脂、糖耐量等方面问题。鉴于肾毒性和高血压的风险，建议老年 AA 患者的 CsA 治疗血药谷浓度在 100 ～ 150μg/L。其他免疫抑制剂，包括大剂量环磷酰胺、普乐可复（FK506）、雷帕霉素、抗 CD52 单抗等。

3）促造血治疗：雄激素可以刺激骨髓红系造血，减轻女性患者月经期出血过多，是 AA 治疗的基础促造血用药。其与 CsA 配伍，治疗非重型 AA 有一定疗效。一般应用司坦唑醇、十一酸睾酮或达那唑，应定期复查肝功能。据报道粒细胞－巨噬细胞集落刺激因子（GM-CSF）、粒细胞集落刺激因子（G-CSF）配合免疫抑制剂使用可发挥促造血作用。也有人主张加用红细胞生成素（EPO）。艾曲波帕（Eltrombopag）是血小板受体激动剂，美国 FDA 已批准用于难治性重型 AA 的治疗。据报道重组人血小板生成素（TPO）及白细胞介素 -11（IL-11）也可与 IST 联合有效治疗 AA。

4）随访：接受 ATG/ALG 和 CsA 治疗的患者应密切随访，定期检查以便及时评价疗效和不良反应（包括演变为克隆性疾病如 PNH、MDS 和 AML 等）。建议随访观察点为 ATG/ALG 用药后 3 个月、6 个月、9 个月、1 年、1.5 年、2 年、2.5 年、3 年、3.5 年、4 年、5 年、10 年。

（4）出现异常克隆 AA 患者的处理：少部分 AA 患者在诊断时存在细胞遗传学克隆异常，常见有 +8、+6、13 号染色体异常。一般异常克隆仅占总分裂象的很小部分，可能为一过性，可以自行消失。一些研究显示有、无上述遗传学异常的 AA 患者对 IST 的反应类似。有异常核型的 AA 患者应该每隔 3 ～ 6 个月行 1 次骨髓细胞遗传学分析，异常分裂象增多提示疾病转化。

（5）伴有明显 PNH 克隆的 AA 患者的处理：在 AA 患者中可检测到少量

PNH 克隆，患者骨髓细胞减少但并不出现溶血。通常仅单核细胞和中性粒细胞单独受累，并且仅占很小部分。推荐对这些患者的处理同无 PNH 克隆的 AA 患者。伴有明显 PNH 克隆（＞ 50%）及伴溶血临床及生化指标的 AA 患者慎用 ATG/ALG 治疗。AA-PNH 或 PNH-AA 综合征患者的治疗以 PNH 为主，兼顾 AA。推荐对于 PNH 克隆进行长期监测。

（6）妊娠 AA 患者的处理：AA 可发生于妊娠过程中，有些患者需要支持治疗。AA 患者妊娠后，疾病可能进展。对于妊娠 AA 患者主要是给予支持治疗，输注血小板维持患者 PLT ≥ $20\times10^9$/L。不推荐妊娠期使用 ATG/ALG 治疗，可予 CsA 治疗。妊娠期间应该严密监测患者孕情、血常规和重要脏器功能。

（7）肝炎相关性 AA 的处理：肝炎相关性 AA 大都在肝炎发生后的 2 ～ 3 个月内发病。如果发病前有黄疸史（通常为发病前的 2 ～ 3 个月），则提示可能为肝炎相关性 AA。肝功能检查有利于发现肝炎相关性 AA。肝炎相关性 AA 的肝炎病原学检查可为阴性。应该检测甲肝抗体、乙肝表面抗原、丙肝抗体及 EBV。合并肝炎的 AA 病情一般较重，对治疗反应差，预后不良。

（8）老年 AA 的治疗：IST 仍为首选，部分有同基因供者的患者可以考虑造血干细胞移植。尽管对于非重型 AA 患者，ATG 联合 CsA 比单用 CsA 疗效更好，但是，对于老年患者 ATG 治疗的相关毒副作用更大、风险更高，因此是否应用仍需谨慎。其他治疗包括单药 CsA、雄激素及阿仑单抗。不耐受或拒绝 IST 的患者可给予中医中药等支持对症治疗。

**5. AA 的疗效标准**

（1）基本治愈：贫血和出血症状消失，Hb 男性达 120g/L、女性达 110g/L，ANC ＞ $1.5\times10^9$/L，PLT ＞ $100\times10^9$/L，随访 1 年以上未复发。

（2）缓解：贫血和出血症状消失，Hb 男性达 120g/L、女性达 100g/L，WBC 达 $3.5\times10^9$/L 左右，PLT 也有一定程度增加，随访 3 个月病情稳定或继续进步。

（3）明显进步：贫血和出血症状明显好转，不输血，Hb 较治疗前 1 个月内常见值增长 30g/L 以上，并能维持 3 个月。

（4）无效：经充分治疗后，症状、血常规未达明显进步。

判定以上三项疗效标准者，均应 3 个月内不输血。

（许晓娜）

# 第二节　益气滋阴疗紫癜

## 一、免疫性血小板减少症

免疫性血小板减少症（ITP）是由于血小板破坏过多伴有巨核细胞成熟障碍而引起的，以血小板减少，皮肤黏膜甚至内脏、颅内出血为主要表现的一种获得性自身免疫性出血性疾病。约占出血性疾病总数的三分之一。中医学根据其临床特征将其归属为“紫癜”“发斑”“血证”“葡萄疫”“肌衄”等。

### （一）周老师中医药治疗免疫性血小板减少症（紫癜）经验

**1. 病因病机**

免疫性血小板减少症可分为急性和慢性两类，其病因、病机、病位不尽相同。古代医家认为血证的发生是由于内外致病因素相互作用，最终导致脉络受损，血行失常，血溢脉外。王肯堂在《证治准绳·幼科·诸失血证》中说：“有气虚而邪热乘之，则血不得循流故道，渗于诸经，亦生走失之证。”指出了正虚邪袭是发病的重要因素。《素问·六元正纪大论》曰：“不远热则热至，不远寒则寒至，……热至则身热……血溢血泄，淋閟之病生矣。”强调热邪的致病作用。刘纯在《玉机微义·血证·论血证分三因》中说：“衄者，因伤风寒暑湿，流传经络，涌泄于清道中而致者，皆外所因；积怒伤肝，积忧伤肺，烦思伤脾，失志伤肾，暴喜伤心，皆能动血，随气上溢清道中而致者，属内因；饮酒过多，啖炙煿辛热，为不内外因。”认为感受外邪，情志失常，脏腑失调，饮食不节等均可引起出血。陈实功在《外科正宗·葡萄疫》中说：“葡萄疫，其患多生于小儿，感受四时不正之气，郁于皮肤而不散，结成小大青紫斑点，色若葡萄，发在遍体头面，乃为腑症，邪毒传胃，牙根出血，久则虚。”认为感受外邪，邪郁皮肤或邪毒内侵均可导致皮肤出血，迁延不愈，可致虚损。周老师经过多年的临床观察，发现免疫性血小板减少症的患者多以口腔、四肢皮肤出血就诊。具体病因病机介绍如下。

（1）热迫血行，火伤血络：多见于急性ITP或慢性ITP急性发作期，由外感风热或风寒化热，热入营血，血热妄行而溢于脉外，表现为出血，正如唐容川在《血证论》中云：“血证气盛火旺者十居八九。”《济生方·吐衄》云：“血之妄行者，未有不因热之所发。”然火又分虚实，外感风热燥火，湿热内蕴，肝郁化火等属实火；而气虚之火和阴虚之火则属虚火。实火者，多因热毒炽盛，灼伤脉络，迫血妄行，故起病较急，出血程度较重，出血数量较多，血色鲜红；若热毒损伤鼻、齿、肠、胃等处之脉络，则见鼻衄、齿衄、便血、尿血；内热郁蒸，则发热，热盛常消灼津液，故见口渴、便秘；若热毒内陷心包，可有神昏谵语。虚火者，阴液亏耗，阴不敛阳，虚火上浮，扰动阴血，血出于肌腠之间，则可见皮肤瘀点或瘀斑；虚火循经上扰，则为鼻衄齿衄；虚热扰动心神，心神不安，则心烦；阴虚内热，熏蒸于里，则见五心烦热；虚热迫津外泄，则夜间盗汗。《血证论·咳血论治》亦说："凡病血者……无不由于水亏。水亏则火盛。"《济生方·吐衄》云："夫血之妄行，未有不因热之所发，盖血得热则淖溢，血气俱热，血随气上，乃吐衄也。"《症因脉治·衄血论》云："胃火上炎，肝火易动，阴血随火上升，经错妄越，则内生衄。"

（2）脏腑亏损，虚不摄血：脾胃亏损，气不摄血，脾为后天之本，气血生化之源，《灵枢·决气》说："中焦受气取汁，变化而赤，是谓血。"脾又主统血，统脉道以摄血，使血自循经，而不妄动。《血证论·脏腑病机论》说："脾统血，血之运行上下，全赖乎脾。脾阳虚则不能统血，脾阴虚又不能滋生血脉。"沈目南在《沈注金匮》中亦说："五脏六腑之血，全赖脾气统摄。"若饮食不节，损伤脾胃，或脾胃素虚，气血生化乏源，气血不足，摄血无力，则血不循经，溢出脉外，而出现衄血、便血、尿血等症。所以气不摄血、气不生血又以脾气虚最为重要。另外，《丹溪心法·斑疹》曾记载："内伤斑者，胃气极虚，一身火游行于外所致。"中焦脾胃气虚，土不伏火，火热熏灼亦可引起发斑。《血证论·脏腑病机论》说："脾统血，血之运行上下，全赖乎脾。脾阳虚则不能统血。"

（3）肾气亏虚：《病机沙篆》曰："血之源头在乎肾。"肾为先天之本，藏真阴而寓元阳，肾藏精主骨生髓，精血相互化生。先天不足或后天失养，则肾阴亏虚，精血不生，出现血小板减少，进而形成出血。《血证论·脏腑水火阴阳篇》曰："凡病血者，无不由于水亏，水亏则火盛。"故肾阴亏虚，虚火内盛，迫血妄行，或灼伤脉络，形成血证。此外，肾阴耗伤，水不涵木，导致肝不藏血，亦可形成出血。《明医杂著·血病论》说："凡酒色过度，损伤脾肾真阴，……衄，血吐血，咳血，咯血等症……乃阴血虚而阳火旺。"理论上，阴虚火旺和五脏皆有关，但肾为先天之本，阴阳之根。《景岳全书·吐血论治》说："格阳失血之证，多因色欲"，"血本阴精，不宜动也……盖动者多由于火，火盛则逼血妄行"。

（4）瘀血：唐容川在《血证论·瘀血》中曰："吐衄便漏，其血无不离经。凡系离经之血，与荣养周身之血已睽绝不合。……盖血初离经，清血也，鲜血也，然既是离经之血，虽清血鲜血，亦是瘀血。离经既久，则其血变作紫血。"

**2. 中医证型**

（1）血热妄行证：主要表现为起病急，出血量多，色鲜红。如皮肤出血点、瘀点或瘀斑，可伴有鼻衄、齿衄、便血、尿血、月经过多，或伴有发热，烦躁、口干、便秘，舌红，苔黄或黄腻，脉弦数等。本证多见于ITP早期或急性ITP。患者往往因起居失节或外感六淫邪气导致反复上呼吸道感染，出现发热、咽痛、咳嗽等症状，出血时发时止，血小板时高时低，病情缠绵难愈。

（2）阴虚火旺证：起病缓慢，病程较长，皮下瘀点瘀斑时轻时重，散在分布，色红或紫红，或见鼻衄、齿衄，伴头晕耳鸣，身倦乏力，心烦不宁，手足心热，五心烦热，或潮热盗汗，口渴，舌质红，苔少，脉细数。多见于疾病慢性型或长期应用糖皮质激素治疗者。

（3）脾肾亏虚证：主要表现为紫癜色淡而稀疏，病程较长，时发时止，经期延长，鼻衄、齿龈渗血，量少，伴见神疲乏力、头晕、气短懒言、面色不华，腰背酸痛不适，舌质淡，苔薄白，脉细弱等。

（4）瘀血阻滞证：主要表现为皮肤出血呈片状瘀斑，血色紫暗，舌边、口唇、面部青紫，肌肤甲错，毛发枯黄无泽，皮肤硬块，脉细涩等。

**3. 辨治经验**

（1）以火立论，清热凉血不忘活血：免疫性血小板减少症起病前1～3周常有上呼吸道感染史，起病急、出血重，以皮肤黏膜突然出现紫斑，斑色鲜红且密集，常伴齿鼻衄血为突出表现。周老师认为此证多因风热疫毒入血，灼伤血络，破血妄行。《伤寒论·辨太阳病脉证并治》谓"阳盛则欲衄"，故邪毒与气血相搏，灼伤脉络，血渗于脉外，而发紫癜；若邪毒蕴结于内，血随火升，为吐衄；若移热下焦，灼伤阴络而见便血、尿血。《景岳全书》曰："血本阴精，不宜动，动则为病……动多由于火，火盛则迫血妄行。"然秉承"血运之由，惟火惟气""血本阴精，不宜动也，而动则为病。血主营气，不宜损也，而损则为病也。盖动者多由于火，火盛则逼血妄行；损则多由于气，气伤则血无以存"之意，认为血证多由气机上逆所致，治疗常降气止逆，导气下行，则血不奔脱。临床上，急性ITP治疗不当易出现气血上壅，直冲犯脑，故降气止血对于颅内出血可以起到预防作用。周老师临床治疗过程中治以清热解毒、凉血止血散血为主。可选犀角地黄汤为主方随证治之。药用犀角（水牛角代 15 ～ 45g），生地黄 15g，牡丹皮 12g，赤芍 15g，紫草 15 ～ 45g，银花炭 9g，大青叶 15g，三七粉（冲服）3 ～ 5g，生甘草 6g。鼻衄齿衄者加白茅根、焦栀子、鲜藕节；尿血加小蓟；便血加地榆、大黄粉。出血之治，原本止血应为正治，但古人谓"离经之血即成瘀血"，周老师遵古人之法，故认为化瘀散血亦尤为重要，否则，"瘀血不去，新血不生"，而且热毒煎熬又为瘀。故方中牡丹皮、赤芍皆为散血而设，少用收敛固涩之药。正如叶天士所谓"入血就恐耗血动血，直须凉血散血"。

（2）益气养阴，兼顾化瘀祛湿：本病若发展为慢性期，病程迁延，反复不愈。临床常见皮下紫斑、斑色紫暗，伴有齿鼻衄血，面色萎黄，纳差乏力，或手足心热，舌淡红，苔少，脉细弱或数，气虚则无以摄血，阴虚则相火灼络，终致血不循经。而气与阴之关系亦十分密切，阴化气，令脏腑充健，气机生化；气属阳，主动，令阴布行于常道，不凝不滞。故朱丹溪的《金匮钩玄·血属阴难成易亏论》曰："阴气一亏，所变之证妄行于上，则吐衄……妄行于下，则便红。"《素问·宣明五气》曰："五病所发，阴发于骨、于肉。"《素问·玉机真脏论》又曰："脾脉者，土也，孤脏以灌四旁者也。"而唐容川的《血证论·脏腑病机论》更指出："脾统血，血之运行上下，全赖乎脾，脾阳虚则不能统血，脾阴虚又不能滋生血脉。"故周老师认为治当益脾气养肾阴以止血，治以六味止血汤（周老师经验方）：黄芪 30g，山海螺（别名羊乳、四叶参等）30g，紫草 15 ～ 45g，茜草 15g，鳖甲 20g，鲜芦根 30g。气虚明显者加太子参、党参、大枣；阴虚明显者加龟板、熟地黄；齿鼻衄血明显者加二至丸、仙鹤草、三七粉；舌质紫暗或有瘀斑等，酌加丹参、红花等活血化瘀而不伤正之品。叶天士认为治血证"肝肾精血不主内守，阳气翔动而为血溢者，药味宜取质静填补，重着归下"，吴鞠通谓"善治血者，不求之有形之血，而求之无形之气"，正通于此证。

（3）消瘀为要，祛旧生新：古人云："经隧之中既有瘀血踞位，则新血不能安行无恙，终必妄走而吐溢矣。"可见瘀血寄居于经隧妨碍气血的正常运行，血不归经造成出血反复。"瘀血不去，新血难生，而新血不生，旧血亦难自消"，况且瘀血日久可继发其他病理变化，即"或壅而成热，或变而为痨，或结瘕，或刺痛"。病久多证相兼，虚实夹杂，未可料及，急待消除，以免后患，故以消瘀为治法。在 ITP 发展过程中，瘀血既是病理产物，也是致病因素。瘀阻经络，血不循经，泛溢脉外而加重出血，故化瘀即可止血。而瘀阻髓海亦不利于血之生成，正如《血证论》所言："此血在身，不能加于好血，而反阻新血之化机，故凡血证总以祛瘀为要。”因此，活血化瘀治疗贯穿ITP疾病治疗的全过程，使血止而不留瘀，祛瘀更利止血。急性期病人倘若外感热毒或热伏营血煎熬津液阴血，使血液浓缩，抑或迫血妄行，溢于脉外，均可形成血瘀。毒邪强劲持续，或乘虚而入，蒸熬精血使其生化无源；毒邪肆虐以致水源干涸不胜火，临床上可见紫斑、鼻衄、齿衄、便血等症候。慢性ITP多以脾肾等内脏虚损为其发病基础，瘀血贯穿疾病始终。基于中医“虚久必瘀”的理论，周老师认为脾肾两亏、气血生化无源以致脉道无以满载甚至枯竭，故血流迟缓，痹阻络脉，久则瘀阻髓海；或精血亏损，虚热扰营，溢络结瘀，引起骨髓受损，而致本病。周老师在治疗过程中多加用丹参、鸡血藤、益母草、茜草根。丹参性苦，微寒，入心、心包、肝经，功效以活血调经、祛瘀止痛、凉血消痈为主。《饮片新参》云：“祛瘀血，生新血，流利经络。”鸡血藤微苦，味甘，温，归肝、肾经，擅以行血补血。古人云，本药具有“活血破血，调经解毒”之功。益母草味辛、苦，微寒，归肝、心、膀胱经，有活血调经、利水消肿、清热解毒之功效。《本草纲目》指出：本药“活血、破血、调经、解毒。治胎漏难产，胎衣不下，血晕，血风，血痛，崩中漏下，尿血，泻血，疳、痢、痔疾，打扑内损瘀血，大便、小便不通”。茜草根性苦、寒，归肝经，有凉血化瘀止血、通经之功效。《本草纲目》云：“茜根，气温行滞，味酸入肝而咸走血，手足厥阴血分之药也，专于行血活血。”

（4）宁血理肝，舒畅气机：所谓宁血，即“安抚”“抚顺”之意，针对血止后，为防血潮复动、血不安经而言。止血消瘀之后，仍有动血之机，须依病因予以调治。基于宁血法“血之所以不安者，皆由气之不安故也。宁气即是宁血”，可知血动不安的根本在于气。气为血之帅，血为气之母，气之冲逆，血随上逆外溢。故宁血必以降气、调气、顺气、宁气、清气，总使气机平和，血海安宁而不妄行脉外，故宁血首要宁气。《先醒斋医学广笔记·吐血》指出：“吐血三要法：宜行血不宜止血。宜补肝不宜伐肝。……宜降气不宜降火。”指出治疗血证吐血时应注意行血、补肝、降气。中医认为肝为藏血之脏，肝主疏泄，气机畅达，则气血贯通；肝体阴而用阳，肝血充足，则肝木条达。若肝疏泄失职，则肝气遏阻，血停为瘀，或气郁化火生风，风火相煽，则血溢经损，故治血贵在理肝。周老师认为急性ITP患者治疗过程中应注重心肝，以泻心火、清肝火，尤以制肝木之火、清泻伏火为要；慢性患者多肾阴亏虚，虚火灼络并且水不涵木，则表现为肝阴不足，肝失条达，故肝不藏血，导致出血不止，宜滋阴降火。在治疗中加入养肝敛阴、柔肝平肝之品，则宁谧收敛而血不妄行，使肝柔和条达而血有所藏，故养肝藏血可增加止血之功效。

（5）补虚为本，重在脾胃：《素问·逆调论》曰："肾不生则髓不能满。"《病机沙篆》曰："血之源头在乎肾。"肾为先天之本，藏真阴而寓元阳，藏精主骨生髓，精血相互化生。血小板低下表现为精血亏虚，以肾虚为本，既由于禀赋不足，亦可因热盛而伤及肾阴。而主张补脾，意在"食气入胃，脾经化汁，上奉心火，心火得之，变化而赤，是之谓血。故治血者，必治脾为主"。另有脾主统血，肝司藏血，肾以摄精，诸脏若虚，则血无所统，无所归，失道溢血。所以宁血之后，视其虚而补之，实为治血收功之法。故现阶段中医治疗慢性血小板减少症主要从脾肾着手，再兼以活血、调肝等方法，已得到各医家的认可。火热相搏则气实，气实则逼血妄行，益肾固精以补真阴，真阴充足，阴守阳使，其血自止，故此时补肾水以平气治血乃根本之法。

（二）典型案例

周老师认为本病急性期当治以清热解毒、凉血止血之法，多以犀角地黄汤合导赤散加减；虚火者，则治宜滋阴清热、凉血止血，多用六味地黄汤合大补阴丸加减。慢性期多治以益气养阴为主，配以凉血止血，方用六味止血汤加减，重用黄芪。无论在急性期还是慢性期，皆当辅以宁气之法，分别予清气、降气、调气、行气，总使气机平和、血海安宁而不妄行脉外。同时，周老师还认为"宁气贵在治肝"。

**1. 血热妄行证**

**案例 1** 张某，男，43 岁。

主诉与病史：鼻黏膜出血半年余，于 2018 年 6 月 16 日初诊。患者半年前出现反复鼻出血，未予重视，近期出血量多，查血常规：血小板最少时为 $7\times10^9/L$，于当地医院查骨髓检查提示巨核细胞 82 个，产板功能差，血小板散在分布，数量减少。类风湿因子阳性。诊断为免疫性血小板减少性紫癜。给予丙种球蛋白 0.4g/kg d1 ～ 5、地塞米松 0.5mg/kg d1 ～ 5，以及输血小板等支持治疗，血小板升至正常，后停用丙种球蛋白及激素减量后血小板迅速减低，最低至 $10\times10^9/L$，出现牙龈及鼻腔出血，症状又反复，血小板数目波动较大。目前甲泼尼龙用量为 16mg/d，血小板数维持在（20 ～ 40）$\times10^9/L$，遂慕名到周老师处就诊。

四诊摘要：牙龈、鼻腔出血，色鲜红，牙龈肿痛，口腔黏膜可见鲜红色血泡伴溃疡，口臭，舌红苔黄，脉数。

化验检查：首诊查血常规：PLT 11×$10^9$/L。查骨髓检查：全片见巨核细胞 86 个，产板型巨核细胞 6 个，功能欠佳，符合免疫性血小板减少性紫癜骨髓象。抗血小板抗体阳性。

西医诊断：免疫性血小板减少性紫癜。

中医诊断：紫癜病。

治疗：继续口服甲泼尼龙治疗。首诊中医辨证属血热妄行。治以清热凉血为主。方选犀角地黄汤加减。具体方药：水牛角（先煎）30g，茜草 15g，大青叶 15g，黄芩炭 10g，薄荷 10g，白茅根 20g，赤芍 10g，牡丹皮 10g，生地黄 15g，仙鹤草 20g，紫草 15g，黄芪 20g，甘草 6g。共 7 剂，水煎服。方中水牛角、大青叶、黄芩炭、薄荷、白茅根清热解毒，凉血止血；仙鹤草收敛止血；生地黄清热凉血，养阴生津；茜草、赤芍、牡丹皮、紫草清热凉血，化瘀消斑；黄芪健脾益气摄血；甘草解毒和中，调和诸药。

二诊：牙龈肿痛较前明显减轻，口腔黏膜溃疡愈合，二便调，舌脉同前。查血常规：PLT 23×$10^9$/L，激素量不减。上方继续服用 7 剂。

三诊：患者感腹胀，未见明显出血倾向，无牙龈肿痛，二便调，舌红苔黄，脉数。查血常规：PLT 40×$10^9$/L。上方去薄荷、大青叶，加陈皮 12g，姜半夏 10g。甲泼尼龙减至 12mg/d。

四诊：患者未再诉腹胀，鼻腔、牙龈未见出血点，纳可，夜寐安，二便调，舌淡红，苔薄白，脉浮。血常规：PLT 57×$10^9$/L。上方继服 14 剂，甲泼尼龙减至 8mg/d，后长期随诊，激素缓慢减量。

**2. 阴虚火旺证**

**案例 2** 陈某，男，86 岁。

主诉与病史：发现血小板减少 6 月余，于 2018 年 8 月 8 日就诊。患者 6 个月前出现鼻腔出血，查血常规：PLT 12×$10^9$/L。行骨髓检查诊断为免疫性血小板减少性紫癜。给予静注人免疫球蛋白联合重组人血小板生成素注射液治疗，血小板最高升至 98×$10^9$/L，后血小板逐渐降低。后于周老师门诊治疗。

四诊摘要：四肢可见新鲜出血点，色鲜红且密，咽干口燥，口唇干燥，面色潮红，舌红少津，少苔，脉细数。

化验检查：首诊查血常规：PLT 38×$10^9$/L。查骨髓检查：全片见巨核细胞 58 个，产板型巨核细胞 1 个，可见幼稚巨核细胞，血小板呈小簇状散在分布，数量减少，符合免疫性血小板减少性紫癜骨髓象。

西医诊断：免疫性血小板减少性紫癜。

中医诊断：紫癜病。

治疗经过：继续重组人血小板生成素治疗。首诊中医辨证属阴虚火旺，治以养阴清热，凉血止血，方药：鳖甲 20g，僵蚕 10g，巴戟天 20g，白芍 10g，半夏 10g，炒白术 10g，茯苓 10g，干姜 3g，旱莲草 30g，黄芪 30g，蒲黄 10g，熟地 90g，山萸肉 15g，菟丝子 20g，仙鹤草 50g，陈皮 10g，炙甘草 6g。

二诊：患者未见明显出血点，查血常规：PLT 42×$10^9$/L。自诉服用上方后自觉症状较前减轻，舌脉同初诊，继续原方口服 14 剂。

三诊：患者感不易入睡，睡时感梦多，乏力，查血常规：PLT 40×$10^9$/L。同二诊比较血小板未见明显升高，二诊方基础上加用酸枣仁 30g，杜仲 15g，减半夏、干姜，14 剂。

四诊：患者眠安，未感口燥咽干，舌淡苔薄白，脉沉。查血常规：PLT 54×$10^9$/L。继续三诊方口服治疗，后患者坚持随诊，血小板升至正常后，减重组人血小板生成素注射液用量，坚持口服中药治疗。

**3. 脾肾亏虚证**

**案例 3** 吴某某，男，23 岁。

主诉与病史：发现血小板减少 10 月余，于 2018 年 4 月 12 日就诊。患者 10 月余前因“膜性肾病”于某医院查血常规：PLT 7×$10^9$/L。行骨髓检查诊断为免疫性血小板减少性紫癜，立即应用糖皮质激素、静注人免疫球蛋白治疗后血小板升至正常，后激素减量为泼尼松 3 片 qd，血小板降至 14×$10^9$/L，后给予利妥昔单抗治疗，血小板未见明显升高。再次行骨髓穿刺：巨核细胞数量增多，产板功能差，仍诊断为免疫性血小板减少性紫癜。后加用艾曲波帕治疗，因闻周老师之名，于周老师门诊中药治疗，查血常规示 PLT 9×$10^9$/L。

四诊摘要：面部、四肢可见紫癜，色鲜红且密，牙龈出血，伴见头晕，气短懒言，腰背酸痛不适，夜尿频多，舌质淡，苔薄白，边有齿痕，脉细弱。

化验检查：首诊查血常规：PLT 9×$10^9$/L。查骨髓检查：全片见巨核细胞 292 个，以颗粒型巨核细胞为主，可见部分核质发育失衡现象，产板型巨核细胞约占 1%，血小板呈散在分布，数量明显减少，符合免疫性血小板减少性紫癜骨髓象。

西医诊断：免疫性血小板减少性紫癜。

中医诊断：紫癜病。

治疗经过：继续口服艾曲波帕治疗。首诊中医辨证属脾肾亏虚，治以益肾健脾，补气摄血。中药以归脾汤加减。处方：黄芪30g，当归12g，太子参、女贞子、菟丝子各12g，白术、杜仲、白芍、仙鹤草、茜草、茯苓、山药各10g，甘草3g。每日2剂，水煎分服。本方中黄芪、当归取当归补血汤之义，大剂量的黄芪既可益气摄血，又助新血内生；当归补血止血。白术、太子参、黄芪取补中益气汤之意，补益中焦，健脾益气，以滋气血生化之源而见摄血止血之效。茯苓、山药健脾益气，脾胃为后天之本，气血生化之源。

二诊：皮肤紫癜减少，舌脉同前。复查血常规：PLT 20×$10^9$/L。面部出血点较前明显减轻，未见新鲜出血点。故原方继进14剂。

三诊：皮肤紫癜消失，然诉腰背部感酸胀，脉沉。血常规：PLT 30×$10^9$/L。加用生地黄12g，防风12g，服药3个月，复查血小板计数稳定升高至100×$10^9$/L。患者以脾肾阳虚为主要证候，则温肾为主，佐以滋阴之品，意在阴中求阳，阳得阴助则生化无穷。

**4. 瘀血阻滞证**

**案例4** 徐某，男，12岁。

主诉与病史：全身皮肤反复出现紫癜，伴鼻黏膜出血2年余，于2012年12月16日初诊。患者先后两次在当地人民医院就诊，血小板最少时为11×$10^9$/L，骨髓检查提示巨核细胞产板功能差，抗血小板抗体阳性。诊断为慢性免疫性血小板减少性紫癜。先后予丙种球蛋白、糖皮质激素及输血小板等治疗，症状有所改善，但停药及激素减量后症状又反复，血小板数目波动较大。目前泼尼松剂量为15mg/d，血小板数维持在（30～50）×$10^9$/L，遂慕名到周老师处就诊。

四诊摘要：双下肢散见紫癜，色暗红而稀疏，牙龈出血，头胀痛，急躁易怒，胃纳欠佳，舌淡暗苔白，脉弦细无力，舌下脉络迂曲。

化验检查：首诊查血常规：PLT 36×$10^9$/L。查骨髓检查：全片见巨核细胞98个，产板型巨核细胞6个，功能欠佳，符合免疫性血小板减少性紫癜骨髓象。抗血小板抗体阳性。

西医诊断：免疫性血小板减少性紫癜。

中医诊断：紫癜病。

治疗经过：继续口服泼尼松治疗，剂量为15mg/d。首诊中医辨证属瘀血阻滞。治拟调肝扶脾，和血宁络。方用小柴胡汤方加益气凉血药。处方：柴胡、黄芩、白芍、制半夏、生地各9g，黄芪、仙鹤草各20g，熟地、羊蹄根、白术各12g，水牛角、生麦10g。服方2周。周老师认为小儿脏气轻灵，易趋康复，在治疗过程泼尼松维持中，既不会矫枉过正，又不致纠偏不足，泼尼松剂量不变。

二诊，皮肤紫癜消失，机体胃纳增加，情绪好转，复查血小板为51×10⁹/L。症见皮肤黏膜有散在陈旧瘀点，未见新鲜出血点，纳可，夜寐安，二便调，舌淡红，苔薄白，脉弦。阴阳、寒热、脏腑、气血，以和为度后继服本药（上方不变）。泼尼松剂量减至10mg/d。

三诊，患者服上方两个疗程后，自觉头部胀痛明显好转，无心烦气躁，皮肤黏膜未见出血点，纳可，夜寐安，二便无殊，舌淡红，苔薄白，脉沉。复查血小板维持在70×10⁹/L左右，患者无皮肤黏膜出血现象，达到如《素问·至真要大论》所言“谨察阴阳所在而调之，以平为期”的治疗目标。因患者血小板持续上升，结合患者久病必瘀，上方加用丹参10g，继服14剂。泼尼松减至5mg/d，患者病情稳定，血象控制可。

### （三）西医诊治现状[2]

#### 1. 诊断

免疫性血小板减少性紫癜的诊断是排除性诊断。

（1）诊断要点

1）至少2次血常规检查示血小板计数减少，血细胞形态无异常。

2）脾脏一般不增大。

3）骨髓检查示巨核细胞数增多，或正常、有成熟障碍。

4）须排除其他继发性血小板减少症，如自身免疫性疾病、甲状腺疾病、淋巴系统增殖性疾病、骨髓增生异常（再生障碍性贫血和骨髓增生异常综合征）、恶性血液病、慢性肝病脾功能亢进、常见变异性免疫缺陷病（CVID），以及感染等所致的继发性血小板减少、血小板消耗性减少、药物诱导的血小板减少、同种免疫性血小板减少、妊娠血小板减少、假性血小板减少及先天性血小板减少等。

（2）诊断ITP的特殊实验室检查

1）血小板抗体的检测：MAIPA法和流式微球检测抗原特异性自身抗体的特异性较高，可以鉴别免疫性与非免疫性血小板减少，有助于ITP的诊断。主要应用于下述情况：骨髓衰竭合并免疫性血小板减少；一线及二线治疗无效的ITP患者；药物性血小板减少；单克隆丙种球蛋白血症和获得性自身抗体介导的血小板无力症等罕见的复杂疾病。但该试验不能鉴别原发性 ITP 与继发性 ITP。

2）血小板生成素（TPO）检测：可以鉴别血小板生成减少（TPO 水平升高）和血小板破坏增加（TPO 水平正常），有助于鉴别 ITP 与不典型再生障碍性贫血或低增生性骨髓增生异常综合征。

上述项目不作为 ITP 的常规检测。

**2. 治疗**

PLT ≥ 30×$10^9$/L、无出血表现且不从事增加出血危险工作（或活动）的成人 ITP 患者发生出血的危险性比较小，可予观察和随访（证据等级 2c）。以下因素增加出血风险：出血风险随患者年龄增长和患病时间延长而增高；血小板功能缺陷；凝血因子缺陷；未被控制的高血压；外科手术或外伤；感染；服用阿司匹林、非甾体类抗炎药、华法林等抗凝药物。若患者有出血症状，无论血小板减少程度如何，都应积极治疗。在下列临床过程中，血小板计数的参考值分别如下：口腔科检查，≥ 20×$10^9$/L；拔牙或补牙，≥ 30×$10^9$/L；小手术，≥ 50×$10^9$/L；大手术，≥ 80×$10^9$/L；自然分娩，≥ 50×$10^9$/L；剖腹产，≥ 80×$10^9$/L。

（1）紧急治疗：重症 ITP 患者（PLT ＜ 10×$10^9$/L）发生胃肠道、泌尿生殖道、中枢神经系统或其他部位的活动性出血或需要急诊手术时，应迅速提高血小板计数至 50×$10^9$/L 以上。对于病情十分危急，需要立即提升血小板水平的患者应给予随机供者的血小板输注，还可选用静脉输注丙种球蛋白（IVIg）[1000mg/（kg·d）×（1 ～ 2）d] 和（或）甲泼尼龙（1000mg/d×3d）和（或）促血小板生成药物（证据等级 2c）。其他治疗措施包括停用抑制血小板功能的药物、控制高血压、局部加压止血、口服避孕药控制月经过多，以及应用纤溶抑制剂（如止血环酸、6- 氨基已酸）等。如上述治疗措施仍不能控制出血，可以考虑使用重组人活化因子Ⅶ（rhF Ⅶ a）（证据等级 4）。

（2）新诊断 ITP 的一线治疗

1）肾上腺糖皮质激素：①大剂量地塞米松（HD-DXM），40mg/d×4d，建议口服用药，无效患者可在半个月后重复 1 个疗程。治疗过程中应注意监测血压、血糖的变化，预防感染，保护胃黏膜。②泼尼松，起始剂量为 1.0mg/（kg·d）（分次或顿服），病情稳定后快速减至最小维持量（＜ 15mg/d），如不能维持应考虑二线治疗，治疗 4 周仍无反应，说明泼尼松治疗无效，应迅速减量至停用（证据等级 1b）。在糖皮质激素治疗时要充分考虑到药物长期应用可能出现的不良反应。长期应用糖皮质激素治疗的部分患者可出现骨质疏松、股骨头坏死，应及时进行检查并给予二膦酸盐预防治疗。长期应用糖皮质激素还可出现高血压、糖尿病、急性胃黏膜病变等不良反应，也应及时检查处理。另外，HBV DNA 复制水平较高的患者慎用糖皮质激素，治疗方案的制定应参照《中国慢性乙型肝炎防治指南》。

2）IVIg：主要用于 ITP 的紧急治疗，不能耐受肾上腺糖皮质激素的患者，脾切除术前准备，妊娠或分娩前，部分慢作用药物发挥疗效之前。常用剂量 400mg/（kg·d）×5d 或 1000mg/kg 给药 1 次（严重者每天 1 次、连用 2d）。必要时可以重复（证据等级 2c）。IVIg 慎用于 IgA 缺乏、糖尿病和肾功能不全的患者。

（3）成人 ITP 的二线治疗

1）促血小板生成药物：包括重组人血小板生成素（rhTPO）、艾曲波帕和罗米司亭（romiplostim），上述药物均有前瞻性多中心随机对照的临床研究数据支持。此类药物起效快（1～2 周），但停药后疗效一般不能维持，需要进行个体化的维持治疗。①rhTPO：剂量 1.0μg/（kg·d）×14d，PLT ≥ $100\times10^9$/L 时停药。应用 14d 血小板计数不升者视为无效，应停药（证据等级 1b）。②艾曲波帕：25mg/d（顿服），根据血小板计数调整剂量，维持 PLT ≥ $50\times10^9$/L，PLT ≥ $100\times10^9$/L 时减量，PLT ≥ $200\times10^9$/L 时停药，最大剂量 75mg/d。用药过程中需要监测肝功能（证据等级 1a）。③罗米司亭：血小板生成素拟肽（Nplate，AMG531），首次应用从 1μg/kg 每周 1 次皮下注射开始，若 PLT ＜ $50\times10^9$/L 则每周增加 1μg/kg，最大剂量 10μg/kg。若持续 2 周 PLT ≥ $100\times10^9$/L，开始每周减量 1μg/kg。PLT ≥ $200\times10^9$/L 时停药。最大剂量应用 4 周血小板计数不升者视为无效，应停药（证据等级 1a）。

2）抗 CD20 单克隆抗体（Rituximab，利妥昔单抗）：推荐剂量 375mg/$m^2$ 每周 1 次静脉滴注，共 4 次。一般在首次注射 4～8 周内起效。小剂量利妥昔单抗（100mg 每周 1 次，共 4 次）同样有效，但起效时间略长（证据等级 1b）。

3）脾切除术：在脾切除前，必须对 ITP 的诊断作出重新评价，建议检测血小板抗体（MAIPA 法或流式微球法）和 TPO 水平。脾切除指征：①糖皮质激素正规治疗无效，病程迁延 6 个月以上；②泼尼松治疗有效，但维持量大于 30mg/d；③有使用糖皮质激素的禁忌证。对于切脾治疗无效或最初有效随后复发的患者应进一步检查是否存在副脾（证据等级 1b）。

（4）其他二线药物治疗：由于缺乏足够的循证医学证据，以下药物需个体化选择治疗。①硫唑嘌呤：常用剂量为 100 ～ 150mg/d（分 2 ～ 3 次口服），根据患者白细胞计数调整剂量。不良反应为骨髓抑制、肝肾毒性。②环孢素 A：常用剂量为 5mg/（kg・d）（分 2 次口服），根据血药浓度调整剂量。不良反应包括肝肾损害、齿龈增生、毛发增多、高血压、癫痫等，用药期间应监测肝、肾功能。③达那唑：常用剂量为 400 ～ 800mg/d（分 2 ～ 3 次口服），起效慢，需持续使用 3 ～ 6 个月。与肾上腺糖皮质激素联合可减少肾上腺糖皮质激素用量。达那唑的不良反应主要为肝功损害、月经减少，偶有多毛发生，停药后可恢复。对月经过多者尤为适用。④长春碱类：长春新碱 1.4mg/$m^2$（最大剂量为 2mg/$m^2$）或长春花碱酰胺 4mg，每周 1 次，共 4 次，缓慢静脉滴注。不良反应主要有周围神经炎、脱发、便秘和白细胞减少等。

（王　珺）

## 二、过敏性紫癜

过敏性紫癜（anaphylactoid purpura）是一种常见的血管变态反应性疾病，因机体对某些致敏物质产生变态反应，导致毛细血管脆性及通透性增加，血液外渗，产生紫癜、黏膜及某些器官出血。临床主要表现为非血小板减少性紫癜、关节炎或关节肿痛、腹痛、胃肠道出血及肾炎。现代医学认为其发病多与敏感体质接触花粉、虫蚊、细菌或病毒感染、进食牛奶或鱼虾、使用某些药物等有关。目前尚无统一的、完全有效的治疗方法，主要针对病因治疗，使用抗过敏药物、降低毛细血管通透性药物及糖皮质激素甚至免疫抑制剂等抑制变态反应，调节免疫功能。西药治疗后存在副反应大及复发率高的缺点。周老师中医中药治疗紫癜风有独特见解。现总结其诊治过紫癜风的临床经验，以飨同道。

### （一）周老师中医药治疗过敏性紫癜（紫癜风）经验

#### 1. 病因病机

关于过敏性紫癜中医古籍中没有统一的命名，周老师根据临床症状，认为可将其归属于中医“紫癜风”“血证”“肌衄”“葡萄疫”等范畴，2008 年 10 月全国常见血液病中医病证名专题讨论会，启用“紫癜风”病名指代本病。其病因或为风火热毒伤络，或饮食起居失常，或病程迁延日久，或先天禀赋不足。《素问·生气通天论》曰："阴平阳秘，精神乃治，阴阳离决，精气乃绝。"周老师认为紫癜风的基本病机为阴阳失调，风火热毒、辛辣之食皆为阳邪，阳盛则热，热者伤阴，阴不制阳，则脉络受损，血热妄行，透达肌肤发为紫斑，透达关节发为肿痛，脏腑出血则腹痛，或二便出血，是为血热之证；长期劳作，夜寐不足，耗伤气阴，阴虚则阳胜，阳胜则热，热更伤阴，阴不制阳，甚者亡阴，是为阴虚之证；嗜食冰冷，脾阳受损，失于温运，阴寒内生，寒性收引，寒凝气滞，运血无力，而成血瘀，血瘀阻络，不通则痛，脉络受损，血行离经，是为血瘀之证；病程迁延日久，气血俱亏，阴阳俱损，血脉枯涸，脉络失养受损，气不摄血，血不循经，是为气血亏虚之证；肾为先天之本，先天禀赋不足，则肾之阴阳俱亏，精气化生乏源，生长发育迟缓，脉络成形欠佳，阴阳轻微妄动，血即离经，是为肾阴阳两亏之证。

**2. 辨治经验**

（1）阳病治阴，阴病治阳：《素问·阴阳应象大论》曰："审其阴阳，以别柔刚，阳病治阴，阴病治阳。"周老师认为临床诊治紫癜风患者，辨别其阴阳属性为重中之重。凡紫癜色红，恶寒发热，皮肤瘙痒，关节肿痛，舌红苔薄黄，脉浮数；或腹痛剧烈，甚者高热呕吐，尿黄赤，舌红苔黄，脉洪数者皆为阳邪偏盛，辨为阳病，证属血热之证，阳病治阴，治以清热解毒、凉血止血等寒凉之品助阴制阳，周老师常以银翘散、犀角地黄汤加减等治之。凡神疲乏力、口干咽燥、五心烦热、紫斑色红、舌红少苔、脉细数者为阴精亏虚，阴虚不能制阳，阳胜亦为阳病，证属阴虚之证，治以滋阴补精等凉润之品补阴制阳，以知柏地黄丸加减治之。周老师认为单用寒凉滋阴之品，易损伤脾阳，且该证多伴气虚，故常合用参苓白术散益气温阳，阳中求阴。凡紫癜散在，色紫暗，全身疼痛，畏寒怕冷，舌暗红、有瘀点，脉沉细为阳虚阴胜，辨为阴病，阴病治阳，治以活血散寒、化瘀止痛等温热之品温阳制阴，以血府逐瘀汤加减治之，周老师常加三七粉吞服以增散瘀止痛之效。周老师认为需辨清疾病的阴阳属性，根据阴阳对立制约等相互关系以"阳病治阴，阳病治阴"治疗紫癜风血热证、阴虚证、血瘀证，正如王冰注《素问·至真要大论》曰："壮水之主，以制阳光；益火之源，以消阴翳。"

紫癜风病程迁延不愈或疾病反复者，损耗气血，无形之物属阳，有形之物属阴，气属阳，血属阴，气血两亏，阴阳俱虚，症见神疲乏力，畏寒肢冷，唇甲苍白，紫癜成片或散在，色暗淡或浅紫，舌淡苔白，脉沉弱，辨为气血亏虚证，阴阳俱虚，治以归脾汤合当归补血汤加减温阳补气，滋阴生血，共治阴阳。

周老师认为紫癜风之先天禀赋不足者，多为幼儿，症见紫癜散在，色暗淡，身材羸瘦，发少齿缺，表情淡漠，行动迟缓，小便频数而清，舌淡苔白，脉弱，辨为肾阴阳两亏证，阴阳两病，共治阴阳。然临床上多为肾阳虚为主兼有阴虚或肾阴虚为主兼有阳虚者，故实辨阴阳偏胜，阳虚为主者治以右归丸加减温补肾阳，阴中求阳；阴虚为主者治以左归丸加减滋阴补肾，阳中求阴。

（2）调和阴阳，防治复发：周老师在临证中发现长期应用抗过敏药物及大剂量糖皮质激素后，常出现耐药或症状控制停药后疾病迅速复发的现象。现代医学认为过敏性紫癜的发生发展与机体免疫平衡被打破直接相关。周老师认为经西药治疗后其免疫功能未恢复平衡，甚至是进一步抑制免疫功能，从而出现虽症状控制，但很快复发的情况。中医学上其原因可认为是阴阳平衡因外邪或内因破坏损耗而发病，而西药治疗仅仅是使得阴阳俱虚的情况达到短暂的平衡，远未达到常人“阴平阳秘”的状态，一旦接触外邪或损耗阴阳就会导致紫癜风的复发。现代研究发现当机体免疫功能紊乱时，补气药物的多糖和皂苷成分可以通过对细胞因子的分泌产生双向调节作用，达到平衡机体免疫功能的目的，除此之外中药多糖和皂苷对 T、B 淋巴细胞具有双向调节作用。《灵枢·百病始生》曰：“此必因虚邪之风，与其身形，两虚相得，乃客其形。”因此，周老师认为复发患者，表阳常虚，卫阳不固，外邪易凑，故治疗复发患者，在辨证论治的同时，常配伍黄芪、党参、太子参、甘草等补气药物以平衡免疫功能，防治紫癜风的复发。

（3）阳宜止血，阴宜化瘀：周老师认为，快速消散紫癜是取得紫癜风患者满意疗效的关键。然临证切忌一味运用活血化瘀止血之品。血热出血者，投以温热活血之品反使阳邪更盛加重出血，寒凝血瘀者投以收敛止血之品则血瘀更甚。因此，周老师认为血热、阴虚之阳证患者，辨治同时宜投以茜草、侧柏叶、白茅根等凉血止血之品，而血瘀寒证宜投以桃仁、红花、延胡索等活血化瘀之品。病久迁延、反复发作者，周老师常以三七治之。

### （二）典型案例

**气血亏虚证**

**案例** 许某，女，17 岁。

主诉及病史：2015 年 7 月中旬患者始因食用生冷海鲜及冷饮后出现反复

腹痛、腹泻，双下肢出现红色皮疹，无恶寒发热。7 月 16 日于杭州市某医院就诊查过敏原：IgE（免疫球蛋白 E）147U/mL。血、尿常规无殊。腹部 B 超未见明显异常。拟诊：过敏性紫癜（混合型）。予氯雷他定片、复方甘草酸苷片（具体剂量不详）治疗 2 周后皮疹消退完全。停药 1 周后紫癜再发，自予氯雷他定片、复方甘草酸苷片口服 2 周后皮疹消退。2015 年 9 月 4 日患者紫癜再次发作，遂来周老师门诊就诊。

四诊摘要：神疲乏力、面色少华，唇甲苍白，四肢冰冷，双下肢散在紫癜伴稍水肿，呈对称性，紫癜略高出皮肤，色紫红，按之不褪色，腹软，脐周压痛，无反跳痛，无咳嗽咳痰，不欲饮食，夜寐欠佳，小便正常，大便溏稀，舌淡紫，苔白，脉细无力。既往有过敏性哮喘病史。

化验检查：查过敏原：IgE 89.0U/mL。血常规：WBC $6.3\times10^9$/L，Hb 105g/L，PLT $225\times10^9$/L。C 反应蛋白 12.4mg/L。尿常规、凝血功能、肝肾功能无殊。

西医诊断：过敏性紫癜（混合型）。

中医诊断：紫癜风。

治疗经过：周老师四诊合参，认为该患者病属紫癜风，证为气血亏虚证。首治治以归脾。

汤合当归补血汤加减温阳补气，滋阴生血。处方：黄芪 30g，当归、白术、茯苓、党参、太子参各 15g，防风 12g，甘草、猪苓、桃仁、炒枣仁各 9g，三七粉（吞）3g。7 剂，水煎服，每日 1 剂。嘱患者避风寒，畅情志，注意休息，避免辛辣刺激及生冷海鲜饮食。

二诊 2015 年 9 月 11 日：服药 7 剂后，患者神疲乏力较前好转，面色仍欠红润，四肢温热，双下肢紫癜部分消退，水肿消失，无腹痛腹泻，胃纳可，夜寐佳，二便尚调，舌质淡红，苔薄，脉细。复查血常规：Hb 110g/L。在原方基础上去猪苓，再进 7 剂。

三诊 2015 年 9 月 18 日：患者服药后双下肢紫癜基本消退，无神疲乏力不适，面色如常，四肢温热，无腹痛腹泻，纳寐可，二便调，舌淡苔薄脉细。原方去桃仁、三七粉，再进 14 剂。2 周后患者未来就诊，追访 4 周未见复发。

**经验体会** 紫癜风常病程迁延反复，难以治愈。“阴平阳秘，精神乃治，阴阳离决，精气乃绝”可为诊治紫癜风的指导原则，周老师根据阴阳失调程度不同及致病特点将其分为血热证、阴虚证、血瘀证、气血亏虚证、肾阴阳两亏证五种证型，确立“阳病治阴，阴病治阳，调和阴阳，防治复发，阳宜止血，阴宜化瘀”治疗法则，临证止血化瘀治标，调和阴阳治本，标本共治。

周老师认为应将温阳固表贯穿于治疗紫癜风的整个过程，对于已经缓解的患者，体质允许的情况下可长期服用中成药玉屏风散扶正固表，正如《素问·刺法论》所说“正气存内，邪不可干”。该例患者初发因食用生冷海鲜而至邪毒壅遏脉络，发为紫癜风，服用抗过敏药物控制病情，然因贪食生冷，脾阳受损，阴寒内生，阴阳平衡被打破，西药治标，而未能平衡阴阳，故紫癜风反复发作。初诊，患者紫癜风反复多次，气血耗损，故见神疲乏力，面色少华，唇甲苍白；脾阳受损，失于温煦，运化失司，故见四肢冰冷，大便溏稀，下肢轻度水肿；阴寒内生，寒凝气滞血瘀，不通则痛，故见紫癜色紫红，脐周压痛，舌淡紫，脉细无力。周教授辨该患者为紫癜风，气血亏虚证。以阴阳双补为治疗大法，补气生血为主，兼顾健脾利湿，活血化瘀。方中黄芪、白术、党参、甘草温阳补气，太子参、酸枣仁滋阴安神，当归甘温生血，茯苓燥湿健脾，猪苓、防风利水渗湿，桃仁、三七活血散瘀。二诊，患者下肢水肿已消，紫癜渐散，但仍感乏力，面色欠华，周教授认为脾阳渐复，阴寒渐消，去猪苓守原方继服。三诊，患者紫癜已愈，气血仍亏，去活血散瘀之品，守前法巩固治疗。方中黄芪、白术、防风三味另组玉屏风散。

（三）西医诊治现状[3]

过敏性紫癜是儿童时期最常见的血管炎之一。以非血小板减少性紫癜、关节炎或关节痛、腹痛、胃肠道出血及肾炎为主要临床表现。常见发病年龄为 7 ～ 14 岁。

**1. 诊断**

（1）临床表现：多数患儿在发病前 1 ～ 3 周有上呼吸道感染史。过敏性紫癜大多数情况以皮肤紫癜为首发症状；也可早期表现为不规则发热、乏力、食欲减退、头痛、腹痛及关节疼痛等非特异性表现。

1）皮肤症状：皮疹是本病的主要表现。主要分布在负重部位，多见于下肢远端，踝关节周围密集；其次见于臀部；其他部位如上肢、面部也可出现；躯干部罕见。特征性皮疹为高出皮肤，初为小型荨麻疹或粉红色斑丘疹，压之不褪色，即为紫癜。皮损部位还可形成出血性水疱，甚至坏死，出现溃疡。紫癜可融合成片，最后变为棕色。一般 1 ～ 2 周内消退，不留痕迹；也可迁延数周或数月。有时发病早期可出现手臂、足背、眼周、前额、头皮及会阴部血管神经性水肿，肿胀处可有压痛。

2）消化系统症状：较为常见，约 2/3 患儿出现消化道症状。一般出现在皮疹发生＜1周。最常见症状为腹痛，多表现为阵发性脐周绞痛，也可波及腹部任何部位。可有压痛，但很少有反跳痛。同时伴有呕吐。约半数患儿大便潜血阳性，部分患儿出现血便，甚至呕血。如果腹痛在皮肤症状之前出现，易误诊为外科急腹症，甚至误行手术治疗。少数患儿可并发肠套叠、肠梗阻、肠穿孔及出血性小肠炎，需外科手术治疗。

3）泌尿系统症状：可为肉眼血尿或显微镜下血尿及蛋白尿，或管型尿。上述症状可发生于过敏性紫癜病程的任何时期，但多数于紫癜后2～4周出现，也可出现于皮疹消退后或疾病静止期。病情轻重不等，重症可出现肾衰竭和高血压。虽然半数以上患儿的肾脏损害可以临床自行痊愈，但少数患儿的血尿、蛋白尿及高血压可持续很久。

4）关节症状：大多数患儿仅有少数关节疼痛或关节炎。大关节如膝关节、踝关节为最常受累部位。其他关节如腕关节、肘关节及手指也可受累。表现为关节及关节周围肿胀、疼痛及触痛，可同时伴有活动受限。关节病变常为一过性，多在数日内消失而不留关节畸形。

5）其他症状：一些少见的症状如中枢神经系统症状，昏迷、蛛网膜下腔出血、视神经炎及吉兰－巴雷综合征。

（2）辅助检查：本病无特异性实验室检查。血小板计数正常或升高。出血时间、凝血时间及血块收缩时间等均正常。部分患儿白细胞总数增高达 $20\times10^9$/L，伴核左移。血沉可增快，C反应蛋白及抗链球菌溶血素可呈阳性，咽培养可见β溶血性链球菌。抗核抗体及类风湿因子常阴性。约半数患儿急性期血清IgA、IgM升高。有消化道症状如腹痛患儿，大便潜血可阳性。肾脏受累时可出现镜下血尿及肉眼血尿。有时严重蛋白尿可致低蛋白血症。对有消化道症状者可进行腹部B型超声波检查，有利于肠套叠的早期诊断。

**2. 鉴别诊断**

对症状典型者不难作出诊断。非典型病例，如在紫癜出现前出现其他系统症状的，诊断较为困难。本病需与免疫性血小板减少性紫癜、外科急腹症（过敏性紫癜的腹痛虽较剧烈，但位置不固定，压痛轻，无腹肌紧张和反跳痛，除非出现肠穿孔才有上述情况。出现血便时，需与肠套叠、梅克尔憩室作鉴别）细菌感染、链球菌感染后肾小球肾炎、IgA肾病及系统性红斑狼疮、弥漫性血管内凝血及溶血、尿毒症相鉴别。

**3. 治疗原则**

（1）一般治疗：急性期卧床休息。要注意出入液量、营养及保持电解质平衡。有消化道出血者，如腹痛不重，仅大便潜血阳性者，可用流食。如有明显感染，应给予有效抗生素。注意寻找和避免接触过敏原。

（2）对症治疗：有荨麻疹或血管神经源性水肿时，应用抗组胺药物和钙剂；近年来又提出用 $H_2$ 受体阻滞剂西咪替丁 20 ～ 40mg/（kg·d），分两次加入葡萄糖溶液中静脉滴注，1 ～ 2 周后改为口服，15 ～ 20mg/（kg·d），分 3 次服用，继续应用 1 ～ 2 周。有腹痛时应用解痉挛药物，消化道出血时应禁食。

（3）抗血小板凝集药物：阿司匹林 3 ～ 5mg/（kg·d）或 25 ～ 50mg/d，每日 1 次口服；双嘧达莫 3 ～ 5mg/（kg·d），分次服用。

（4）抗凝治疗：本病可有纤维蛋白原沉积、血小板沉积及血管内凝血的表现，故近年来有使用肝素的报道，也有的推荐使用尿激酶。

（5）肾上腺皮质激素：单独皮肤或关节病变时，无须使用肾上腺皮质激素。以下几种情况是用激素的指征：①有严重消化道病变，如消化道出血时，可服泼尼松 1 ～ 2mg/（kg·d），分次口服，或用地塞米松、甲基泼尼松龙静脉滴注，症状缓解后即可停用；②表现为肾病综合征者，可用泼尼松 1 ～ 2mg/（kg·d），≥ 8 周；③急进性肾炎可用甲基泼尼松龙冲击治疗，剂量同狼疮性肾炎。激素治疗无效者，可加用免疫抑制剂，如环磷酰胺。

（6）其他：有肾衰竭时，可采用血浆置换及透析治疗。对严重病例可用大剂量丙种球蛋白冲击治疗，剂量为 400mg/（kg·d），静脉滴注，连用 2 ～ 3d。对急进性肾炎可进行血浆置换疗法。

（李杭超）

## 第三节　攻补兼施邪自除

### 一、老年急性白血病的治疗

急性髓系白血病（acute myeloid leukemia，AML）是一种造血干细胞疾病，以造血生成分化阻滞、原始细胞克隆生长、造血干细胞恶性改变主要特征表现，造成正常造血功能丧失，此病具有高度的异质性。研究表明，年龄是一个独立的危险预后因子，与接受相同治疗的年轻患者相比，老年患者具有更低的完全缓解（CR）率、无病生存（DFS）率、无复发生存（RFS）率、总生存期（OS）及更高的治疗相关死亡率（TRM）、疾病的耐药和复发。白血病这一病名起源于现代医学，在传统中医中没有对应的病名，根据 AML 的症候，常归属于“血证”“急劳”“虚劳”“温病”“积聚”等范畴。

（一）周老师中医药治疗老年白血病经验介绍

**1. 病因病机**

周老师认为老年白血病总的病因病机是本虚标实，具体为“正气亏虚－瘀血阻滞－伏火少阴－脾肾不足”。分析如下，第一，老年白血病病位在骨髓，并播散于血液，病因多由正气亏虚，邪毒未解入里，进而化热，久而毒邪蕴于骨髓，从而导致脏腑、气血津液的功能失调。正如《庄子》说到：“人之生，气之聚也；聚则为生，散则为死。”正气的亏虚是患病的主要原因之一，同时也说明气有防御疾病功能。第二，正气亏虚，气不行血，瘀血乃成。《黄帝内经》中虽无明确记载“瘀血”“血瘀”这一名称，但对其的描述用“留血”“血脉凝泣”“脉不通”“血凝涩”等相似名称，散载于各篇幅，并且对其病因病机及表现做了探讨。《灵枢·营卫生会》曰：“老者之气血衰，其肌肉枯，气道涩。”认为年老衰弱，正气不足可造成血瘀。正如《灵枢·经脉》曰：“脉道以通，血气乃行。”其认为气血失和是血瘀的基本病机。且白血病患者初期以邪实为主，热毒炽盛，热之所过血为之凝结。第三，周老师认为“火伏少阴”也是此病发生的重要原因，由于内外因素致“伏火”产生，伏火又容易发生向“三阴传变”的动态演变，最终导致全身脏腑、经脉功能的紊乱，从而表现出咽干、潮热、盗汗、脉细数等阴虚内热证候。第四，先天禀赋虚弱，肾精不足是老年白血病发病的关键。肾精亏虚为本，邪毒为标，治疗需分清标本缓急。先天失养，后天情志失调、五劳所伤，导致正气不足，气血阴阳、脏腑经络失调，热毒、药毒侵袭骨髓，发为本病；病位在骨髓，与脾、肾相关，病机关键在于邪毒犯髓，入血伤营，病性多虚实夹杂。现具体介绍如下。

（1）正气亏虚：《灵枢·天年》：“六十岁，心气始衰……百岁，五脏皆虚，神气皆去，形骸独居而终矣。”周老师认为随着年龄增长，机体逐渐衰老，脏腑功能减退，老年人也就形成了虚为主的五脏虚衰的自然生理状态。正气存内，邪不可干，邪之所凑，其气必虚，气虚主要是指气的功能减退衰弱。老年人正气不足，感受邪毒，不能驱邪外出，一方面易于和痰湿瘀血相互作用，加重病情，另一方面邪毒入血伤髓，耗气伤阴，从而形成一个本虚标实的病性。

（2）瘀血阻滞：周老师以为邪毒内蕴，潜伏经络，阻碍气机运行，日久出现气滞，“气为血之帅”，血随气行，气行则血行，气滞则血瘀，随着气滞的发生而出现血瘀；正气虚弱，推动无力也可致瘀。瘀滞日久而成癥积肿块。王清任在《医林改错》中云：“肚腹积结皆有形之血。”又云：“气无形不能结块，结块者，必有形之血也，血受寒则凝结成块，血受热则煎熬成块。”唐容川也指出：“瘀血在经络脏腑之间，则结为癥瘕。”可见血瘀与癥积、肿块的形成密切相关。因而白血病的骨痛、肝脾及淋巴结肿大、舌质紫暗等皆与瘀血有关。瘀血作为致病因素还可表现在“瘀血不去，新血不生”。由于瘀血的存在，妨碍新血的生成而出现血虚的表现，这与白血病患者临床既见皮肤瘀斑、舌质紫暗等瘀血表现，又有面色苍白、头晕乏力、心悸等血虚的症状相符。另外，瘀血又可进一步导致出血，随着瘀血的产生而出现瘀血阻络的现象，血不循常道而出现衄血，瘀血位于脏腑则可见咯血、吐血、便血、崩漏等出血症状；位于体表则见瘀斑。瘀血日久尚可化热，或成败血而出现高热证候。

（3）伏火少阴：朱丹溪认为“阳常有余，阴常不足”，并首创“相火论”奠定了滋阴降火学说的基础。张景岳则认为“阳非有余，真阴不足”，提出命门学说，阐述真阴和元阳互根互用，创立许多补肾名方。《景岳全书》曰：“阴虚者，水亏也，为亡血失血，为戴阳，为骨蒸劳热。”认为阴液的不足所致的虚性亢热是阴虚证的主要表现，常见原因为失血。现代医家认为，阴虚证指体内阴液亏虚，无以制阳，阴液的滋润、濡养作用不足，出现咽干、潮热、盗汗、脉细数等虚热证候，从脏腑出发，又有各自的阴虚证候。

（4）脾肾不足：肾为先天之本，主骨生髓，脾胃为后天之本，中焦受气取汁，变化为血。肾气虚，则导致机体一派虚象，无以滋养后天；脾胃虚弱，无以滋养先天，对于老年患者来说，气血阴阳本已虚，正虚无力抵抗外邪，则进一步加重内毒，内毒炽盛而使正气更虚。

**2. 中医证型**

（1）热毒炽盛证：常见发热、皮肤及黏膜出血，可见心悸气短、骨痛、口渴、汗出、溺血、便血、便秘，舌边尖红，苔黄欠津，脉滑数或弦数等。

（2）瘀血阻滞证：皮肤或黏膜出现青紫斑块，疼痛拒按、痛处固定，或腹内癥块，或出血紫暗成块，舌或舌下脉络暗紫，脉弦涩等为主症。

（3）气阴两虚证：持久发热，消瘦乏力，盗汗，口干，头痛，头昏，耳鸣，出血（包括鼻衄、齿衄、紫癜、视网膜出血，下同），遗精，关节痛，咽喉炎，口腔齿龈发炎，厌食，肝脾轻度种大，舌红绛，剥苔或舌焦，脉数虚大。

（4）气血两虚证：神疲乏力、气短懒言、自汗出、舌淡、脉虚细，血虚证临床以面色苍黄、口唇指甲色淡、易心悸头晕、手足麻木、妇女月经周期短、量少色淡、舌质淡、脉沉等为主症。

（5）脾肾阳虚证：神疲乏力，头晕心悸，面色苍白，纳呆，便溏，腰膝酸软，眩晕耳鸣，口干唇燥，舌淡，苔白，脉沉。

**3. 辨治经验**

（1）攻补兼施，扶正为主：周老师指出治疗老年白血病时宜注意其独特的生理病理特征，脏气衰惫，邪毒内蕴，治疗时宜应攻补兼施，而尤其要以扶正为本。正气内存，邪不可干，因此在治疗上应多予扶正之品，正气得复，则贼邪自除。老年人肾衰精亏，阴虚血少，老年白血病患者往往表现为长期低热、盗汗、夜寐不佳等阴虚精亏之候。《素问·阴阳应象大论》曰："年四十而阴气自半也，起居衰矣"。朱丹溪云"阳常有余，阴常不足"，而于老者尤其如此。《素问·阴阳应象大论》云："精不足者，补之以味"。守得一分阴，则存一分真，因此，周老师强调在治疗老年白血病时尤应重视养阴填精，尤其是固护肾阴的重要性，故周老师在临床上常加用熟地、黄精、石斛、制首乌等能滋阴生精之品。善补阴者，阳中求阴，若堆砌滋阴之品则又恐滋腻碍胃，恋邪难除，是故周老师常在方中酌加肉桂、苁蓉等温补肾阳之品为佐，以使阴液得生而泉源不竭。周老师认为在祛邪方面也同样应重视老年人的生理特征，相较于青壮年，老年人显然不能耐受味厚力峻之品。若滥用峻猛之品，则恐正不能存。即使邪气尽去，而人气弗生，了无意义。是故《素问·五常政大论》曰："能毒者以厚药，不胜毒者以薄药。"周老师在临床上常予蛇舌草、猫人参、苦参、败酱草等偏于平和之品，用量宜根据患者的体质情况斟酌而定，中病即可。

（2）中西合参，分阶段论治：周老师结合其数十年临床经验，指出中西医应协同发展，彼此重视，彼此配合。在中医治疗方面，周老师亦非常重视患者现代医学的治疗，指出应参考现代医学的治疗周期，分阶段治疗。患者疾病初发，往往邪盛而正气尚存，此时在治疗时宜根据患者体质情况选择方案化疗，化疗期间，药毒侵袭，正邪相争，此时宜加强攻邪力度，祛得一分邪毒，则守得一分正气，同时注重固护脾胃，脾胃之气存，则气血生化得源，正气可复，邪毒自除。化疗后患者邪毒已去大半，正气亏虚，此时更应加大扶正之力，以助气血化生，固护肾阴精气。其在长期的临床观察中发现，老年白血病的中医辨证以气阴亏虚型为主，治疗以益气养阴为大法，而在化疗期与化疗间期，分别予抗白延年汤 1 号方及抗白延年汤 2 号方交替序贯使用，以改善患者生存质量，提高患者化疗方案的完成率。

（3）祛瘀生新：瘀既为病理产物，又是致病因素，瘀血形成后必定会阻滞气机，瘀血阻塞络脉，气血运行受阻，以致血涌络破而见出血，临床上常可见皮肤或黏膜出现青紫斑块，疼痛拒按、痛处固定，或腹内癥块，或出血紫暗成块，舌或舌下脉络暗紫，脉弦涩等为主症，故治疗上予泻热逐瘀的方剂，以解毒活血、软坚散结，方用桃红四物汤合鳖甲煎丸加减。

（4）补脾益肾，益气养血：脾为后天之本，气血生化之源；肾为先天之本，元阴元阳之所，是生命的本元。所以，补益脾肾在虚劳的治疗中尤为重要。对于出现神疲乏力、头晕心悸、面色苍白、纳呆、便溏、腰膝酸软、眩晕耳鸣、口干唇燥等脾肾气血亏虚症状的老年白血病患者，多运用补脾益肾、益气养血法治之，每获良效。

## （二）典型案例

**气阴两虚证**

**案例** 张某，男，78 岁。

主诉与病史：反复头晕乏力半年余，加重 7 天，于 2017 年 5 月就诊于浙江省中医院。半年前无明显诱因下出现头晕乏力，因无其他不适，未重视未治疗。7 天前因外出活动后自觉乏力头晕加重，来我院住院系统治疗。入院后经骨髓常规 + 活检 + 白血病免疫分型诊断为急性髓系白血病（AML-$M_2$）。拟行 HAA（高三尖杉脂碱 lmg qd d1 ～ 14+ 阿糖胞苷 12.5mg q12h d1 ～ 14+ 阿克拉霉素 20mg qod d1、d3、d5）方案化疗。

四诊摘要：热性面容，倦怠乏力，盗汗，便秘，夜寐欠安，舌红苔薄黄，脉数。

化验检查：首诊查血常规：WBC 20.6×$10^9$/L，Hb 78 g/L，RBC 2.5×$10^{12}$/L，PLT 35×$10^9$/L。查骨髓检查：有核细胞增生明显活跃，原粒细胞占 55%，符合急性髓系白血病骨髓象。骨髓活检：骨髓增生极度活跃，粒系增生活跃，以原粒为主，细胞大小不均，红系、巨核系受抑。提示：AML-$M_2$ 可能。外周血流式细胞术检查：所有有核细胞中，幼稚 / 原始细胞占 50.8%，$CD33^+$、$CD117^+$（部分）、$CD71^+$（部分）、$CD56^+$（部分）疑是 $M_2$。抗核抗体阴性，甲状腺功能、肿瘤类均阴性。病毒类：EBV 和 CMV IgG 阳性，IgM 阴性；乙肝病毒表面抗体阳性，其余均阴性。

西医诊断：急性髓系白血病（AML-$M_{2a}$）。

中医诊断：虚劳。

治疗经过：排除相关禁忌证后，行 HAA（高三尖杉脂碱 lmg qd d1 ～ d14+阿糖胞苷 12.5mg q12h d1 ～ d14+ 阿克拉霉素 20mg qod d1、d3、d5）方案化疗，过程顺利。中医首诊辨证：气阴两虚证。治当补气养阴，扶正祛邪。拟方：蛇舌草 30g，半边莲 15g，败酱草 15g，熟地 15g，当归 12g，黄芪 20g，石斛 9g，苦参 9g，北沙参 9g，生姜 6g，甘草 3g。每日 1 剂，水煎服，每次 80mL，每日 2 次。

二诊：化疗结束后，患者自诉盗汗较前好转，现倦怠乏力明显加重，自汗出，纳呆，失眠，舌红少苔，脉细。证属气虚证，治当益气为主，拟方：黄芪 25g，熟地 25g，当归 12g，太子参 12g，茯苓 15g，白术 12g，麦冬 9g，五味子 6g，黄精 12g，补骨脂 9g，蛇舌草 15g，败酱草 12g，肉桂 2g，甘草 6g。每日 1 剂，水煎服，每次 80mL，每日 2 次。

三诊：服药 7 剂后患者自汗乏力明显好转，胃纳尚可，仍感夜寐不佳，去白术、肉桂，减黄芪至 15g，茯苓 9g，加用远志 9g，大枣 12g。再服 12 剂后，患者夜寐好转。前方去大枣，加用菟丝子 12g，苦参 9g，猫人参 15g，继续服用 15 剂。

**经验体会** 首诊，患者经一系列辅助检查明确诊断为急性髓系白血病，此时邪气方盛，正气亏虚，需行化疗治疗。而中医治疗方面，亦当攻邪而无需犹豫，故予蛇舌草、半边莲、败酱草、苦参以祛邪抗肿瘤。但患者年老体弱，肾精不充，化疗之药毒峻猛，攻邪之时尤应注意扶正，予熟地、石斛、沙参益阴填精。脾胃乃后天之本，气血生化之源，药毒侵袭，伤脾碍胃，故又加姜、草护中焦之脾胃，黄芪、当归补气养血，全方补而不留邪，攻而不伤正，协助化疗以奏祛邪扶正之功。化疗结束后，因药毒之力峻猛，正气仍被损伤，气虚血弱，精髓不充，故见乏力加重、自汗出、纳呆失眠之候。此时邪毒已去大半，而正气极虚，当全力扶正为主，而祛邪为辅。予熟地、黄精、补骨脂、生脉散合用益阴填髓，补肾生精。《黄帝内经》指出：肾主水，而制于脾土，故脾为肾之主。肾为先天之本，脾胃乃后天之本，脾胃化生水谷之精能充养先天之精，故予四君子补中健脾。稍加肉桂则意在取阳中求阴之意，使阴血化生而源泉不竭。同时仍稍加蛇舌草、败酱草祛邪抗癌，以防邪毒去而往复。服 7 剂后，患者正气稍复，仍感夜寐不佳，此乃血不养神之故，当稍减温燥之品，加用远志、大枣沟通心肾，养血安神。再服 12 剂后，患者正气渐复，心神得安，此时化疗结束已近3周，故当加用苦参、猫人参等加强祛邪抗癌之功，以延长化疗间期。

（三）西医治疗现状[4, 5]

**1. 支持治疗**

（1）高白细胞血症的处理：化疗前预处理——AML应用羟基脲或阿糖胞苷降低白细胞水平。外周血白细胞数增高（尤其是> $100\times10^9$/L）时，患者可产生白细胞淤滞，表现为呼吸困难，甚至呼吸窘迫、反应迟钝、言语不清、颅内出血等。除急性早幼粒细胞白血病（APL）外，可采用白细胞分离术清除过高的白细胞，同时给予化疗药物和水化，并预防高尿酸血症及电解质紊乱，给予血制品积极纠正凝血异常。

（2）防治感染：白血病患者常伴有粒细胞减少，应注意口腔、鼻腔及肛周护理。化疗、放疗后，粒细胞缺乏将持续较长时间，可住层流病房。化疗后可使用粒细胞集落刺激因子促进粒细胞恢复。发热应进行细菌培养和药敏试验，并及时予经验性抗生素治疗。

（3）成分输血：严重贫血可吸氧、输浓缩红细胞。血小板计数过低时，需输注单采血小板悬液，维持血小板计数≥ $10\times10^9$/L，合并发热感染时应维持血小板计数≥ $20\times10^9$/L。

（4）防治尿酸性肾病：由于白血病细胞大量破坏，特别在化疗时，血清和尿中尿酸浓度增高，积聚在肾小管，引起阻塞而发生尿酸性肾病。应适量输液饮水，碱化尿液，可给予别嘌醇抑制尿酸形成。

（5）出凝血障碍的纠正：患者因血小板减少或合并感染，可引起凝血功能紊乱，严重者可并发弥散性血管内凝血（DIC），尤其是APL。应严密监测出凝血时间、适当补充凝血因子。

**2. 本病治疗**

（1）年龄为60～75岁（包含65岁，不包含75岁）患者的治疗：临床一般情况较好者（PS ≤ 2）：应尽量获得细胞遗传学资料。对此组患者选用：①标准剂量阿糖胞苷（Ara-c）（100～200mg/（$m^2$·d）×7d加蒽环类（IDA或DNR等）或米托蒽醌（即7+3方案），可能需2个疗程；②Ara-c和HHT的方案（HA）；③小剂量化疗，如Ara-C为基础的方案——CAG、CHG、CMG等（C：阿糖胞苷。A：阿克拉霉素。H：高三尖杉酯碱。M：米托蒽醌）；④可采用新药临床试验；⑤支持治疗。临床一般情况较差者

（PS ＞ 2）：可采用小剂量化疗（如小剂量 Ara-C 为基础的联合化疗方案——CAG、CHG、CMG 等或口服羟基脲控制白细胞计数），或支持治疗。G-CSF 建议用量为 5μg/（kg·d）（或 300μg/d）。

（2）年龄≥ 75 岁或有严重非血液学合并症患者的治疗：①新药临床试验。②小剂量化疗，如小剂量 Ara-C 为基础的联合化疗方案（CAG、CHG 等）或服羟基脲控制白细胞数。白细胞计数高者，小剂量化疗的同时不加 G-CSF。③支持治疗。

（3）标准剂量阿糖胞苷为基础的方案诱导治疗后骨髓情况监测（年龄≥ 60 岁）及对策。

1）骨髓抑制期（化疗后第 7 天复查骨髓）：如仍存在明显的残留白血病细胞（≥ 10%），按诱导失败对待。此时可采用：①进入临床试验（包括减低预处理剂量的异基因造血干细胞移植）；②最好的支持治疗。残留白血病细胞＜ 10%，但无增生低下时可采用：①标准剂量 Ara-C 加蒽环类（IDA 或 DNR）、蒽醌类、高三尖杉酯碱、鬼臼类或吖啶类（AMSA）等药物；②有造血干细胞供者来源，属于临床试验组患者行减低预处理剂量的异基因造血干细胞移植；③等待恢复。残留白血病细胞＜ 10% 且增生低下时不予处理，等待骨髓恢复。

2）骨髓恢复期（化疗后第 21 天复查骨髓象和血常规）：如果患者完全缓解，则进入缓解后治疗。如患者幼稚细胞比例下降不足 60%，按诱导失败对待。患者未达完全缓解，但幼稚细胞比例下降超过 60%，可给予原方案治疗 1 个疗程。患者骨髓增生低下，残留白血病细胞＜ 10% 时，等待恢复；患者骨髓细胞增生低下，残留白血病细胞≥ 10% 时，可考虑下一步治疗：①标准剂量 Ara-C+ 蒽环类或蒽醌类、高三尖杉酯碱、鬼臼类或吖啶类（AMSA）等药物（可与第一阶段治疗不同）；②小剂量化疗（如 CAG 方案等）；③观察，等待骨髓恢复。

（4）完全缓解后（年龄≥ 60 岁）患者的治疗选择：①标准剂量 Ara-C 为基础的方案巩固强化，Ara-C（75 ～ 100）mg/（$m^2$·d）×（5 ～ 7）d，可与蒽环或蒽醌类（IDA、DNR 或米托蒽醌等）、吖啶类、鬼臼类、高三尖杉酯碱等联合，周期性进行。缓解后总化疗周期 2 ～ 4 个疗程。②小剂量 Ara-C 方案化疗，一般状况良好、肾功能正常（肌酐清除率≥ 70mL/min）、染色体核型正常或预后较好的核型异常患者可接受 Ara-C 1 ～ 2g/（$m^2$·d）×（4～6）d，1 ～ 2 个疗程。后改为标准剂量方案治疗，缓解后总化疗周期 2 ～ 4

个疗程。③新药临床试验。④减低预处理剂量的异基因造血干细胞移植。

（5）诱导治疗失败患者（年龄≥60岁）的治疗：对于诱导治疗失败的患者可进行新药的临床试验，减低预处理剂量的异基因造血干细胞移植或支持治疗。

（6）老年ALL的治疗：≥60岁$Ph^-$-ALL，可以入组临床试验，或采用多药化疗（不强调门冬酰胺酶的应用），或糖皮质激素诱导治疗。≥60岁$Ph^+$-ALL的治疗原则上参考老年$Ph^-$-ALL，同时联合酪氨酸激酶抑制剂（TKI）。TKI优先推荐持续应用，至维持治疗结束。

1）诱导缓解治疗：①临床试验；②TKI+糖皮质激素；③TKI+多药化疗。

2）CR后的治疗：继续TKI+糖皮质激素，或TKI+化疗巩固。之后参考非老年患者的维持治疗方案进行维持治疗。

（许晓娜）

## 二、干细胞移植术后继发感染治疗

干细胞移植是治愈白血病的有效方法之一，由于在预处理中大剂量化疗及免疫抑制剂的使用，患者移植后体质虚弱，容易继发感染。干细胞移植后早期感染主要是指在干细胞移植后30天内的感染，中医文献上并无针对此进行统一中医疾病命名，但无论何种感染，临床上都有发热体征，周老师将其归为中医“热病”范畴。临床上干细胞移植后感染，根据病原学分类可以分为细菌感染、真菌感染、病毒感染及不典型病原学感染，主要发生为呼吸道感染、胃肠道感染、中心静脉导管相关感染、皮肤与软组织感染等，若感染控制不佳，发展为重症感染或加重移植物抗宿主反应，直接影响预后，增加死亡风险。提高抗感染效率、缩短感染时间是中药辅助抗生素抗感染的主要目的。

### （一）周老师中医药治疗干细胞移植后感染经验介绍

**1. 病因病机**

周老师认为，移植后感染的病因病机为“移植后气血未定，或因卫气不固外邪内侵，或因阳虚气郁浊瘀在里而发为热病”。周老师将移植后感染的原因分为外因和内因，外因主要为外感六淫，即风、寒、暑、湿、燥、火，内因主要为正气虚弱、气机失调。干细胞移植后患者生理病理特点有其特殊性：表现为营强卫弱，新血方生而正气未充；腠理疏松，易感外邪，正难胜邪；脏腑失机，满实难调，相互累及；脾胃薄弱，肾气未固，命门新火；神气怯弱，心虚易惊，肝风易动；易虚易实，虚实夹杂，寒热错杂。这类患者感受外邪后正气不足难以抗邪，迅速传变，由卫气入营血，邪毒燔炽，由三阳入三阴，腑实脏损，精亏血竭，命门火衰，病情危殆。对病因病机的分析具体介绍如下。

（1）新血方生，卫气不固：《灵枢·本脏》："卫气者，所以温分肉，充皮肤，肥腠理，司开合者也。"移植前大剂量化疗摧毁免疫功能，周老师认为，免疫功能为中医所谓卫气，干细胞成功植活后骨髓、血象率先恢复，免疫重建则需要较长时间，有研究显示，不同淋巴细胞亚群免疫重建需要1个月至24个月不等。在移植后临床观察期，营血先于卫气恢复，此时营强卫弱，易为外邪所侵。

（2）外邪内侵，传变迅速：外邪主要包括六淫，即风、寒、暑、湿、燥、火，或者时行疫气。由于移植后患者病房居住环境较为稳定，通常以感受风邪与寒邪为主。风邪袭表，首先犯肺，故而肺部感染及体表感染最为常见。《灵枢·本神》："肺气虚则鼻塞不利，少气，实则喘喝胸盈仰息。"干细胞移植后患者多有肺气虚者，常自汗出，感受风邪后发为肺炎喘嗽，当为本虚标实。《素问·疟论》："故风无常府，卫气之所发，必开其腠理，邪气之所合，则其府也。"卫气不固者，腠理疏松，邪气易从腠理侵袭人体，发为带状疱疹、丹毒等病。或因饮食不节，病起太阳、阳明两经，湿侵胃肠，下利不止。两经不愈，邪侵少阳，寒热往来，胆热黄疸；少阳热不退，直入厥阴。《素问·举痛论》："寒气客于厥阴之脉，厥阴之脉者，络阴器系于肝。"病入厥阴者，命在旦夕。《伤寒论·辨厥阴病脉证并治》："厥阴之为病，消渴，气上撞心，心中疼热，饥而不欲食，食则吐蛔，下之利不止。"此为六经病寒热错杂证，阴阳胜负时。吴仪洛谓："邪传厥阴，其热深矣。热深多发厥，证皆属阳，因阳与阴不相承间接，故致厥也。厥阴后发热，阳邪出表则易愈，厥多热少则病进，热多厥少则病退。"临床表现为严重感染后肝功能受损，腹痛食少呕吐，反复发癫痫者，为病入厥阴，预后差。

（3）阳虚气郁，浊瘀在里：阳气具有气化推动功能，干细胞移植后患者阳虚体质，气机推动无力，容易气郁化火，熬津耗血，炼液为痰，痰气搏结，浊瘀在里。临床上常可见肠梗阻、阑尾炎、下肢肌间积液感染等疾病。肠梗阻发病，或起于便秘，或起于肺病，移植后患者肠蠕动功能较差，容易进展为肠梗阻，以痛、吐、胀、闭为主要特征，发热，伴有炎症指标升高。《中藏经·论大肠虚实寒热生死顺逆脉证之法》："大肠者，肺之腑也，为传送之司，号监食之官。肺病久不已，则传入大肠。手阳明是其经也。寒则泄，热则结，绝则泄利无度，利绝而死也，热极则便血。又，风中大肠，则下血。又，实热则胀满而大便不通，虚寒则滑泄不定。"气虚推动无力，大肠传导失职，燥屎内结，阻于肠道，发为肠梗阻，属气秘，阳明腑实证。湿热邪毒与燥屎内结，阻于阑尾，发为阑尾炎，即肠痈。三焦不畅，经络瘀滞，湿热壅滞肌间，热盛肉腐，肉腐为脓，发为疮疡。此皆因阳虚气郁，浊瘀在里而发病。

**2. 中医证型**

（1）痰热壅肺证：发热，口渴，咳嗽，咯痰，痰色黄稠，痰量多，或喉中痰鸣，胸闷，甚者胸痛，面红，喘息气急，鼻翼煽动，烦躁不安，小便短赤，舌红，苔黄腻，脉滑数。

（2）热瘀经络证：局部循经皮肤发红，肿胀，触之疼痛不已，皮肤温度高于正常部位，反复发热，口干，舌紫暗，有瘀斑，苔黄，脉弦涩。

（3）湿热蕴脾证：脘腹痞闷，恶心，呕吐，泄泻，泄利不止，乏力，肢体困重，肌肤发黄，皮肤瘙痒，身热起伏，汗出不畅，热不解。舌红，苔黄腻，脉滑数。

（4）湿热肠瘀证：初症脘腹胀闷，或上腹痛，或绕脐痛，后转至右下腹，疼痛拒按，腹肌紧，恶心欲吐，纳呆，高热，二便自如，舌暗红，苔黄腻，脉洪数。

（5）气秘肠燥证：体虚久卧，情志不遂，或发于肺病后，大便秘结，温温发热，脘腹胀闷，肠结隐痛，恶心呕吐，不能食，喘息气急，口舌干燥，水入即吐，舌红，苔白，脉弦或弦数。

（6）肝风内动证：精神紧张，脾气急躁易怒，头晕耳鸣，眩晕欲仆，或猝然昏倒，不省人事，体痉，角弓反张，抽搐，震颤，舌绛红，苔少，脉弦数。

**3. 辨治经验**

（1）祛邪：干细胞移植后患者体虚，易为外邪中脏。五脏热病首当祛邪，外邪不去，发热不止。《素问·刺热》："肝热病者，小便先黄，腹痛多卧，身热。热争则狂言及惊，胁满痛，手足躁，不得安卧。……心热病者，先不乐，数日乃热，热争则卒心痛，烦闷善呕，头痛面赤，无汗。……脾热病者，先头重、颊痛、烦心、颜青、欲呕、身热，热争则腰痛不可用俯仰，腹满泄，两颔痛。……肺热病者，先淅然厥，起毫毛，恶风寒，舌上黄身热。热争则喘咳，痛走胸膺背，不得大息，头痛不堪，汗出而寒。……肾热病者，先腰痛胻酸，苦渴数饮身热，热争则项痛而强，胻寒且酸，足下热，不欲言。”五脏受外邪发热病，当根据疾病特点辨证论治。临床上感受外邪时，分邪盛正实、邪衰正虚、邪去正复三个阶段。在不同阶段，施以不同祛邪扶正比例的药物，邪盛正实时，当攻，邪衰正虚时，攻时兼固，邪去正复时，当固。《素问·五脏别论》：“所谓五脏者，藏精气而不泻也，故满而不能实。”五脏感受外邪，发为热病实证，影响其藏精功能，不必刻意补虚，攻邪即是补虚，若邪去而正不安，为精气未复，固卫气、调胃气待复而已，避免壅补留寇。

（2）调气：干细胞移植后患者气虚推动、传化无力，内生浊邪易积聚六腑。六腑热病重在调气，气机不畅，实邪不消，发热不止。《素问·五脏别论》：“夫胃、大肠、小肠、三焦、膀胱，此五者，天气之所生也，其气象天，故泻而不藏。此受五脏浊气，名曰传化之腑，此不能久留，输泻者也。”胆腑为奇恒之腑，亦在六腑之列。六腑各受其五脏浊气，六腑病，多为气机不畅，浊滞而发热，不通则痛，故治疗首当调气。胆病若为柴胡证，枢机即可，若为湿滞黄疸，利胆退黄。小肠本无邪实，其气不利，多为拘急疼痛，利气缓急止痛。膀胱病、三焦病当利水，水行则邪热从小便出。胃与大肠病为阳明腑实证，消导或下之即可。《素问·五脏别论》：“六腑者，传化物而不藏，故实而不能满也。”六腑偏满，内生浊热，不必刻意清热，祛浊即可退热。当下则下，当利则利，满者不可救。叶天士在《温热论》中说：“救阴不在血，而在津与汗；通阳不在温，而在利小便。”该条文指出了热病在气津调达上的重要性，周老师认为亦体现干细胞移植后六腑发热性疾病的治疗理念。

（3）治未病：干细胞移植后患者方获新生，气血未定，五脏薄弱，容易传变，当贯彻治未病思想。因正气内存，邪不可干，当在未发病时即遵医嘱避风寒，调起居，畅情志，节饮食。对于热病之治，周老师常引《金匮要略·脏腑经络先后病脉证》：“夫治未病者，见肝之病，知肝传脾，当先实脾。四季脾旺不受邪，即勿补之。中工不晓相传，见肝之病，不解实脾，惟治肝也。……夫病痼疾加以卒病，当先治其卒病，后乃治其痼疾也。”本条文解释了两种思想，其一为一脏受邪，当考虑其生克、传变规律，固易感脏腑之精气，避免传变；其二为卒病者当快治，不可拖延，避免生变。热病瘥后气阴两虚，当益气滋阴，竹叶石膏汤、麦门冬汤、参麦饮可投。饮食不可因体虚而过补，当以五谷复胃气，忌食肥甘厚腻，以免助湿生痰，恋邪碍胃，又复壅滞。

## （二）典型案例

### 1. 湿热肠瘀证

**案例 1**　张某，男，32 岁。

主诉与病史　白血病移植后 21 天，转移性右下腹痛 1 天。患者 2018 年 3 月 26 日“因反复胸闷 3 天”来我院心内科就诊，床边心电图示窦性心律，正常心电图。心内科以“胸闷待查：冠心病？”收住入院。入院后查血常规见白细胞 $25\times10^9$/L，血红蛋白 80g/L，血小板 $105\times10^9$/L。患者无感染发热迹象，邀血液科会诊，查体见胸骨压痛明显，考虑急性白血病可能，予骨穿、活检、染色体检查，送白血病基因检测。骨髓常规及活检：骨髓原始细胞 I 型 +II 型共 72%，早幼粒细胞及以下阶段粒细胞 15%。染色体：46，XY。白血病基因检测：AML1/ETO 突变。诊断：急性髓系白血病部分分化型（$AML\text{-}M_{2a}$）。予标准剂量 DA 方案诱导化疗，化疗 7 天后复查骨髓见明显残留白血病细胞（15%），予大剂量 Ara-C 再次诱导，缓解后行异基因造血干细胞移植。移植后 21 天，判断植活，患者出现转移性右下腹痛，发热，纳差。

四诊摘要：右下腹疼痛，发热，呕吐，纳差，舌红，苔白，脉数。

化验检查：血常规 +CRP：白细胞 $12\times10^9$/L，中性粒细胞百分比 82%，C 反应蛋白 47mg/L。腹部 CT：阑尾增粗，内见粪石影，阑尾周围少量渗出液。

西医诊断：急性阑尾炎；白血病造血干细胞移植术后。

中医诊断：肠痈。

治疗经过：头孢呋辛 2g，每日 2 次，静点，抗感染 1 天，体温上升至 38.9℃，抗生素升级为美罗培南 1g，每 8 小时 1 次，静点，抗感染 2 天，患者腹痛未减轻，体温 38.2℃。中医首诊辨证：湿热肠瘀证。中药以红藤汤加减：红藤 60g，生大黄 3g，制大黄 9g，紫花地丁 15g，金银花 15g，牡丹皮 15g，连翘 15g，乳香 9g，没药 9g，元胡 20g。共 3 剂，每日 1 剂，水煎服，每次 100mL，每日 2 次。

二诊：服上方 3 剂后，患者腹痛缓解，身热退，胃纳差，夜寐欠佳，大便干，小便正常，舌红，苔白，脉弦。血常规 +CRP：白细胞 $7.2\times10^9$/L，中性粒细胞百分比 71%，C 反应蛋白 7mg/L。改红藤 30g，元胡 15g，去生大黄，加玄参 9g，知母 12g，玉竹 12g，夜交藤 15g，继服 5 剂。

三诊：患者无腹痛，无发热，纳可，夜寐安，二便调，舌淡红，苔白，脉滑。血常规 +CRP：白细胞 $5.8\times10^9$/L，中性粒细胞百分比 70%，C 反应蛋白 5mg/L。

继服二诊方 3 剂。病情明显好转，复查腹部 CT 阑尾周围渗出液吸收，阑尾较前片缩小。

**2. 气秘肠燥证**

**案例 2** 吴某，男，43 岁。

主诉与病史：白血病移植后 28 天，便秘伴发热 5 天。患者 2018 年 9 月 12 日因“急性早幼粒细胞白血病化疗缓解后 3 月余，发热 9 天”由血液科门诊入院。入院后复查骨髓见粒系增生活跃，原始细胞 25%。考虑急性早幼粒细胞白血病缓解后复发，砷剂再诱导后行自体造血干细胞移植，移植过程顺利。移植后 28 天，患者因摄入甲鱼肉而便秘 5 天，伴腹痛、发热、呕吐至浙江省中医院血液科再次住院，腹部立位平片示肠道气液平面，肠胀气明显，考虑肠梗阻。

四诊摘要：腹胀，腹痛，发热，恶心呕吐，纳差，身热微汗出，烦躁不安，舌红有齿痕，苔黄腻，脉弦数。

化验检查：血常规 +CRP：白细胞 $7.9\times10^9$/L，中性粒细胞百分比 75%，C 反应蛋白 17mg/L。腹部立位平片：肠道气液平面，肠胀气明显，考虑肠梗阻。

西医诊断：肠梗阻；白血病造血干细胞移植术后。

中医诊断：便秘。

治疗经过：予禁食、补液、胃肠减压、通便灌肠，美罗培南 1g，每 8 小时 1 次，静点，抗感染。患者入院治疗 2 天仍不解大便，体温 38.1℃，汗出较多，短气乏力，肠鸣音未闻及。中医首诊辨证：气秘肠燥证。中药以六磨汤治疗：槟榔 9g，沉香 9g，木香 9g，生大黄 9g，枳壳 12g，乌药 12g。共 3 剂，每日 1 剂，水煎服，每次 100mL，每日 2 次。

二诊：服上方 2 剂后，患者已通便，身热退，无腹痛、恶心呕吐，仍有虚汗出，舌淡红有齿痕，苔白，脉滑。血常规 +CRP：白细胞 $4.3\times10^9$/L，中性粒细胞百分比 65%，C 反应蛋白 2mg/L。以香砂六君子治疗：党参 3g，茯苓 6g，白术 6g，炙甘草 3g，姜半夏 9g，砂仁 3g，木香 6g。继服 5 剂。

三诊：服上方后，患者自汗减轻，仍有乏力。舌淡红有齿痕，苔白，脉缓。血常规 +CRP：白细胞 $4.5\times10^9$/L，中性粒细胞百分比 60%，C 反应蛋白＜ 1mg/L。予玉屏风胶囊口服 7 天，患者乏力症状改善。

**经验体会** 干细胞移植后的感染中医发病机制为体虚易感，移植后患者体质虚弱，以阳虚为主，阳虚卫外不固，外邪乘虚入侵，发为热病，或因阳虚推动无力，浊瘀内积而发病。治疗重在攻邪，邪去正安，热退后固护正气，用药轻灵，待脏气自复。

（三）西医治疗现状[6-8]

（1）细菌感染：对于发热怀疑有细菌感染的患者，尽早抽血及送相关标本检验，降阶梯治疗。移植后的感染以革兰氏阴性菌感染较为常见，没有明确病原微生物的感染，经验性选择广谱抗生素，碳青霉烯类抗菌谱较宽，抗革兰氏阴性菌作用敏感，可以作为早期首选的经验性抗菌用药。根据培养及药敏结果明确病原菌后可选择具有针对性的窄谱抗生素。临床医师根据抗菌药物的药效学和药代动力学特点，按临床适应证选择合适的抗菌药物。对于移植后免疫缺陷的患者，严重感染及单一抗菌药物不能有效控制的混合感染，需要联合应用抗菌药物。

（2）真菌感染：抗真菌药物主要有多烯烃类、唑类、棘白菌素类和烯丙胺类。多烯烃类代表药物为两性霉素 B 和制霉菌素。目前多烯烃类主要用于治疗口腔、阴道和皮肤的白色念珠菌感染。唑类的代表药物有酮康唑、氟康唑、伊曲康唑、伏立康唑及泊沙康唑等，主要用于各种念珠菌感染、隐球菌病、真菌性脑膜炎及口腔、消化道的念珠菌病，伏立康唑还可以用于治疗曲霉菌感染。棘白菌素类代表药物有卡泊芬净、米卡芬净等，能广泛覆盖念珠菌、曲霉菌，对大多数念珠菌有快速杀菌作用，能够灭杀某些对唑类耐药的真菌，对大多数曲霉菌也有抑制作用；肝肾毒性较唑类低，不良反应少。烯丙胺类代表药物有布替萘芬和特比萘芬，临床多用于浅表真菌感染。

（3）病毒感染：免疫缺陷的患者伴严重 EB 病毒感染时，可以用更昔洛韦，或者采用细胞免疫治疗，由于人群中的 EB 病毒感染率在 90% 以上，大部分人的外周血中已经存在病毒特异性 T 淋巴细胞。将 EB 病毒血清抗体阳性供者的淋巴细胞分离后直接输注给受者，是治疗 EB 病毒感染的有效方法[2]。严重感染可以联合激素、丙种球蛋白。巨细胞病毒感染治疗基本同 EB 病毒感染的治疗。带状疱疹病毒感染，可用阿昔洛韦、伐昔洛韦和西多福韦。

（毛钰轩）

## 第四节　解毒散结消痰核

淋巴瘤是一种淋巴细胞或组织细胞的恶性增殖性疾病。根据病理组织学不同淋巴瘤可分为霍奇金淋巴瘤和非霍奇金淋巴瘤，根据免疫学及分子学特点，每一大类又可分为若干亚型。目前主要认为本病的发病与病毒感染、免疫缺陷、遗传因素、环境因素等有关。临床主要表现为无痛性、进行性淋巴结肿大，可伴肝脾肿大、盗汗、乏力，晚期有贫血、发热、恶病质等。中医药辨证施治可扶正祛邪以抗癌，增强和恢复机体免疫功能，提高抗病能力，协同放疗、化疗抗癌，能更有效地减轻不良反应，改善生存质量，中医疗法甚至可以成为主要治疗方法。



## （一）周老师中医治疗淋巴瘤的经验

### 1. 病因病机

中医认为，淋巴瘤的形成与外邪侵袭、七情内伤、正气内虚等有关。古代中医药文献对淋巴瘤症状、病机和诊断也有诸多认识，如《医宗金鉴》曰："喉瘤形如桂圆，红丝相裹或单或双生于喉旁，也有顶大蒂小者。"《外科证治全生集》曰："阴疽之症，皮色皆同，然有肿与不肿，有痛与不痛，有坚硬难移，有柔软如绵，不可不为之辨；不痛而坚，形大如拳者恶核失荣也；不痛而坚如金石，形大如斗者，石疽也。"因此，根据症状表现，淋巴瘤属中医学的"恶核""失荣""石疽""痰核""瘰疬"等范畴。

周老师认为，痰瘀是淋巴结肿大的重点和根本，正所谓"无痰不成核"。淋巴瘤病变过程中出现的各种证型皆由痰气瘀结所致，一方面痰气瘀结日久可化火，形成肝火亢盛之证，火热内盛又可耗伤阴津，导致阴虚火旺之候；另一方面痰气瘀结日久也可深入血分，导致血液运行不畅而形成血瘀之候。此外，痰的形成与气血津液有着密切的关系。明代张景岳曰："痰即人之津液，无非水谷之所化，此痰亦既化之物，而非不化之属也，但化得其正，则形体强，营卫充，而痰涎本皆血气；若化失其正，则脏腑病，津液败，而血气即成痰涎。"

对病位而言，周老师强调淋巴瘤的病变部位主要在肝、脾，与心、肺、肾相关。肝主藏血，主疏泄，调畅气机，若肝气郁结，则气滞不行津液而成痰；脾主运化，司津液之生成与输布，若脾虚生湿，则水谷精微不化气血津液而痰湿内生；心为君主之官，主血脉，心动则脉道通利，气血运行合宜，若心气不足，则脉道失利，气血津液运行不畅而生痰；肺主宣发肃降，为水之上源，功能通调水道，若肺遏金壅，则津液失于宣发肃降而凝聚成痰；肾主水液，乃水液代谢之原动力，肾衰水寒，津液失于蒸腾气化，致清者难升，浊者难降，水液停聚成痰，痰瘀日久而成痰核之证。五脏相息，经脉贯通，痰核之产生与五脏均有关联。

**2. 中医辨证**

（1）痰湿凝滞证：痰核质软，局部不热，不伴发热，色淡白无华，神疲乏力，舌质淡，苔薄白腻，脉细弱稍滑紧。治宜健脾理气，软坚散结，方选二陈汤加减。

（2）痰瘀互结证：痰核肿大坚硬或有结节，肝、脾肿大，纳差腹胀，恶心呕吐，胸闷气短，舌质暗或紫，有瘀斑，舌苔薄白或白腻，脉沉弦或涩。治宜活血化瘀，软坚散结，方选鳖甲煎丸加减。

（3）热毒壅盛证：痰核轻中度肿大，烦热汗出，急躁易怒，头目眩晕，口苦，咳嗽气逆，心悸喘息，胸胁疼痛。舌质红，苔薄黄，脉弦数。治宜清热解毒散结，方选清瘟败毒饮或者白虎汤加减。

（4）肝肾阴虚证：痰核质地坚硬，五心烦热，咽干口燥，潮热盗汗，失眠，头晕目眩，胁痛耳鸣，腰膝酸软，遗精，舌红少津，苔薄黄，脉弦细无力。治宜滋阴降火，软坚散结，方选消瘰丸合六味地黄丸。

（5）气血两虚证：痰核肿大，质地坚硬，推之不移，面色无华，神疲乏力，头晕失眠，心悸胸闷，身体消瘦，食少纳呆。舌质淡，苔薄白，脉沉弦无力。治宜益气养血，软坚散结，方选八珍汤加减。

**3. 辨治经验**

治疗方面周老师认为，痰瘀是淋巴瘤的本质，应以化痰祛瘀，软坚散结为治疗大法，并贯穿于本病治疗的始终。周老师尤善用夏枯草、白花蛇舌草、浙贝母等消癥散结的药物。夏枯草清热解毒，消肿散结，《神农本草经》言其“主寒热、瘰疬、鼠瘘、头疮、破癥，散瘿结气，脚肿湿痹”。白花蛇舌草具有清热解毒，利尿消肿，活血止痛等功效，药理研究证明其具有抗肿瘤、抗菌消炎、神经保护等作用；浙贝母功能清热化痰、散结消痈，《本草正》言其“解热毒，杀诸虫及疗喉痹，瘰疬，乳痈发背，一切痈疡肿毒”，尤其是与夏枯草合用则化痰消癥之力更显。在疾病的初期、化疗期、化疗后期、疾病后期等不同的阶段，根据患者邪正盛衰不同，采用不同的方法治疗。疾病的初期以实证为主，周老师常治以化痰祛瘀，软坚散结，兼顾脾胃。化疗期间，患者常出现骨髓抑制和消化道反应，中医药的应用可明显缓解化疗的毒副作用，缓解临床症状。化疗药物当属邪毒，易损伤正气，使阴阳失调，脾胃不和，肝肾阴虚。因此，周老师常予以清热解毒，益气养阴，调理脏腑。化疗期间配合中药治疗可明显减轻患者胃肠道等不良反应，同时可扶正驱邪，提高机体的免疫力，从而提高患者对化疗的耐受力。肾为先天之本，脾胃为后天之本。在疾病的后期或化疗后，患者身体虚弱，更容易复发，因此周老师主张继续中药治疗，在化痰祛瘀的同时，健脾益肾，扶助正气，提高患者的生存质量。

（二）典型案例

**1. 痰瘀互结证**

**案例 1** 刘某，男，60 岁。

主诉与病史：左侧颈部有肿块 2 年余。患者 2016 年 5 月发现左颈部有一肿块，无压痛，推之不移，后行左颈部肿块活检术，术后病理检查示弥漫大 B 细胞淋巴瘤，NON-GCB 型。2016 年 7 月 1 日起多次入我院就诊，骨髓常规示粒系增生活跃，粒系：红系 =2.54 ：1，淋巴细胞占 8%；经 6 个疗程化疗后，病情缓解。2018 年 6 月 5 日再次入院复诊，查血常规：白细胞 $5.4\times10^9$/L，血红蛋白 115g/L，血小板 $156\times10^9$/L。腹部 B 超：双侧颈部及腹股沟、双侧腋下可见多个大小不等的低回声团，边界清，形态规则，中央回声偏高，肝、胆、胰、脾、双肾、后腹膜未见明显异常。既往无特殊病史。

四诊摘要：面色萎黄，神倦乏力明显，纳差腹胀，恶心欲吐，胸闷气短，失眠，小便清长，大便不爽，双侧腹股沟、颈部、腋下有肿块，质硬，推之不移，舌淡暗，苔白腻，脉沉细涩。

化验检查：骨髓常规：粒系增生活跃，粒系：红系 =2.54 ：1，淋巴细胞占 8%。血常规：白细胞 $5.4\times10^9$/L，血红蛋白 115g/L，血小板 $156\times10^9$/L。腹部 B 超：双侧颈部及腹股沟、双侧腋下可见多个大小不等的低回声团，边界清，形态规则，中央回声偏高，肝、胆、胰、脾、双肾、后腹膜未见明显异常。

西医诊断：弥漫大 B 细胞淋巴瘤（NON-GCB 型）。

中医诊断：痰核。

诊疗经过：治宜活血化瘀，软坚化结。因患者为老年男性，且经过多次化疗损伤人体正气，故应适当增加补气养血的药物，方选鳖甲煎丸加减：鳖甲 20g，夏枯草 15g，人参 10g，白术 9g，当归 15g，白芍 15g，山药 15g，枸杞子 15g，竹茹 10g，杜仲 10g，柴胡 10g，川芎 12g，丹参 12g，三棱 10g，甘草 6g。每日 1 剂，水煎服。

二诊：患者上方连服 3 周，精神好转。3 周后复查，颈部淋巴结肿大较前缓解，失眠，小便清长，腹胀纳差。仍予上方 2 周，继续随访。

**2. 痰湿凝滞证**

**案例 2** 王某，58 岁。

主诉与病史：确诊为非霍奇金淋巴瘤 2 年余，放化疗后伴头困重 1 月余。患者 2016 年 12 月发现双侧腹股沟淋巴结肿大，偶有双下肢疼痛，未予治疗。2017 年 5 月，上述症状加重，伴头重如裹。去当地医院诊疗，经双侧腹股沟淋巴结病理活检确诊为滤泡细胞淋巴瘤，给予化疗 11 周（具体方案不详），放疗 1 周期，末次化疗结束日期为 2017 年 11 月。近 1 个月，患者头身困重，精神不佳。

四诊摘要：头身困重，神疲乏力，形体肥胖，时有发热，胸闷呕恶，纳食差。舌暗红，苔白腻，脉弦滑。双侧腹股沟、左侧锁骨上、双腋窝可触及肿块，质软。

化验检查：血常规：白细胞 $2.3\times10^9$/L，血红蛋白 95g/L，血小板 $93\times10^9$/L。血沉：60mm/h。2016 年 12 月当地医院腹股沟淋巴结病理检查：滤泡细胞淋巴瘤Ⅲ级，CD20（+），CD79a（+），Bcl-2（+），CD3（−），CD10（−）。

西医诊断：非霍奇金淋巴瘤（滤泡性）。

中医诊断：痰核。

诊疗经过：患者多次化疗后，津液消耗，气血不足，津液代谢失常，痰湿内生，阻碍气机，加重瘀血的生成。痰湿瘀滞是为主证。患者放化疗，攻伐太过，耗伤气阴，致卫外不固，邪气入里，久而入里化热，进一步耗伤阴血，迁延难愈，终因郁热内蕴，正气无以驱邪外出，导致以正虚为本，一方面影响本病的治疗，另一方面耗伤正气，机体气机无力正常运转，津液聚集而成痰，而出现痰、瘀、热等症状交替或者错杂出现。治以补气养阴、清其虚热为主，佐以化痰散结为辅。方用二陈汤加减：陈皮 10g，半夏 15g，白术 15g，人参（另煎）9g，西洋参（另煎）15g，黄芪 30g，生地 15g，玄参 15g，麦冬 20g，蒲黄 30g，茯苓 20g，薏苡仁 30g，地骨皮 15g，仙鹤草 30g，甘草 6g，夏枯草 20g，山慈菇 30g，穿山甲 10g，女贞子 30g。14 剂，每日 1 剂，水煎服。

二诊：患者服用 3 剂后头困重的症状改善。5 剂后自觉体力好转，无明显的发热症状，但仍然有纳食差的症状。舌淡苔微腻，脉细，乃脾胃不足，生化乏源之故，拟健脾养血，佐以益肾填精、化痰散结。在上方的基础上加入白芍 20g，鸡内金 20g，干姜 6g，黄连 9g，黄芩 9g。28 剂，每日 1 剂，水煎服。

三诊：服药 1 个月后，复查血常规，白细胞计数及分类在正常的范围内，血红蛋白也升高至 110g/L，血小板在正常范围内。时觉神疲乏力，继以健脾

益气为主，酌加化痰散结基本方善其后。

**3. 气血两虚证**

**案例 3**　方某，女，68 岁。

主诉与病史：左侧颈部肿块切除术后 6 年。患者 6 年前无意中发现左侧颈部肿块，伴声音嘶哑，无吞咽困难。当地医院门诊 B 超提示双侧甲状腺实质性占位，后就诊于浙江省中医院，于 2012 年 6 月行甲状腺左叶肿物切除术。术后病理：甲状腺非霍奇金淋巴瘤（小 B 细胞型）。术后予左甲状腺素钠每日 50μg 替代治疗，同年行 CHOP（CTX 0.75g+EPH 50mg+VDS 4mg+DXM 10mg d1 ～ 5）及 FMD 方案各化疗 1 个疗程。期间因外院病理会诊示弥漫大 B 细胞淋巴瘤，故又在该院局部放疗 1 个疗程。因化疗后出现Ⅳ级骨髓抑制及心脏不适，故停止化疗。放疗后患者咽喉肿痛非常严重，口腔干燥，声音嘶哑，不能与人交谈，故患者决定放弃化疗，来浙江省中医院门诊寻求中医治疗。

四诊摘要：患者精神欠佳，面色苍白，语声低弱，言多易哑，疲乏嗜卧，食纳如常。口干舌燥，频频饮水，不善多饮。时或腰痛，夜寐多梦，舌淡，苔微腻，脉细弱。

化验检查：术后病检：甲状腺非霍奇金淋巴瘤（小 B 细胞淋巴瘤）。免疫组化：CD20（+），CD79a（+），CD3（-），CD43（+）部分，LCA（++），Tg（-）。外院病理会诊：甲状腺弥漫大 B 细胞淋巴瘤。

西医诊断：弥漫大 B 细胞淋巴瘤（放化疗术后）；甲状腺次全切除术后。

中医诊断：痰核。

诊疗经过：本病属中医内科学癌病的范畴，证属气血两虚。患者素体脾胃虚弱，水湿不化，聚合成痰，痰阻经络，发为本病。舌淡，苔白略腻，为其征兆。本病部位在左颈部，涉及肝肾，脾胃，属本虚标实之证。本病当与瘿瘤相鉴别。两者病位相同，病机亦有相似之处，但本病缠绵难愈。治疗当以益气健脾为主，兼以补益气血、燥湿化痰为辅。予以自拟方：黄芪 20g，女贞子 10g，当归 10g，枸杞 10g，瓜蒌 10g，浙贝母 10g，白术 10g，猫爪草 10g，陈皮 10g，石斛 20g，白英 10g，芙蓉叶 30g，蛇毒 15g，知母 10g，银花 10g，火麻仁 20g，甘草 3g。6 剂，加水 1000mL，水煎 2 小时。取汁 300mL，分早晚 2 次服，每日 1 剂。

二诊：患者服药后精神略有好转，口干舌燥及声音嘶哑减轻，仍疲乏嗜卧，食纳如常，饮水减少，夜寐多梦，服药后轻度恶心口干，二便调，舌质淡，苔白微腻，脉沉细。处方如下：白术10g，竹茹10g，陈皮10g，半夏10g，蛇毒15g，猫爪草10g，石菖蒲10g，郁金10g，天龙1g，牡蛎40g，炮山甲6g，甘草5g。12剂，加水1000mL，水煎2小时，取汁300mL，分早晚2次服用，每日1剂。

三诊：患者精神明显好转，口干舌燥及声音嘶哑明显减轻，轻度疲乏嗜睡，食纳如常，饮水一般，夜寐安，恶心感消失，时有腰酸背痛，二便调。舌质淡，苔白微腻，脉沉细。处方如下：黄芪30g，仙茅5g，补骨脂15g，天冬30g，淫羊藿5g，石斛30g，浙贝母10g，瓜蒌15g，天花粉20g，陈皮10g，连翘15g，女贞子15g，山豆根5g，猫爪草30g，甘草5g。12剂，加水1000mL，水煎2小时，取汁300mL，分早晚2次服用，每日1剂。

**经验体会** 痰瘀是淋巴瘤发病的本质，所以化痰、软坚散结的治法应始终贯穿于淋巴瘤的治疗过程当中。初期淋巴瘤以实证为主，治疗上应以化痰祛瘀、软坚散结为主，兼顾脾胃的调理。化疗期间，中医治疗上应予清热解毒、益气养阴、调理脏腑为主。化疗期间运用适宜的中药调理，可以减轻化疗胃肠道反应及化疗药物的毒副作用，起到提高机体免疫力，提高患者对化疗药物的耐受的作用。淋巴瘤后期或者疾病后期，疾病以本虚为主，通常是脾肾亏虚，中药调理重在补益脾肾，扶助正气。

### （三）西医对本病部分类型诊疗现状[9]

弥漫大B细胞淋巴瘤（DLBCL）是成人淋巴瘤中最常见的一种类型，肿瘤性大B淋巴细胞呈弥漫性生长，是一组在临床表现和预后等多方面具有很大异质性的恶性肿瘤。其发病率占非霍奇金淋巴瘤（NHL）的31%～34%。它是一种侵袭性NHL，据组织形态学改变可将其分为中心母细胞型、免疫母细胞型及间变型，特殊的少见亚型如纵隔大B细胞淋巴瘤、血管内大B细胞淋巴瘤和富于T细胞/组织细胞型等，依据基因表达不同，DLBCL也可分为生发中心B细胞样淋巴瘤、活化B细胞样淋巴瘤和第三型。目前的治疗仍以化疗为主，利妥昔单抗联合化学治疗方案的出现将DLBCL患者的长期生存率明显提高。PET-CT引入疾病评估，更精确地指导了临床的治疗和疾病预后判断。

**1. 诊断**

DLBCL依靠活检组织病理学和免疫组化分析明确诊断。需要针对CD20、CD3、CD5、CD10、BCL-2、BCL-6、GCET1、F0XP1、IRF4/MUM1、Ki-67

及 CD21 进行检测。某些病例可选做 Cyclin Dl、CD138、EBV、ALK、HTLVl 等。疑有病变的淋巴结应尽量完整切除行病理检查，细针穿刺或粗针穿刺活检一般不适用于初发淋巴瘤的诊断。在特定情况下，无法对可疑淋巴结进行切除活检时，细针或粗针穿刺活检联合其他辅助技术［免疫组化，流式细胞术，PCR 技术扩增克隆性免疫球蛋白轻、重链基因和 T 细胞受体（TCR）基因重排，针对 t（14；18）、t（8；14）、t（3；v）FISH 检测等］可以对淋巴瘤进行诊断。通过检测生发中心 B 细胞标志（CD10、BCL-6、GCET1）和非生发中心的 B 细胞标志（F0XP1、MUM1）可将 DLBCL 分为 GCB 亚型和 nonGCB 亚型。

**2. 分期及预后**

目前仍在采用 Ann Arbor 分期系统对 DLBCL 患者进行分期，可准确地了解肿瘤的病变侵犯范围及患者的机体状况。但其对患者预后判断的临床价值不及国际预后指数（IPI）。IPI 是目前公认的 DLBCL 预后判断指标，预后不良因素包括年龄＞ 60 岁、病变为Ⅲ / Ⅳ期、乳酸脱氢酶（LDH）＞正常值上限、ECOG 体能状态评分＞ 2 及结外侵犯部位≥ 2 处。低危组（0 ～ 1 分）、低中危组（2 分）、高中危组（3 分）、高危组（4 ～ 5 分）患者 5 年总体生存率分别为 70% ～ 80%、50% ～ 60%、40% ～ 50% 和 20% ～ 30%。年龄调整的 IPI（aalPI）适用于年龄＜ 60 岁的患者。

**3. 治疗**

治疗前必须进行以下检查项目：病史包括 B 症状。体格检查：包括一般状况、全身皮肤、浅表淋巴结（特别是韦氏环）、肝脾和腹部肿块。体能状态。实验室检查：血、尿、便常规，肝、肾功能，心电图，LDH，$\beta_2$- 微球蛋白。DLBCL 患者治疗前应该接受骨髓穿刺和活检，以明确是否存在骨髓受侵。检测 HBV 表面抗原 / 抗体和核心抗原 / 抗体、HBV DNA 拷贝数及 HIV，对丙型肝炎指标的检测只要求在高危个体中进行。影像学检查：①所有患者应行颈部、胸部、腹部、盆腔 CT 检查；② PET-CT 已经在国际上广泛地应用于淋巴瘤患者的精确诊断和疗效评价，建议进行；③心脏超声影像；④胃肠道受侵时行胃肠内镜检查；⑤中枢神经系统（CNS）受侵时行腰椎穿刺以及磁共振成像（MRI）检查。

（1）一线治疗方案选择

1）年轻（年龄≤ 60 岁）低危患者：标准治疗为 6 ～ 8 个疗程的 R-CH0P21。aaIPI 为 0 分的患者可考虑 6 个疗程 R-CHOP21 方案；1 分的患者则考虑 8 个疗程，若患者同时伴有巨大肿块（大于 7.5cm）可在 8 个疗程 R-CHOP21 方案的基础上加入受累野放疗（RT），或直接采用高强度 R-ACVBP 方案。

2）年轻高危（aaIPI ≥ 2 分）患者：目前尚无标准方案，推荐在 R-CH0P 的基础上增加药物或给药密度以提高疗效。对于经治疗后达到完全缓解（CR）的高危患者，也推荐进行自体造血干细胞移植（AHSCT）作为巩固治疗。

3）老年（年龄＞ 60 岁）患者：考虑 8R-6CHOP21 治疗。对于其中的超高龄（年龄＞ 80 岁）患者，若无心功能不全，则推荐 6 个疗程的 R-miniCHOP21 方案；若存在心功能不全，则应慎用阿霉素。如为睾丸 DLBCL，在接受化疗之后建议行对侧睾丸放疗。

（2）CNS 预防治疗：中高危和高危患者，特别是对于 1 个以上部位结外累及或 LDH 升高的患者，有 CNS 复发的风险。CNS 预防治疗对于这些患者是必需的。睾丸和乳腺淋巴瘤患者应接受 CNS 预防治疗。

（3）复发、难治患者的治疗选择：可选择其他与 CHOP 无交叉耐药的药物即二线方案化疗 ± 利妥昔单抗或个体化方案。如患者具备移植条件且达 CR 或部分缓解（PR）则于化疗后行造血干细胞移植（HSCT）± 局部 RT，或进入临床试验；如患者不具备移植条件或治疗之后疾病状态仍为稳定或进展则进入临床试验或行最佳支持治疗。

（4）并发症治疗

1）CNS 侵犯的防治：存在鼻旁窦、睾丸和骨髓受累，或是 LDH 升高且有两个或以上结外位点受累的患者可能存在较高的淋巴瘤 CNS 侵犯风险，可考虑 4 ～ 8 次鞘内注射甲氨蝶呤（MTX）± 阿糖胞苷或大剂量 MTX 静脉滴注作为预防；若患者同时存在 CNS 实质受累则应考虑将全身性 MTX 加入治疗方案；若患者同时存在软脑膜受累则考虑 4 ～ 8 次鞘内注射 MTX±Ara-C±3.0 ～ 3.5g/$m^2$MTX 静脉滴注。

2）心脏不良反应的防治：主要是控制蒽环类药物累积总量，对于老年患者尤为重要。阿霉素在 450 ～ 550mg/$m^2$，表柔比星低于 900mg/$m^2$，吡柔比星低于 900mg/$m^2$，米托蒽醌低于 140mg/$m^2$。

3）HBV 再激活：使用化疗药物或利妥昔单抗均可能引起 HBV 的再激活，导致暴发性肝炎等严重后果。所有计划接受化疗或利妥昔单抗治疗的患者应先检查乙型肝炎病毒表面抗原（HBsAg），若为阳性则必须在肿瘤开始治疗之前检测病毒载量并启动合适的抗病毒治疗。如果 HBV-DNA ≤ 2000U 或化疗疗程 1 年以下者可选用拉米夫定或替比夫定进行抗病毒治疗。反之，则首选恩替卡韦或替诺福韦进行抗病毒治疗。在化疗和(或)利妥昔单抗治疗期间，应密切监测 HBV 各项指标的变化。在完成肿瘤治疗后的至少半年内仍有必要保持抗病毒治疗，有条件的患者应持续抗病毒治疗至达到肝病治疗终点[乙型肝炎病毒 e 抗原（HBeAg）阳性患者出现 HBeAg 血清转换，HBV-DNA 持续处于不可检测水平，以及 HBeAg 阴性患者的 HBsAg 消失]。

**4. 随访**

（1）时间：完成治疗后第 1 年每 3 个月 1 次；第 2 年每 6 个月 1 次；3 年以上每年 1 次。

（2）内容：血常规、肝肾功能、LDH、心电图、腹部（肝脏、胰脏、腹膜后）B 超、X 线胸片（正侧位）或 CT，以及其他必要检查。

**5. 疗效标准**

疗效评估建议在治疗完成后 8 周进行，PET/CT 的中期疗效评估存在一定的预后价值，可考虑在完成 2 ～ 4 个疗程的治疗后进行。评估结果为 CR 的患者应继续完成既定治疗方案，评估结果为 PR 而肿瘤体积缩小程度较高的患者也可考虑继续完成既定治疗方案或加入针对局灶肿块的 RT，评估结果为 PR 但肿瘤体积缩小程度不理想的患者可考虑直接转入二线治疗，而评估结果为疾病稳定或进展的患者则应立即转入二线治疗。

（李　朗）

## 第五节　中西结合疗骨痹

多发性骨髓瘤（multiple myeloma，MM）是一种克隆浆细胞异常增殖性恶性肿瘤，多见于老年人，近年在我国发病率呈逐年上升趋势。随着检测手段的不断提高和新药的不断研发，MM 的诊断和治疗有了很大的进展，但目前仍是一种无法治愈的疾病。

### （一）周老师中西医结合治疗多发性骨髓瘤经验介绍

**1. 病因病机**

《素问·长刺节论》中云：“病在骨，骨重不可举，骨髓酸痛，寒气至，名曰骨痹。”《灵枢·刺节真邪》云：“虚邪之入于身也深，寒与热相搏，久留而内著，寒胜其热，则骨疼肉枯，热胜其寒，则烂肉腐肌为脓，内伤骨，内伤骨为骨蚀。”《黄帝内经》中对骨痹、骨浊的描述与MM的症状极为相近，故依据MM的临床表现，中医认为其属于“痹证”“骨痹”“肾痹”“血证”等范畴。本病好发于老年患者，周老师根据其发病特点，认为骨痹之证是因内脏亏虚，致气血凝滞，痰湿互结，复感邪毒，日久化而为毒，发为骨痹。本病乃本虚标实之证，病位在骨髓，肾肝脾三脏亏损为本，血瘀痰湿为标，肾虚血瘀贯穿始终。具体介绍如下。

（1）肾亏为主，肝脾为累：《中藏经·五痹》云“骨痹者，乃嗜欲不节，伤于肾也，肾气内消。”《素问·上古天真论》云“女子七七，任脉虚，太冲脉衰少，天癸竭……丈夫七八，肝气衰，筋不能动，天癸竭，精少，肾脏衰，形体皆极。”周老师认为，骨痹之病，发于老者，盖因肾脏亏虚，或年老肾衰，或房劳伤肾。又因精血同源、藏泻互用、阴阳相通，肾精肝血，一荣俱荣，一损俱损。肾亏常累及肝损。肾为先天之本，脾为后天之本，先天后天，相互滋生，相互促进，先天温养激发后天，后天补充培育先天。先天亏损，后天失养。

（2）肾肝脾亏，瘀痰湿生：周老师经过40余年临床观察，总结认为骨痹的发病与瘀痰湿三邪密不可分。肾亏精髓失养，阴阳失和。肾阳偏虚，则温化失司，寒邪内生，寒性凝滞，经脉气血运行不畅，涩滞不通而成瘀，同时气化不利，水湿内停；肾阴不足，则阴虚内热，热灼津液，炼液成痰。肝体阴而用阳，肝脏必须依赖阴血的滋养才能发挥其正常主管疏泄、调畅气血津液运行的生理功能。肝虚阴亏，则疏泻失常，气机失畅。气为血之帅，气行则血行，气滞则血瘀。脾主全身水谷精微及津液的运化，居中焦，为水液升降输布的枢纽。脾失健运，水精不能四布，水湿内停，痰浊内生。除内生瘀痰湿三邪之外，周老师认为外感邪毒而致瘀痰湿亦不能忽视，正如《素问·刺法论》云“正气存内，邪不可干”。《素问·评热病论》云：“邪之所凑，其气必虚。”一旦肝脾肾三脏亏损，邪毒极易乘虚而入，进一步影响脏腑功能。

（3）本虚标实，蕴积而发：脏腑亏虚，正气亏损，不能抵御外邪入侵，亦无法调和内邪滋生。如此反复，邪聚日久，化而为毒，着于骨髓，发为骨痹。

**2. 辨治经验**

（1）西医攻邪，中医扶正：周老师认为目前临床上除对冒烟型骨髓瘤可单独使用中医治疗外，另外均应中西医结合治疗。周老师主张“西医攻邪，中医扶正”治疗该病，化疗前如肿瘤负荷较高，可暂时以复方苦参注射液降低肿瘤

负荷，随后根据病人的一般情况，耐受程度等选择合适的化疗方案，化疗期一般不予中药治疗。化疗间歇期邪毒已攻，正气亏虚，予中药扶助正气，同时可减轻化疗的毒副反应，调节免疫功能，降低感染、出血的概率。

（2）辨证分型，活血化瘀：周老师总结临床经验主张将化疗间期骨痹分为肝肾阴虚证、脾肾阳虚证、气血两虚证三型，施以滋补肝肾、健脾益肾、补气养血之法，分别选用六味地黄丸、阳和汤、八珍汤加减治之。同时周老师认为无论何型均应联合活血之法，常选桃红四物汤作为活血化瘀之基本方，若疼痛严重者可加搜剔通络之品，以散血络之瘀结。



**3. 中医证型**

（1）肝肾阴虚证：头晕目眩，腰膝酸痛，眼目干涩，视物昏花或雀盲，耳鸣健忘，五心烦热，失眠多梦，午后潮热，颧赤盗汗，容易疲劳、肢体麻木，筋脉拘急，面色晦暗，毛发不荣，爪甲枯脆，胁肋胀痛，形体消瘦，口燥咽干，大便干，小便短赤，舌红少苔，女子经少或经闭，男子遗精，脉沉弦细数等。

（2）脾肾阳虚证：久泻久痢，五更泄泻，下利清谷，腰膝酸软无力，形寒肢冷，面色苍白，小便不利，肢体浮肿，甚则腹胀如鼓；或见小便频数，余沥不尽，或夜尿频多，舌淡胖或边有齿痕，舌苔白滑，脉沉细无力。

（3）气血两虚证：头目眩晕，心悸失眠，多梦自汗，少气懒言，神疲乏力；或发色不泽，唇甲淡白；或食少纳呆，饮食无味，形体消瘦；或手足麻木，肌肤不仁，面色淡白或萎黄，舌质淡，苔薄白，脉细弱或缓而无力。

### （二）典型案例

**1. 肝肾阴虚证**

**案例 1** 刘某，男，53 岁。

主诉与病史：反复腰背疼痛 3 年余，于 2018 年 8 月 26 日就诊。3 年多前无明显诱因下出现腰背疼痛，至某医院就诊，查骨髓常规：原浆细胞 6%，幼浆细胞 5.5%，成浆细胞 4.5%。血清 M 蛋白检测：IgG 65.8g/L；尿 κ 轻链：1650mg/L。诊断为多发性骨髓瘤（IgG、κ 轻链型）。曾先后间断行 PAD、PCD、Rd 等方案化疗，病情未明显好转。现患者为末次化疗后 1 个月，为求进一步治疗前来浙江省中医院就诊。

四诊摘要：骨痛绵绵，腰膝酸软，胸胁疼痛，头晕乏力，胃纳欠佳，不欲饮食，肌肤甲错，咽干口燥，小便浊，大便两日一行，质偏硬，舌红，少苔，脉细数。

化验检查：骨髓常规：原浆细胞 6%，幼浆细胞 5.5%，成浆细胞 4.5%。血清 M 蛋白：免疫球蛋白 G（IgG）：65.8g/L。血常规：血红蛋白 72g/L；血肌酐：167μmol/L；血清 $\beta_2$ 微球蛋白：19660μg/L。

西医诊断：多发性骨髓瘤（IgG、κ轻链型）；肾功能不全。

中医病名：骨痹。

治疗经过：患者多发性骨髓瘤诊断明确，化疗后病情控制不佳，现为末次化疗 1 个月后，查血肌酐为 167μmol/L，出现明显肾功能损害，疾病进展。建议行 MPT 方案化疗，辅以中药治疗。四诊合参，患者当属中医骨痹病之肝肾阴虚证。肾主骨，为先天之本，肾阴亏虚则骨节失于濡养，故见骨痛绵绵、腰膝酸软；肝肾同源，水不涵木，肾阴虚不能上滋肝木，致肝阴亦虚，肝络失滋，肝经气机不利，则胁部隐痛；阴在内阳之守也，阴虚则阳亢，肝阳上亢，则头晕乏力；气机不利，胃失和降，故胃纳不佳，不欲饮食；肝阴损耗，精血失藏，肌肤失于濡润，故见肌肤甲错；化疗药物峻猛，耗伤津液，则口燥咽干，大便两日一行，质地偏硬；肾虚失于固摄，则见小便浑浊；舌红、少苔，脉细数为阴血亏虚之象。治疗当滋阴益肾，补血养肝。方选六味地黄丸加减，具体用药：熟地 15g，山药 20g，山茱萸 9g，茯苓 12g，丹皮 9g，泽泻 9g，白芍 12g，当归 9g，太子参 15g，麦冬 12g，枸杞子 9g，桃仁 9g，延胡索 9g，炙甘草 6g。服 7 剂，每日 1 剂，分 2 次温服。

二诊：服药 1 周，患者骨痛，腰膝酸软，胸胁疼痛较前好转，仍感乏力，失眠多梦，大便干结，舌淡红，苔薄白，脉细。复查血常规：血红蛋白 80g/L；血肌酐：124.7μmol/L。在前方基础上加酸枣仁 20g，远志 12g，白术 12g，炒麦芽 15g，玄参 9g，继服半个月。

三诊：半个月后患者复诊，诉偶感乏力，胃纳夜寐较前好转，舌淡红，苔薄白，脉细。复查血常规：血红蛋白 102g/L；血肌酐：96.4μmol/L。守方续进。

**2. 脾肾阳虚证**

**案例 2**　王某，男，65 岁。

主诉与病史：确诊多发性骨髓瘤 6 年余，腹泻 5 天。于 2017 年 8 月 28 日就诊于我院。患者 6 年前体检发现血三系减低，于浙江省人民医院行骨髓穿刺检查，骨髓象提示多发性骨髓瘤。于浙江大学附属第一医院行 VD 方案化疗 3 个疗程后出现下肢麻木，考虑为硼替佐米神经损害副反应，改用 RD 方案化疗 3 个疗程，复查骨髓提示缓解。后定期复查血常规。2017 年 7 月因自觉全身骨骼疼痛就诊浙江大学附属第一医院外科，复查骨髓提示多发性骨髓瘤复发，于2017年8月5日行MP方案化疗，化疗过程顺利，化疗后出院。5天前患者因食生冷之物出现腹泻，大便糊状不成形，每日4～5次，无鲜血，无发热，无腹痛，口服蒙脱石散、黄连素等止泻药无明显好转，遂来浙江省中医院就诊。

四诊摘要：头晕乏力，形寒肢冷，四肢关节隐痛，腹泻，日四五行，大便糊状不成形，小便不利，下肢浮肿，舌淡胖边有齿痕，舌苔白滑，脉沉细无力。

化验检查：骨髓常规：浆细胞占16%，其中原幼浆细胞占9.5%；IgG 50.12g/L，λ 轻链 56mg/L。血肌酐：89.7μmol/L，球蛋白：45.8g/L；血清 $\beta_2$ 微球蛋白：13751.2μg/L。血常规+CRP：白细胞 $4.1\times10^9$/L，血红蛋白 75g/L，反应蛋白 31mg/L。大便常规+OB：糊状便，隐血阴性。

西医诊断：多发性骨髓瘤（IgG、λ 轻链型）；肾功能不全。

中医病名：骨痹。

治疗经过：患者骨痹日久，疾病反复，化疗后腹泻，四诊合参，患者当属中医骨痹病之脾肾阳虚证。患者病程日久，加之年老，药物攻伐，耗伤阳气。脾为后天之本，主升清，主运化，脾阳受损，清气不能散布，运化失常，故见头晕乏力，误食生冷则腹泻；肾为先天之本，年老肾衰，邪毒内伤加之峻药攻伐，肾阳大亏，阴寒内生，故见形寒肢冷，四肢关节隐痛；阳不化气，水饮内停，则小便不利，下肢浮肿，舌淡胖边有齿痕，舌苔白，脉沉细无力，均为脾肾阳虚之象。治疗当温补脾肾，散寒通络。方选阳和汤加减，具体用药：熟地 30g，炮附子 9g，肉桂 6g，山萸肉 9g，白芥子 9g，炮姜 9g，芡实 12g，茯苓 12g，川芎 9g，山药 30g，炙甘草 6g。服7剂，每日1剂，分2次温服。

二诊：服药1周，患者泻止，大便软，不欲饮食，头晕好转，仍感乏力四肢欠温，小便通畅，下肢轻度浮肿，舌淡胖，舌苔薄白，脉细欠有力。复查血常规：血红蛋白 82g/L。血肌酐：正常。予前方去附子、炮姜，加黄芪 20g，薏苡仁 30g，白术 9g，干姜 9g，继服7剂。

三诊：1周后患者复诊，诸症皆愈。复查血常规：血红蛋白 96g/L。予前方去干姜、白芥子，续服半个月。

**3. 气血两虚证**

**案例3** 张某，男，72岁。

主诉与病史：头晕乏力3个月余，于2018年6月20日就诊于浙江省中医院。患者3月余前因感头晕乏力嗜睡，于当地医院就诊查血常规示血红蛋白 61g/L，转于我院就诊，完善骨髓检查等确诊为多发性骨髓瘤，予输血等对症支持治疗后行 VD（硼替佐米＋地塞米松）方案化疗，化疗过程顺利，未出现明显神经损害。化疗后骨髓抑制，依赖输注红细胞。持续头晕乏力，心慌心悸。2018 年 6 月 18 日复查血常规示血红蛋白 63g/L。遂来浙江省中医院门诊就诊。

四诊摘要：面色少华，唇甲苍白，头晕乏力，心慌心悸，少气懒言，视物欠清，食少纳呆，形体消瘦，嗜睡，大便量少，质软，小便调，舌淡，苔薄白，脉缓而无力。

化验检查：2018 年 3 月骨髓常规：有核细胞增生活跃，红系增生低下占 7%，异常浆细胞占 65%，骨髓瘤细胞大小轻度不一，细胞核染色质细致，可见 1～2 个核仁，多数核仁为 1 个，核仁较大易见。IgA 38.2g/L；血肌酐：正常；血清 $\beta_2$ 微球蛋白：8730μg/L。血常规：血红蛋白 61g/L。影像学未检及溶骨性骨破坏。2018 年 5 月骨髓常规：有核细胞增生活跃，粒系占 52%，红系占 15%，异常浆细胞占 16%。2018 年 6 月 18 日查血常规：血红蛋白 63g/L。

西医诊断：多发性骨髓瘤（IgA 型）。

中医病名：骨痹。

治疗经过：患者初发多发性骨髓瘤，化疗后骨髓抑制 2 月余，仍表现为中重度贫血，依赖输注红细胞。四诊合参，患者当属中医骨痹病之气血两虚证。患者年老，患病起初气血便亏，加之药物攻伐，损耗气血，伤及根本，久不能复。患者一派症状俱为典型气血两亏之象，治以补气养血。方选八珍汤加减，具体用药：党参 30g，白术 12g，茯苓 12g，炙甘草 6g，当归 15g，川芎 12g，白芍 9g，熟地黄 15g，黄芪 20g，升麻 9g，枸杞子 9g，炒谷芽 30g。服 7 剂，每日 1 剂，分 2 次温服。

二诊：服药 1 周，患者头晕乏力好转，欲食不易消化，二便畅，舌淡红，苔薄白，脉细。复查血常规：血红蛋白 75g/L。予前方加鸡内金 12g，炒麦芽 15g，黄芪加量至 30g，继服 14 剂。

**经验体会** 多发性骨髓瘤是浆细胞克隆性增殖，易引起溶骨性破坏。临床常表现为骨痛及血红蛋白单系下降。依据该病临床表现，中医认为本病属于骨痹、肾痹、血证等范畴。本病乃本虚标实之证，肾、脾、肝三脏亏损为本，血瘀痰湿为标，肾虚毒蕴血瘀贯穿疾病始终。周老师认为，治疗多发性骨髓瘤因根据疾病不同阶段分而治之。邪毒血瘀炽盛之时，应予峻猛西药施之，减轻肿瘤负荷，快速消除邪毒，缓解疾病浸润。化疗间期邪退正更衰时需施以中药扶助正气，减轻化疗副反应，同时可避免攻邪之药与补益之品药性相冲而影响疗效。

（三）西医诊治现状[10]

**1. 诊断**

必须检查项目，如血常规、外周血涂片、肝肾功能、电解质、肌酐清除率、尿酸、乳酸脱氢酶、$\beta_2$- 微球蛋白、免疫球蛋白定量、蛋白电泳、血清免疫固定电泳、24h 尿蛋白定量、尿蛋白电泳、尿蛋白免疫固定电泳、血清游离轻链、全身骨骼低剂量 CT 检查、骨髓穿刺及活检［活检标本的免疫组化和（或）骨髓流式细胞学检查、分裂相的细胞染色体检查、浆细胞的原位荧光杂交技术 FISH 检查，包括 del 13、del 17p13、t（4；14）、t（11；14）、t（14；16）、t（14；20）和 1q21 等］。

可选检查项目包括 MRI 检查或正电子发射计算机断层显像（PET-CT）扫描、组织活检（孤立性病灶或髓外浆细胞瘤）、浆细胞增殖试验、血清黏滞度、HLA 配型、心脏彩超和轻链淀粉样沉积评估。外周血涂片是 2018 年 NCCN 指南新增加的检查项目。骨髓流式细胞学检查为非必须做的项目，而骨髓活检的免疫组化是必须做的项目。

MM 诊断标准：NCCN 指南和 ESMO 指南基本一致。诊断冒烟型骨髓瘤时，NCCN 指南强调，当骨骼低剂量 CT 检查阴性时，需行全身 MRI 或 PET-CT 检查。具体诊断标准如下。

（1）冒烟型骨髓瘤：①血清单克隆蛋白≥ 3g/dL 或本周蛋白≥ 500mg/24h 和（或）骨髓单克隆浆细胞为 10% ～ 60%；②且无骨髓瘤相关临床表现或淀粉样变性（骨骼低剂量 CT 检查阴性时需行全身 MRI 或 PET-CT 检查排除有无潜在病变）。

（2）症状性骨髓瘤：骨髓单克隆浆细胞为≥ 10% 或骨髓活检证实为髓外浆细胞瘤。且存在以下 1 项以上的骨髓瘤相关事件，如指南中的 CRAB 症状和 SLIM 症状之一。①高钙血症（C）。②肾功能不全（R）：肌酐＞ 2mg/dL（＞ 117μmol/L）或肌酐清除率 <40mL/min。③贫血（A）。④骨质破坏（B）：骨骼 X 线、CT 或 PET-CT 检查提示 1 处或多处病变。⑤骨髓单克隆浆细胞≥ 60%（S）。⑥不正常的轻链比值≥ 100（累及 κ 链）或≤ 0.01（累及 λ 链）（Li）。⑦骨骼（B）：MRI 检查发现 1 个以上≥ 5mm 病灶。

**2. 分期**

目前多采用 ISS 和 R-ISS 分期系统。其中 R-ISS 分期：Ⅰ期：ISS 分期为Ⅰ期且 FISH 评估是标危组，且血清 LDH 正常；Ⅱ期非Ⅰ或Ⅲ期；Ⅲ期 ISS 分期为Ⅲ期且 FISH 评估是高危组［del 17p13、t（4；14）、t（14；16）］或血清 LDH 高于正常。

**3. 治疗**

（1）冒烟型骨髓瘤：一般不推荐立即治疗，动态观察病情变化，每 3 ～ 6 个月进行评估，对于高危的冒烟型骨髓瘤，建议参加临床试验。

（2）孤立性浆细胞瘤（骨骼或骨骼外）：诊断依据组织病理学活检结果，且无骨髓侵犯和 CRAB 症状。建议局部放疗或手术切除。

（3）浆细胞白血病：预后非常差，平均生存期约 1 年左右，暂无标准的治疗方案，多采用多药联合的化疗方案。

（4）症状性骨髓瘤：NCCN 指南中对于症状性的骨髓瘤初始治疗主要包括初始治疗、双膦酸盐预防骨事件的治疗以及支持对症治疗 3 个方面。

1）初始治疗：根据患者年龄及后续能否采用自体造血干细胞移植分成两组，每组包括诱导治疗、巩固治疗和维持治疗，具体如下。①适合自体造血干细胞移植者：一般指非高龄患者，年龄≤ 65 岁或体能状态好的患者。诱导治疗方案推荐三药联合：NCCN 优先推荐，即硼替佐米 / 环磷酰胺 / 地塞米松（VCD）和来那度胺 / 硼替佐米 / 地塞米松（RVd）；其次推荐硼替佐米 / 阿霉素 / 地塞米松（PAD）和卡非佐米 / 来那度胺 / 地塞米松。ESMO 指南推荐以下 4 个方案：VCD、PAD、RVd 和 VTD（硼替佐米 / 沙利度胺 / 地塞米松）。国内指南推荐众多方案均可选择，除了 ESMO 指南的 4 个方案之外，还有以下方案：硼替佐米 / 地塞米松（VD）；来那度胺 / 地塞米松（Rd）；沙利度胺 / 阿霉素 / 地塞米松（TAD）；沙利度胺 / 地塞米松（TD）；环磷酰胺 / 沙利度胺 / 地塞米松（CTD）；长春新碱 / 阿霉素 / 地塞米松（VAD）。具体诱导化疗的疗程数量，目前推荐采集干细胞前可进行 4 ～ 6 个周期的化疗。②不适合自体造血干细胞移植治疗者：一般指高龄患者，年龄＞ 65 岁或体能状态不好的患者。NCCN 指南仍优先推荐 RVd、Rd 和 VCD；其次推荐卡非佐米 / 来那度胺 / 地塞米松或卡非佐米 / 环磷酰胺 / 地塞米松；而只在某些情况下使用 VD 方案。ESMO 指南优先推荐 VMP（硼替佐米 / 马法兰 / 泼尼松）、RVd 和 Rd；其次推荐 MPT（马法兰 / 泼尼松 / 沙利度胺）或 VCD，其他如

TCD、MP、苯达莫司汀和泼尼松均可考虑。③巩固治疗：国内指南建议对于自体造血干细胞移植后未获得完全缓解（CR）以上疗效者，可采用原诱导方案短期巩固治疗 2 ～ 4 个疗程。不适合自体造血干细胞移植治疗者，只要患者情况允许，应持续治疗到 CR，缓解后采用原方案巩固治疗 2 ～ 3 个疗程，随后进行维持治疗。④维持治疗：目前推荐的主要是来那度胺或硼替佐米，来那度胺是 I 类证据，而国内因费用原因，部分患者可以考虑采用沙利度胺、激素或中药（中成药、中药饮片和中药针剂）等维持治疗，但目前尚无维持治疗持续时间的相关数据，建议长期应用。ESMO 指南也提到维持治疗 2 年以上，可以在总生存（OS）上获益。故在患者可以耐受情况下，建议维持治疗持续 2 年以上。⑤复发难治性 MM 的治疗：目前主要建议参加临床试验，早期复发患者类似于难治性 MM，建议更换药物化疗或参加临床试验，如新型药物泊马度胺、伊沙佐米、达雷木单抗（CD38 单抗）。部分患者可考虑进行嵌合抗原受体（CAR）-T 细胞治疗。

2）骨病的预防和治疗：NCCN 指南提到所有新诊治的 MM 患者均应使用抑制骨破坏的药物如双膦酸盐或最新的药物如狄诺塞麦。关于双膦酸盐的使用时间，NCCN 指南未给出具体时间；ESMO 指南考虑下颌骨坏死的风险，不建议使用超过 2 年以上时间；而国内指南推荐静脉使用双膦酸盐，建议在 MM 诊断后前 2 年每月 1 次、2 年之后每 3 个月 1 次持续使用，口服双膦酸盐可以长期使用。建议根据患者具体情况、口腔科评估牙齿的基础状况及全身骨骼情况，综合评估后再确定患者结束双膦酸盐治疗的时间。对于骨痛或骨折患者可考虑放疗或手术治疗，但对于拟进行造血干细胞移植患者尽量避免采集干细胞前进行放疗。

3）支持对症治疗：骨髓瘤的 CRAB 症状治疗、血栓预防及高黏滞血症的处理同样重要，与以往指南对比，无突出的更新，主要包括以下方面。①贫血：建议使用促红细胞生成素改善贫血。②感染：对反复发生感染或出现威胁生命的感染患者，建议使用免疫球蛋白和肺炎球菌疫苗；对大剂量使用地塞米松的患者，建议预防卡氏肺孢子菌肺炎和真菌感染的发生；对于所有接受蛋白酶体抑制剂或抗 CD38 单抗治疗患者，建议预防性使用抗带状疱疹病毒的药物；对于接受造血干细胞移植（包括自体和异基因造血干细胞移植）的患者是否应该预防性使用抗病毒药物，尚无定论，原因是抗病毒药物对造血干细胞具有毒副作用；对乙型肝炎病毒（HBV）携带者，应预防性使用抑制病毒复制的药物，并注意监测病毒载量。③肾功能不全：主要推荐采用硼替佐米为基础的化疗方案；减少肾脏毒性药物使用如非甾体类消炎药或造影剂；加强水化和碱化；治疗过程中避免肿瘤溶解综合征的发生；监测肾功能等，其他药物也可选择应用，如包醛氧淀粉和褐藻多糖硫酸酯。④凝血/血栓：对接受以沙利度胺或来那度胺为基础的方案的患者，建议预防性抗凝治疗。⑤高黏滞血症：建议采用血浆置换缓解症状。

（李杭超）

## 第六节　痰瘀同治除血积

骨髓增殖性肿瘤是一组造血功能紊乱性疾病，包括真性红细胞增多症、原发性血小板增多症、骨髓纤维化及部分不能分类的骨髓增生异常综合征及骨髓增殖性疾病。古代医籍并无骨髓增殖性疾病病名，该病应属中医学的“血证”“血积”“癥瘕”“积聚”等范畴。

### 一、真性红细胞增多症

真性红细胞增多症（polycythemia vera，PV，简称真红）是一种克隆性、以红系细胞异常增殖为主的慢性骨髓增殖性疾病。临床常见症状和体征为皮肤黏膜绛红色如醉酒状，眩晕，头痛，目赤，耳鸣，出血。甚则可出现精神改变或脑出血、脑血栓等脑血管意外，或伴肝脾大、皮肤瘙痒等症状。后期常伴发骨髓纤维化，部分转化为其他慢性骨髓增殖性疾病或急性白血病。现代医学认为PV的主要病理生理基础是红细胞过度增生引起全血容量增多和血黏度增高，导致全身血管扩张和血流缓慢，从而引起血管和神经系统症状。

#### （一）周老师中医药治疗骨髓增殖性肿瘤经验介绍

**1. 病因病机**

根据PV的临床表现，关于本病的描述散见于典籍各篇。《灵枢·海论》云：“气海有余者，气满胸中，悗息面赤。”《金匮要略·惊悸吐衄下血胸满瘀血病脉证治》云：“病人胸满，唇痿，舌青……为有瘀血。”《血证论·脏腑病机论》云：“设木郁为火，则血不和，火发为怒，则血横决，吐血、错经、血痛诸证作焉，火太甚则颊肿面青，目赤头痛。”《温疫论补注·蓄血》云：“邪热久羁，无由以泄，血为热搏，留于经络，败为紫血。”《灵枢·百病始生》云：

“若内伤于忧怒，则气上逆，气上逆则六输不通，温气不行，凝血蕴里而不散，津液涩渗，着而不去，而积皆成矣。”属于中医学“血证”“血实”“瘀血”“癥瘕”等范畴。

周老师认为本病属于实证，称之为“血实”更贴切，病因分内、外因。外因为外感温热邪毒，或外感风寒邪毒入里化热，伤及血分；内因为七情内伤，情志郁结，或体质阳盛，郁久化热，伤及血分，最终导致血脉瘀滞，血热内生，毒、瘀、热互结。热伤血络，迫血妄行，或因瘀血阻络，血溢脉外，则见出血诸证；情志郁结化火，肝阳上亢，则可见面红、眩晕、头痛、目赤、耳鸣等症状；血瘀气滞，瘀血阻络，则见面唇紫暗、手足麻木、胁下癥块、舌暗或有瘀斑、脉弦涩等症状。总之不离乎“热毒”“瘀”“郁”三端，病位在骨髓，主要责之于肝、脾、肾三脏。肝主疏泄藏血，肾主骨生髓，脾主运化、固摄统血，基本病机为血瘀气滞。另外，周老师临证中常见患者本无病，但长期服用温补药物，尤其是参类、温阳类补品，如人参、鹿茸、附子、黄芪等，从而导致红细胞增多、血小板增高。这提示饮食不节亦为致病原因之一。

**2. 中医证型**

（1）血瘀气滞证：面色及口唇紫暗，肌肤甲错，胸胁满闷或心下痞满，或胁下积块，痛有定处，舌暗红，或有瘀斑，脉弦或涩。

（2）血瘀气滞兼肝胆实火证：除上述血瘀气滞证候外，还可见面色红赤，口苦目眩，头晕头痛，胁痛易怒，耳鸣目赤，舌暗红或红绛，苔薄黄或黄腻，脉弦滑有力。

（3）正虚邪滞证：可见气血阴阳俱虚证候，面色晦暗无华，乏力，纳差，肌肤甲错，胁下积块，或痛有定处，泄泻，水肿，舌淡暗，苔薄白或黄，脉弦细。

**3. 辨治经验**

周老师在中医治疗上，谨遵《素问・阴阳应象大论》“病之始起也，可刺而已，其盛，可待衰而已”之义，对真性红细胞增多症行分阶段、依病情治疗。《医学心悟》云：“有虚人患积者，必先补其虚，理其脾，增其饮食，然后用药攻其积，斯为善治，此先补后攻之法也。”其谨守病机，病之初邪实为主，予以消散；中期邪实正虚，消补兼用，以化瘀为消，以益气补阴为补；后期正虚为主，应温补肾阳辅以化瘀。由此“法随证立，方从法出”，方证统一，以求事半功倍之效。周老师认为“脾虚”“肾虚”“瘀血”三者互为影响，主导着疾病的发生与进展。故临证之时，周老师提倡养正祛邪并举，在疾病的不同阶段都予以适当补脾益肾，以期正气复、邪气除，正气存内，邪不可干。PV疾病发展过程中，因血管内膜损伤、血小板第Ⅲ因子减少、血块回缩不良等，可致出血变证。依出血部位有牙龈、鼻腔、皮肤之分，出血病因有气不统血、瘀血阻络、热甚动血、阴虚火旺之别，周老师治疗出血变证时选药亦有所区别。对于发热的患者，周老师在多年临床实践中发现，不少发热属气虚、阴虚发热，故治疗上不可一味给予清热、凉血之品。PV患者因疾病本身或因药物因素，往往会出现胃脘部不适，周老师常在原方的基础上合以百合乌药汤。

周老师遵循《素问·阴阳应象大论》的“其实者，散而泻之”，《血证论》的“故凡血证，总以祛瘀之要”的法则，以祛邪为主，活血化瘀、清热解毒为基本治法，配用清肝疏肝行气之品以增强活血化瘀之功，气行则血活，瘀去则邪毒随之而减。不主张应用温补类药物，尤其是益气养血温阳之品，以防犯实实之戒。饮食上强调忌温补，宜清淡、易消化食物。晚期常合并骨髓纤维化，若出现贫血，表现为正气损伤、瘀血邪毒未尽，中医可祛邪扶正兼顾，以培补为主，益气养血，滋阴助阳，兼活血解毒，务以“大毒治病，十去其六”，不可一味攻逐，否则更加耗伤正气。

### （二）典型案例

#### 1. 血瘀气滞兼肝胆实火证

**案例1** 陶某，男性，50岁。

主诉及病史：反复头晕、胸闷，面目红赤3年余，于2014年4月16日就诊。患者3年前头晕、胸闷，面目红赤，疲劳乏力，就诊于当地医院，血压及心电图、心脏超声等检查均无异常，查血常规显示红细胞、血红蛋白浓度增高，经骨穿检查等诊断为真性红细胞增多症，用羟基脲、阿司匹林等药治疗。前后间断服用3年余，后因毒副作用大而停服。在当地改用补气活血中药治疗，疗效不显。近1周来患者诉周身肌肉酸痛，极度疲劳乏力，只要缓慢步行三四百米，就感觉头胀痛如裂，胸闷憋气，常常牙龈出血，纳呆，夜寐欠安，小便黄赤，大便干燥，两日一行。

四诊摘要：精神萎靡，声音低怯，面目红赤，头晕，胸闷，脾肋下5cm及、中等硬度、触痛，面色口唇紫暗，指甲青紫，舌质紫暗，苔稍黄，脉沉弦。

辅助检查：血常规：血红蛋白245g/L，红细胞$7.48\times10^{12}$/L，白细胞$12\times10^{9}$/L，血小板$260\times10^{9}$/L。骨髓常规：三系增生，红系比例增高，骨髓活检符合真性红细胞增多症骨髓象。JAK2基因突变检测阳性。

西医诊断：真性红细胞增多症。

中医诊断：血积。

治疗经过：患者以反复头晕、面红目赤 3 年余为主症，胁下痞块，中医诊断为血积。患者病情迁延，应用羟基脲、阿司匹林等西药后，血象及临床症状改善不明显，非常痛苦。根据其临床表现及舌苔、脉象，中医辨为瘀血阻滞脏腑经络，瘀久化热，治以活血逐瘀，凉血清热。方用桃红四物汤加味：当归 15g，赤芍 15g，丹参 15g，鸡血藤 20g，桃仁 10g，红花 10g，鳖甲 12g，水蛭 3g，川芎 12g，三棱 10g，莪术 10g，白花蛇舌草 30g，生地 20g，钩藤 15g，蒲公英 30g，瓜蒌 20g。服 7 剂，每日 1 剂，水煎 400mL，分早晚 2 次餐后温服。所选药物以活血化瘀为主，凉血清热为辅。因患者服用羟基脲后副作用明显，嘱其停用，继续予阿司匹林 100mg，口服，每日 1 次。

二诊：2014 年 4 月 23 日，服 7 剂后头痛有所减轻，仍头晕，心烦，大便干结，三四日一行，尿黄，胸闷而胀，脉弦，舌质青紫、苔黄而干。考虑到患者内热明显，前方加生大黄 10g，继服 14 剂。

三诊：2014 年 5 月 6 日，再进 14 剂后，大便每日 2 ～ 3 次，溏便，且有疼痛不适，肠鸣音亢进，头晕头痛减轻，胸部感到较舒畅，烦躁减，脉弦，舌质青紫，苔黄。查血常规：血红蛋白 177g/L，红细胞 $6.15\times10^{12}$/L，白细胞 $11.0\times10^{9}$/L，血小板 $253\times10^{9}$/L。从症状及化验指标看，病情改善，仍以前法去生大黄，加茯苓 15g，鸡内金 15g 治疗，巩固疗效。上药共加减服用 3 个月左右，患者自觉症状基本消失，查血常规：血红蛋白 168g/L，红细胞 $5.9\times10^{12}$/L，白细胞 $9.0\times10^{9}$/L，血小板 $220\times10^{9}$/L。后患者改为隔日 1 服。目前一般状况良好，多次复查血常规、血红蛋白及红细胞维持在上述水平。

**2. 正虚邪滞证**

**案例 2** 金某，女，52 岁。

主诉及病史：乏力、皮肤紫红 3 个月余，加重 1 周，于 2014 年 3 月 8 日就诊。3 个月前患者在无明显诱因下出现乏力症状，皮肤紫红，当时无头痛眩晕、发热恶寒、恶心呕吐、腹痛腹泻等不适，患者未予重视及相关检查和治疗。1 周前患者乏力加重，皮肤发绀，特别是颜面、颈部为甚，伴头昏、眩晕、耳鸣、健忘、肢体麻木、多汗等，偶有鼻出血、皮肤黏膜瘀点和瘀斑，为明确诊断来门诊就诊。

四诊摘要：乏力明显，气少懒言，汗多动则尤甚，两颊紫红，触之疼痛，食少纳呆，二便尚调，舌质淡紫有斑点、苔薄白，脉细涩。

化验检查：血常规：血红蛋白 171g/L，红细胞 $6.72\times10^{12}$/L，白细胞 $13\times10^{9}$/L，血小板 $188\times10^{9}$/L。生化类：尿酸 488μmol/L，乳酸脱氢酶 280U/L。骨髓常规：粒、红、巨核细胞三系均增生，以红系增生最为显著。各系细胞间的比例维持正常。红系以中、晚幼红细胞增多为主。骨髓活检：全髓细胞增生，以红系和巨核系增生为主。JAK2V617F 点突变阳性。腹部 B 超：肝胆未见明显肿大，脾脏肋下 6cm。

西医诊断：真性红细胞增多症。

中医诊断：血积。

治疗经过：患者以“乏力、皮肤紫红 3 月余，加重 1 周”为主症，胁下痞块，中医诊断为血积。患者未重视诊疗，疾病迁延，除乏力加重、皮肤紫绀外，出现头昏、眩晕和耳鸣、健忘、肢体麻木、多汗等并发症。根据其临床表现及舌苔、脉象，此为气血两虚，瘀血内停。治以健脾益气，活血化瘀。处方：炙黄芪 15g，党参 10g，白术 10g，熟地黄 15g，炙甘草 4g，当归 10g，陈皮 5g，炒山药 10g，炒柴胡 3g，茯苓 10g，广木香 3g，丹参 9g，鸡血藤 30g，红花 3g，百合 12g，乌药 6g，白花蛇舌草 15g，鸡内金 9g，炒稻芽 15g。每日 1 剂，水煎分 2 次服用。

二诊：2014 年 3 月 22 日。服药半个月后，眩晕耳鸣、肢体麻木症状消失，乏力、自汗症状较前明显改善，面部紫红稍退但仍有触痛，舌质暗红，苔薄白，脉沉弦。复查血常规：白细胞 $10.5\times10^{9}$/L，红细胞 $4.71\times10^{12}$/L，血红蛋白 164g/L，血小板 $34\times10^{9}$/L。前方基础上加用赤芍 10g，枳壳 10g，川芎 10g。

此后随诊，2014 年 4 月 5 日至 2016 年 8 月 3 日。期间患者每 2 周前来就诊，定期口服汤药，复查血常规，血三系维持在白细胞（8 ～ 10）$\times10^{9}$/L，红细胞（4.02 ～ 4.82）$\times10^{12}$/L，血红蛋白 140 ～ 152g/L，血小板（150 ～ 188）$\times10^{9}$/L。方药仍以复诊方加减出入。

2016 年 8 月 3 日复查血象未见明显异常。故嘱患者停用一切药物，定期复查血常规，门诊随诊。

**经验体会** PV 是源于造血干细胞的克隆性增生性疾病，90% 以上患者都可能发现到 JAK2V617F 突变。中老年发病，男性多见，起病隐匿。其以面红如醉酒状、头痛、眩晕、耳鸣、脾大、皮肤紫红、出血、血栓形成等为主症。中医学一般将其归属为“瘀证”“血积”等范畴，认为本病的基本病理改变是血脉瘀阻、气滞血瘀、肝胆实火、热入营血等，其病位在肝，基本病机为血瘀。活血化瘀药能明显改善微循环，降低血管阻力，解除血管痉挛，减轻炎症反应和渗出，降低血细胞比容、全血比黏度、纤维蛋白原含量，加快红细胞电泳速度，促进淤血吸收，抗纤维化，增强毛细血管张力，改善缺氧及局部营养等。这些药理作用为活血化瘀药在本病的临床应用提供了理论依据。目前PV的西医治疗多是姑息性的，通常采用静脉放血和细胞毒药物及靶向治疗等，有一定疗效，但不良反应较大。而中医治疗可从“本”论治该病，具有疗效稳定持久、副作用少等优势。在PV治疗上，周老师发挥中医之优势，将“补肾健脾”提到与“化瘀”相仿的位置，消补兼施，临床往往取得显著疗效，其多年经验沉积，丰富了PV中医诊治理论，为临床提供了新的思路。

（三）西医诊治现状[11]

**1. 诊断程序**

（1）病史采集：必须仔细询问患者年龄，有无血管栓塞病史，有无心血管高危因素（如高血压、高血脂、糖尿病、吸烟和充血性心力衰竭），有无疲劳、早饱感、腹部不适、皮肤瘙痒和骨痛，以及活动力、注意力、此前1年内体重下降情况，有无不能解释的发热或重度盗汗及其持续时间，家族有无类似患者，有无长期高原生活史等。

（2）实验室检查：疑诊PV患者的必检项目如下。①外周血细胞计数；②骨髓穿刺涂片和外周血涂片分类计数；③骨髓活检切片病理细胞学分析和网状纤维（嗜银）染色；④EPO水平测定；⑤JAK2V617F和JAK2第12外显子基因突变检测。有家族病史者建议筛查EPOR、VHL、EGLN1/PHD2、EPAS1/HIF2a、HGBB、HGBA和BPGM等基因突变；⑥肝脏、脾脏超声或CT检查。有条件单位可行骨髓细胞体外BFU-E（±EPO）和CFU-E（±EPO）培养确认是否有内源性红系集落形成。

**2. 诊断标准**

（1）世界卫生组织（2008）标准：主要标准：①男性Hb > 185g/L，女性Hb > 165g/L，或其他红细胞容积增高的证据[Hb或红细胞比容（HCT）大于按年龄、性别和居住地海拔高度测定方法特异参考范围百分度的第99位，或如果血红蛋白比在无缺铁情况下的基础值肯定且持续增高至少20g/L的前提下男性Hb > 170g/L，女性Hb > 150g/L]；②有JAK2V617F突变或其他功能相似的突变（如JAK2第12外显子突变）。次要标准：①骨髓活检：按患者年龄来说为高度增生，以红系、粒系和巨核细胞增生为主；②血清 EPO 水平低于正常参考值水平；③骨髓细胞体外培养有内源性红系集落形成。符合 2 条主要标准和 1 条次要标准或第 1 条主要标准和 2 条次要标准则可诊断 PV。

（2）2014 年修订建议标准：主要标准：①男性 Hb ＞ 165g/L、女性＞ 160g/L，或男性 HCT ＞ 49%、女性＞ 48%；②骨髓活检示三系高度增生伴多形性巨核细胞；③有 JAK2 突变。次要标准：血清 EPO 水平低于正常参考值水平。PV 诊断需符合 3 条主要标准或第 1、2 条主要标准和次要标准。

（3）真性红细胞增多症后骨髓纤维化（post-PV MF）诊断标准：采用骨髓纤维化研究和治疗国际工作组（IWG-MRT）标准。主要标准（以下 2 条均需满足）：①此前按 WHO 诊断标准确诊为 PV；②骨髓活检示纤维组织分级为 2/3 级（按 0 ～ 3 级标准）或 3/4 级（按 0 ～ 4 级标准）。次要标准（至少符合其中 2 条）：①贫血或不需持续静脉放血（在未进行降细胞治疗情况下）或降细胞治疗来控制红细胞增多；②外周血出现幼稚粒细胞、幼稚红细胞；③进行性脾脏肿大（此前有脾脏肿大者超过左肋缘下 5cm 或新出现可触及的脾脏肿大）；④以下 3 项体质性症状中至少出现 1 项，过去 6 个月内体重下降＞ 10%，盗汗，不能解释的发热（＞ 37.5℃）。

**3. 预后判断**

PV 患者确诊后，为了更好地指导治疗选择，应对患者的预后分组作出判断。采用 Tefferi 等提出的预后分组积分系统：依年龄（≥ 67 岁为 5 分，57 ～ 66 岁为 2 分）、WBC ＞ $15\times10^9$/L（1 分）和静脉血栓（1 分）分为低危组（0 分）、中危组（1 或 2 分）和高危≥ 3 分）。

**4. 治疗**

（1）多血症期：多血症期患者的治疗目的是通过减少血细胞以改善症状，降低栓塞和出血并发症。所有 PV 患者均应行静脉放血使红细胞压积维持在 45% 以下及服用低剂量阿司匹林。对静脉放血不能耐受或需频繁放血、大于 60 岁或发生重大血栓或出血合并症的低危 PV 患者，以及高危患者需降白血病治疗。白细胞和（或）血小板计数进行性增高，脾脏进行性增大，疾病相关症状不能控制，对静脉放血耐受性差等，可能也需给予降细胞治疗。羟基脲或 α 干扰素（IFN）-α 为任何年龄 PV 患者降细胞治疗的一线药物。在年轻患者（小于 40 岁）中，羟基脲应慎用。年长患者（大于 70 岁）可考虑应用白消安。对羟基脲耐药或不能耐受的 PV 患者其二线治疗药物为 IFN-α。

相反，对一线 IFN-α 耐药或不能耐受的 PV 患者，羟基脲为其二线治疗药物。哌泊溴烷、白消安可作为预期寿命短的患者的二线治疗药物。

（2）终末期：此期患者可出现贫血，显著骨髓纤维化和显著的脾大，血小板计数可增高、正常或减少，白细胞计数可显著增高伴外周血中出现幼稚粒细胞。由于脾照射无效，采用白消安、羟基脲化疗可使血小板计数显著减少，因此周期性输血治疗就成了唯一的治疗方法。

**5. 疗效判断标准**

根据欧洲白血病网和骨髓增殖性肿瘤研究和治疗国际工作组 2013 年修订的 PV 疗效评价标准，主要包括临床血液学及骨髓组织学评价两方面。分子生物学疗效对于评价完全缓解（CR）或部分缓解（PR）不是必需的。完全分子生物学缓解（CRm）定义为原先存在的异常完全消失。部分分子生物学缓解仅用于基线的等位基因突变负荷＞ 20% 且等位基因突变负荷下降＞ 50% 的患者。



## 二、原发性血小板增多症

原发性血小板增多症（essential thrombocythemia，ET）是一种原因不明的以巨核细胞异常增多伴血小板持续增多为主的骨髓增殖性疾病。其临床特点：常伴有自发性皮肤黏膜出血，反复发作；有血栓形成；脾大；血小板持久性明显增多。本病与慢性粒细胞白血病、真性红细胞增多症、骨髓纤维化关系密切，合称为骨髓增殖性疾病。其出血机制可能与血小板功能障碍或纤维蛋白溶解增强有关。

### （一）周老师中医药治疗原发性血小板增多症经验介绍

**1. 病因病机**

古代中医药文献中没有血小板增多症这一病名，但在《黄帝内经》中则有“血凝泣”“恶血”等描述，这与血瘀及血小板的功能相匹配。又如《诸病源候论》谓“瘀久不消，则变成积聚”；《灵枢·百病始生》云：“阴络伤则血内溢，血内溢则后血”。故据原发性血小板增多症的临床表现，可将其归为“血证”“癥瘕”等范畴。清代黄玉璐的《四圣心源》曰：“肝血陷则凝瘀……坎阳虚亏，不能生发乙目，温气衰损，故木陷而血瘀……肝血不升之原，则在于脾，脾土虚陷，生气遏抑，故肝无上达之路。”因此，原发性血小板增多症的发生与肝相关，责之脾肾。本病为本虚标实之证，以脾虚为本，痰瘀为标。

**2. 中医证型**

（1）肝郁脾虚夹瘀证：起病隐匿，轻者可见易疲劳、乏力、四肢困倦，头痛眩晕，视朦，肢体麻木，痹痛，或烧灼感，胁下胀闷不适，舌质淡红，苔白，脉弦细涩，或沉弦滑。

（2）肝郁血热夹瘀证：眩晕头痛，面红目赤，胸胁胀满或胁痛，急躁易怒，口干苦，鼻衄，齿衄，皮肤紫斑，便血（黑便），大便秘结，小便黄赤，舌红暗，苔少，脉弦数，或弦滑数。

（3）脾肾两虚夹瘀证：头痛眩晕，体倦乏力，气短懒言，胸闷心悸，胁下积块，腰膝酸软，畏寒肢冷，便溏，小便清长，夜尿频多，手足麻痹，肢体瘀胀，或溃烂坏疽，口淡，纳呆，舌淡胖、暗或有瘀点，苔白滑，脉沉细虚，或沉细涩。

（4）肝肾阴虚夹瘀证：头痛头晕，视朦，耳鸣，肢体麻痹不仁，肢体瘀胀，或半身不遂，口眼㖞斜，言语不利，胁下积块，五心烦热，口干咽燥，失眠多梦，潮热盗汗，或皮下紫癜，牙龈出血，鼻衄，舌暗红或光红少苔，瘀斑，脉弦细涩数。

**3. 辨治经验**

在治疗上，周老师主要根据“血瘀”这一病机，以“逐瘀以和血”为基本治法，在具体治疗方法上，主张分阶段治疗，血小板计数高，痰瘀较甚时，以祛瘀邪为主，扶正气为辅，治以化痰散瘀，方用桃红四物汤加减；而血小板计数接近正常时以健脾理气为主，祛瘀邪为辅，治以健脾益气，方用四君子汤加减。

原发性血小板增多症多因痰瘀互结而致脉道不利，《血证论》曰：“瘀血在经络脏腑之间，则结为癥瘕，瘕者或聚或散，气为血滞，则聚而成形，血随气散，则没而不见，方其既聚，宜以散气为解血之法。”因此，周老师在祛瘀的同时，注重气机的调节，使气血调和，从而达到更好的治疗效果。常用活血药有川芎、丹参、牡丹皮、赤芍、红花等；祛痰药有陈皮、半夏、青皮、茯苓、竹沥等。祛瘀不选破血动血之品，祛痰不取涤痰迅猛，力求稳步收效。脾胃位居中焦，为气机升降的枢纽，《血证论》曰：“脾统血，血之营运上下，全赖乎脾，脾阳虚则不能统血，脾阴虚又不能滋生血脉，血虚津少。”脾阳虚失于统摄，血溢脉外；脾失运化，气血生化乏源，水液不能四达，痰湿内生，进一步加重血瘀。可见，后天之本脾在治疗原发性血小板增多症中的重要性。肝血瘀滞责之脾肾，“以脾陷之由，全因土湿，土湿之故，全因水寒。肾寒脾湿，则中气不运，是以太阴不升”，而“肝脾不升，原因阳衰阴旺，多生下寒，而温气抑郁，火胎沦陷，往往变而为热。然热在于肝，而脾肾两家，则全是湿寒，不可专用清润”。故“血瘀之证，期下宜温而上宜清，温则木生，清则火长。若木郁而为热，乃变温而为清，而脾肾之药，则纯宜温燥，无有二法”。周老师认为补后天之本脾更易于补先天之本肾，而肝脾是正气与邪气强弱产生的基础，因此肝脾的病变也是疾病产生的根源，尤其是杂病的病因病机所在。因此，在治疗上，注重肝脾同治，同时温补肾阳。《素问·痹论》曰：“饮食自倍，肠胃乃伤。”是故张仲景在《金匮要略》中有杂疗方和禽兽鱼虫禁忌并治两篇以示后人“饮食不节多生杂病”，这正是提示饮食不节，使得人体脾运化失常，正气不足而使得杂病丛生。可见饮食适宜在治疗原发性血小板中的重要性，因此，在方剂和药物的选择上，周老师多顾护脾胃，加健脾助运之药，如豆蔻、陈皮、山药、炒麦芽等；同时嘱患者注意劳逸结合，忌辛辣肥厚滋腻之品，晚餐不多食。

对于本病出血的治疗，不同于其他血液病血小板减少所致出血的治疗，非见血止血，出血乃瘀血所致。瘀血既为致病之因，又为病理产物，治疗总以祛瘀为要，故一般不用旱莲草、仙鹤草、茜草、卷柏、土大黄等止血之品，而重用丹参、水蛭、莪术、桃仁、赤芍、川芎等活血化瘀之品。

## （二）典型案例

### 1. 肝郁脾虚证

**案例 1** 李某，男性，60 岁。

主诉及病史：患者因确诊原发性血小板增多症 2 年余，皮肤瘀点瘀斑伴头晕加重 1 周，于 2013 年 6 月 8 日前来就诊。患者于 2 年余前体检发现血小板计数增多，无明显头晕乏力、失眠健忘，遍身未见明显瘀点瘀斑，腹部无胀满感，当时就诊于当地医院，考虑原发性血小板增多症可能。复查血常规：血小板 $1055\times10^9$/L。经骨髓检查并排除继发性血小板增多后，确诊为原发性血小板增多症。给予骨髓抑制性药物羟基脲治疗 1 周后，出现口腔溃疡及胃肠道不适，血小板计数减少，白细胞减少，予以羟基脲减量，并加用干扰素 300 万 U 每周 3 次。治疗 2 个月后，血小板控制在 $500\times10^9$/L 左右。但患者近 1 年来思虑过度，经常感头晕。1 周前因生气后而出现头晕加重，伴有心悸健忘，失眠多梦，胁肋胀痛，口干不欲饮，不思饮食，腹胀，大便溏泄，下肢皮肤瘀点瘀斑，面色晦暗，舌质暗，苔白腻，有瘀点，脉细涩。既往体健，无脾切除手术、结缔组织等病史，无感染及其他炎症征象。

四诊摘要：头晕乏力，心悸健忘，失眠多梦，胁肋胀痛，口干不欲饮，不思饮食，腹胀，大便溏泄，下肢皮肤瘀点瘀斑，面色晦暗，舌质暗，苔白腻，有瘀点，脉细涩。

化验检查：血常规：白细胞 8.8×$10^9$/L，中性粒细胞百分数 86.3%，血小板 610×$10^9$/L，血红蛋白 123g/L。血黏度 1.39，凝血功能正常；腹部 B 超显示脾偏大。

西医诊断：原发性血小板增多症。

中医诊断：血积。

治疗经过：患者素体羸弱，加之近日忧思过度，损伤脾胃，脾胃愈虚，致气血生化乏源，血虚不行，因虚致瘀，瘀阻脑络，则头晕健忘；血络瘀滞，心脉受阻，则心悸；瘀血内扰心神，心神失养，阳不入阴，故失眠多梦；肝失疏泄，则胁肋胀痛；脾气亏虚，气不摄血，瘀血内阻，血行不利，血溢脉外则皮肤瘀点瘀斑。思则气结，脾气郁结，脾失运化，水液不行，加之瘀血痰湿相互搏结，耗伤正气，脾气更虚。脾气虚弱，则神疲乏力，不思饮食；痰瘀内阻，气机阻滞，脾不布津，则口干，而体内阴液不缺，则不欲饮；脾主升清，而脾气虚衰，脾气不升，“清气在下，则生飧泄”，故可见大便溏泄；舌质暗，苔白腻，有瘀点，脉细涩亦为瘀血之象。故诊为血积，属肝郁脾虚证，病因为情志内伤，病位在肝脾，病性为本虚标实。治以疏肝健脾、化痰祛瘀，继续予耐受剂量羟基脲联合治疗。具体用药：丹参 30g，川芎 10g，赤芍 10g，当归 15g，红花 10g，地龙 10g，党参 15g，茯苓 12g，白术 10g，焦神曲 15g，黄芪 20g，远志 10g，合欢皮 10g，柴胡 10g，枳壳 6g，白芥子 6g，半夏 6g，陈皮 6g，半枝莲 10g，天麻 10g，炙甘草 6g。服 14 剂，水煎服，每日 1 剂，分 2 次服。

二诊：2013 年 6 月 22 日。服药 2 周后，复查血常规示血小板降至 420×$10^9$/L，皮肤瘀点瘀斑消退，未再出现新鲜出血点，头晕乏力、胁肋胀痛、口干、不思饮食、腹胀、便溏等症状好转，仍心悸健忘、失眠多梦。在原方基础上加减，去焦神曲、赤芍、地龙，加桂枝 10g，酸枣仁 10g，继续服用 2 周。

三诊：2013 年 7 月 6 日。服用 2 周后，复查血常规示血小板降至 370×$10^9$/L，血小板接近正常，但正气仍虚，故治以益气健脾，养血活血。具体用药：党参 15g，茯苓 12g，白术 10g，黄芪 30g，当归 15g，远志 10g，丹参

20g，川芎 10g，柴胡 10g，地龙 6g，半夏 6g，陈皮 6g，半枝莲 10g，大枣 10g，炙甘草 6g。

随诊：患者长期间断服用中药，临证加减，同时羟基脲逐渐减量并最终停用。每 2 周门诊复查血常规，血小板一直控制在（350 ～ 450）$\times 10^9$/L 之间。头晕乏力、口干等症状消失，未再出现皮肤瘀点瘀斑。

**2. 痰瘀互结证**

**案例 2** 胡某，男，48 岁。

主诉及病史：发现血小板增多 3 月余于 2013 年 10 月 25 日就诊。3 月余前患者体检发现血小板计数升高（具体数值不详），无头晕乏力、无头痛、无胸闷心悸等不适，未重视未及时就诊。2 天前因头晕乏力至当地医院就诊，查血常规示血小板 1035$\times 10^9$/L，经骨髓检查并排除继发性血小板增多后，确诊为原发性血小板增多症。患者病来神清，精神软，胃纳差，夜寐不佳，难入睡，入睡后梦较多，大小便无殊，近 1 年体重无明显增减。为求进一步治疗，来我院就诊。

四诊摘要：头晕乏力，失眠多梦，胁肋胀痛，不思饮食，腹胀，下肢皮肤瘀点瘀斑，面色晦暗，舌质暗有瘀点，苔白腻，脉弦涩。

化验检查：血常规：白细胞 5.6$\times 10^9$/L，血小板 1035$\times 10^9$/L，血红蛋白 127g/L。骨髓常规：骨髓有核细胞增生活跃，粒系占 58.5%，以晚幼粒细胞及成熟阶段粒细胞为主，各阶段细胞形态正常；红系以中晚幼阶段细胞为主，形态大致正常，成熟红细胞形态大致正常；淋巴细胞占 14.5%，形态大致正常。骨髓活检符合原发性血小板增多症。ASXL1 基因突变检测阴性；CALR 基因阴性；JAK2 蛋白 V617F 突变阴性；MPLW515 基因突变阴性；JAK2 基因外显子 12 突变及 13 突变均未检测到突变；BCR-ABL 融合基因阴性。

西医诊断：原发性血小板增多症。

中医诊断：血积。

治疗经过：患者因发现血小板增多 3 月余，头晕乏力，失眠多梦，胁肋胀痛，不思饮食，腹胀，下肢皮肤瘀点瘀斑，面色晦暗，查血常规示血小板 1035$\times 10^9$/L，经骨髓检查并排除继发性血小板增多后，确诊为原发性血小板增多症。给予骨髓抑制性药物羟基脲，同时结合辨证，考虑患者痰瘀互结，治以疏肝健脾，化痰散瘀，予桃红四物汤合肾气丸加减。药用：黄芪 30g，熟地 15g，仙灵脾 15g，白芍 12g，白术 10g，当归 10g，桃仁 10g，红花 10g，柴胡 10g，川芎 10g，山药 10g，茯苓 10g，丹皮 10g，肉桂 6g，制附子（先煎）6g，陈皮 6g，枳壳 6g，仙茅 6g，甘草 6g。7 剂，水煎服，早晚各 1 次。

二诊：2013 年 11 月 9 日。服药 2 周后，复查血常规示血小板降至 420×10⁹/L，皮肤瘀点瘀斑消退，头晕乏力等症状好转，但因一直服用羟基脲，患者失眠多梦、不思饮食等症状加重，在原方基础上加减，去桃仁、红花，加远志 9g，夜交藤 15g，炒麦芽 10g。继服 14 剂。

三诊：2013 年 11 月 23 日。患者复查血常规示血小板降至 365×10⁹/L，血小板接近正常，失眠多梦有所好转，但正气仍虚，常有胃肠道不适，故治以益气健脾，养血活血。方用四君子汤加减，用药如下：黄芪 30g，丹参 20g，当归 15g，党参 15g，茯苓 12g，白术 10g，远志 10g，川芎 10g，柴胡 10g，大枣 10g，半夏 6g，陈皮 6g，炙甘草 6g。7 剂，水煎服，早晚各 1 次。

随诊：患者长期间断服用中药，临证加减，同时羟基脲逐渐减量至停药。每 2 周门诊复查血常规，血小板控制在（350 ～ 450）×10⁹/L 之间。

**经验体会** 原发性血小板增多症属骨髓增殖性肿瘤范畴。该病进展较为缓慢，部分患者可伴发骨髓纤维化和转化为急性白血病，其临床表现为出血和血栓形成，西医主要以骨髓抑制药物控制血小板计数和抗血小板药物防止血栓形成为主，但随之出现的胃肠道反应及一系列的副作用，则没有更好的解决方案。在中医学中，原发性血小板增多症可根据其临床表现，将其归为“血证”“癥瘕”等范畴，《诸病源候论》谓“瘀久不消，则变成积聚”。在治疗上，《血证论》曰：“瘀血在经络脏腑之间，则结为癥瘕，瘕者或聚或散，气为血滞，则聚而成形，血随气散，则没而不见，方其既聚，宜以散气为解血之法。”本病为本虚标实之证，以脾虚为本，痰瘀为标。周老师治疗原发性血小板增多症主要根据“血瘀”这一病机，以“逐瘀以和血”为基本大法。在具体治疗方法上，主张分阶段治疗，血小板计数高，痰瘀较甚时，以祛瘀邪为主，扶正气为辅；血小板接近正常时，以健脾理气为主，祛瘀邪为辅。脾胃位居中焦，为气机升降的枢纽，《血证论》曰：“脾统血，血之营运上下，全赖乎脾，脾阳虚则不能统血，脾阴虚又不能滋生血脉，血虚津少。”脾阳虚失于统摄，血溢脉外，离经之血则为瘀血，痰瘀互结，加之邪毒互相搏结，更易损伤正气；脾失运化，气血生化乏源，水液不能四达，痰湿内生，又进一步加重了脾虚，因此治疗过程中一定要顾护脾胃，治病求本。原发性血小板增多症病因复杂，临床表现多端，因此，在具体治疗上，要因人而异，依据四诊合理用药。

（三）西医诊治现状[12]

**1. 诊断程序**

（1）病史采集：必须仔细询问患者年龄，有无血管性头痛、头晕、视物模糊、肢端感觉异常和手足发绀等微循环障碍症状，有无疲劳、腹部不适、皮肤瘙痒、盗汗、骨痛、体重下降等情况，有无心血管高危因素（如高血压、高血脂、糖尿病、吸烟和充血性心力衰竭），有无血管栓塞病史（中风、短暂性缺血发作、心肌梗死、外周动脉血栓和下肢静脉、肝静脉、门静脉和肠系膜静脉等深静脉血栓），家族有无类似患者等。

（2）实验室检查：以下为必检项。①血常规；②骨髓穿刺涂片和外周血涂片分类计数；③骨髓活检病理细胞学分析和网状纤维（嗜银）染色；④ JAK2、CALR 和 MPL 基因突变检测；⑤ BCR-ABL 融合基因；⑥ C 反应蛋白（CRP）、红细胞沉降率、血清铁、转铁蛋白饱和度、总铁结合力和血清铁蛋白；⑦肝脏、脾脏超声或 CT 检查。

**2. 诊断标准**

主要标准：①血小板计数（PLT）为 $450\times10^9$/L；②骨髓活检示巨核细胞高度增生，胞体大、核过分叶的成熟巨核细胞数量增多，粒系、红系无显著增生或左移，且网状纤维极少轻度（1 级）增多；③不能满足 $BCR\text{-}ABL^+$ 慢性粒细胞白血病、真性红细胞增多症、原发性骨髓纤维化（PMF）、骨髓增生异常综合征和其他髓系肿瘤的 WHO 诊断标准；④ JAK2、CALR 或 MPL 基因突变。次要标准：有克隆性标志或无反应性血小板增多的证据。符合 4 条主要标准或前 3 条主要标准和次要标准即可诊断 ET。

**3. 鉴别诊断**

（1）反应性血小板增多症：最常见的反应性血小板增多的原因有感染、炎症和缺铁性贫血等。感染和炎症常有 CRP 和红细胞沉降率增高，因此，一个血小板增多的患者应通过这 2 项检查结合病史首先应排除感染和炎症导致的反应性血小板增多。缺铁性贫血时可有血小板增多，可通过血清铁等检查鉴别。如果患者有缺铁，在充分铁剂补充治疗后再复查血常规。

（2）其他伴血小板增多的血液系统疾病：PV、PMF、慢性粒细胞白血病、慢性粒单核细胞白血病、骨髓增生异常综合征中的 5q- 综合征、骨髓增生异常综合征 / 骨髓增殖性肿瘤伴环状铁粒幼红细胞和血小板增多（MDS/MPN-RS-T）等血液系统疾病均可出现血小板增多，ET 应与这些疾病进行鉴别诊断。

**4. 治疗**

目前该病的治疗主要目标是减少血栓并发症。

（1）抗血小板药物：主要为阿司匹林和双嘧达莫片，小剂量阿司匹林 40 ～ 100mg/d；双嘧达莫片 225mg/d。小剂量阿司匹林治疗有益于原发性血小板增多症患者，但在用阿司匹林治疗血小板计数高于 $1000\times10^9$/L 的 ET 患者时，应注意排除获得性血管性血友病（vWD），防止出血的发生。

（2）细胞毒药物：主要包括羟基脲、阿那格雷、哌泊溴烷、IFN-α。目前用于治疗 ET 的细胞毒药物首选羟基脲。对于羟基脲不能耐受或治疗反应不佳的患者，IFN-α、阿那格雷，哌泊溴烷是主要的替代药物。

（3）妊娠期 ET 患者的治疗：20% ET 患者确诊时年龄＜ 40 岁。ET 患者妊娠会出现流产、早产、胎儿发育迟缓等。此外，妊娠会增加 ET 患者出血和血栓的风险，因此，应给予特殊处理。服用羟基脲治疗的患者（无论男、女）在受孕前至少应有 3 个月的洗脱期。女性患者受孕前应仔细评估是否有以下妊娠合并症高危因素：①此前有动、静脉血栓病史（无论是否妊娠）；②此前有 ET 导致的出血病史（无论是否妊娠）；③此前发生过以下可能由 ET 引起的妊娠合并症，反复发生的非孕妇和胎盘因素所致妊娠 10 周内流产，不能解释的宫内胎儿发育迟缓，妊娠＞ 10 周胎儿发育正常的宫内死胎，因严重先兆子痫或胎盘功能不全导致妊娠 <34 周且胎儿发育正常的早产、胎盘剥离、严重的产前和产后出血（需要红细胞输注）等；④血小板计数显著增高（PLT ＞ $1500\times10^9$L）。ET 孕妇的孕期监护应由血液科医师与产科医师共同完成。

无妊娠合并症高危因素的孕妇，给予阿司匹林 100mg 每日 1 次；有妊娠合并症高危因素的孕妇，给予阿司匹林每日 1 次（出血则停用）联合低分子肝素（4000U/d）至产后 6 周，PLT ＞ $1500\times10^9$/L 时加用干扰素（建议首选醇化干扰素）。

**5. 疗效判断标准**

采用欧洲白血病网和 IWG-MRT2013 年修订的 ET 疗效评价标准，主要包括临床血液学及骨髓组织学评价两方面。分子生物学疗效对于评价完全缓解或部分缓解不是必需的。完全分子生物学缓解：原先存在的异常完全消失。部分分子生物学缓解：基线等位基因突变负荷＞ 20% 的患者治疗后等位基因突变负荷下降≥ 50%。

## 三、骨髓纤维化

骨髓纤维化（myelofibrosis，简称骨纤）是一种由于骨髓造血组织中胶原增生，其纤维组织严重地影响造血功能所引起的一种骨髓增生性疾病。本病具有不同程度的骨髓纤维组织增生，主要发生在脾，其次在肝和淋巴结内的髓外造血。典型的临床表现为贫血和脾大，血片可见幼粒、幼红细胞，并有较多的泪滴样及多染性红细胞。骨髓穿刺呈干抽现象，骨髓活检可见大量网状纤维组织，根据骨髓病理改变，可分为三期：早期全血细胞增生伴纤维组织增生，中期骨髓萎缩与纤维化，晚期骨髓纤维化和骨质硬化。骨髓纤维化起病缓慢，早期多数无症状，或仅在血常规中偶尔发现血液学异常。体检发现脾大。巨脾常为本病的首发表现。其他的初始症状为不同程度的恶病质表现（体重下降、盗汗、发热）。中期可出现乏力、消瘦或脾大所致的腹胀感，晚期脾大明显、质硬，伴乏力、出血、心悸、发热等。髓外造血可发生在淋巴结，引起淋巴结病；可发生在浆膜表面，引起胸腔积液和腹水；可发生在肺，引起肺炎样病变或肺动脉高压；可发生在泌尿生殖系统，引起血尿；可发生在脊柱旁或硬膜外，引起脊髓和神经压迫；可发生在肝，引起肝大、门静脉高压，甚至伴发静脉曲张破裂出血，或因肝受累出现黄疸。部分患者可转化为急性白血病。

### （一）周老师中医药治疗骨髓纤维化经验介绍

**1. 病因病机**

本病分原发性和继发性，后者多见于骨髓增殖性疾病（慢性粒细胞白血病、真性红细胞增多症、原发性血小板增多症等）、骨髓增生异常综合征及急性白血病的病程中，尤其是晚期。据其临床表现，中医学主要将本病归属于“虚劳”“癥积”“积聚”范畴。其病因与外感邪毒或药毒、情志不遂、劳倦过度、饮食不节有关，导致邪毒、血瘀潜伏骨髓，留着不去，致使肝、脾、肾三脏功能失调，精血无以化生，气血虚损为病。病位在骨髓，与肝、脾、肾三脏密切相关，正虚邪实，虚实夹杂。正气亏虚是积聚发病的内在因素，积聚的形成及演变均与正气的强弱密切相关，正如《景岳全书·积聚》曰：“积聚之病，凡饮食、血气、风寒之属，皆能致之。”上述病因导致脏腑功能失调，正气虚衰，邪毒乘机侵袭，扰乱气血，邪蕴血瘀，则发为积聚、虚劳。

正气亏虚是积聚发病的内在因素，积聚的形成及演变均与正气的强弱密切相关，正如《景岳全书·积聚》云："凡脾肾不足及虚弱失调之人，多有积聚之病。"积聚是在正虚感邪、正邪斗争而正不胜邪的情况下，邪气踞之逐渐发展而成。积聚的发生主要关系到肝、脾两脏，气滞、血瘀、痰结是形成积聚的主要病理基础。在病之初、中期，毒热表现不明显，而以瘀为主，毒邪羁留，其瘀难消，毒瘀互结，虚为毒瘀所致而难补，致使病情进展难愈。在病之晚期，毒热炽盛，可变生急劳、髓枯，气血衰败而亡。

**2. 中医证型**

（1）肾阴虚瘀血证：乏力，左上腹疼痛，盗汗，心慌，纳差，消瘦，尿黄便干，舌质暗红，苔薄白，脉沉细涩。

（2）肾阳虚瘀血证：精神不佳，面色苍白，气短乏力，心悸头晕，腹痛，腹部肿块，瘀斑瘀点，小便清长，舌质暗红或有斑点，苔薄白，脉沉涩。

**3. 辨治经验**

周老师综合患者临床表现及当代医家的认识，并结合《素问·痿论》之"肾主身之骨髓……肾气热，则腰脊不举，骨枯而髓减，发为骨痿"的理论，认为本病病理特征为"骨枯髓虚"，病变在肾。本病正虚以肾虚为显，邪实以瘀血为著。在中医治疗上，周老师主要以补肾为纲，化瘀为常。肾为先天之本，功在藏精主骨而生髓，肾虚则精血生化无源，血失温煦推动而涩滞不畅，渐而瘀血内积终至腹中结块；瘀血不去，新血不生，日久则气血两虚，肾之精气失充养，又至肾亏髓枯。周老师认为肾虚、瘀血两者相互影响，主导着疾病的发生与进展，正如《灵枢·百病始生》云："此必因虚邪之风，与其身形，两虚相得，乃客其形。"故临证之时，周老师提倡扶正驱邪并举，补肾化瘀共施，以期正气复、邪气除，正气内存，邪不可干。早、中期可见肝脾大，无贫血或轻度贫血，治疗以化瘀散结为主，兼顾补益气血；晚期贫血明显，出血加重，或伴发热，正虚邪实，治疗以扶正为主，兼顾活血解毒。化瘀散结可改善骨髓造血微环境，延缓、消除髓内纤维组织的增殖，对本病的发展有一定的延缓作用。补益气血旨在扶正，健脾益肾以促进骨髓正常造血，从而改善贫血、出血。

周老师临证时常用熟地、制何首乌、黄精、枸杞子滋肾阴，以仙灵脾、肉苁蓉、菟丝子、鹿角胶温肾阳。温补肾阳时常少佐滋养肾阴之品，意在阴中求阳，使"阳得阴助而生化无穷"；滋补肾阴时常辅以少量助阳之品，意在阳中求阴，使"阴得阳升而源泉不竭"。处方常以桃红四物汤加减，以期化瘀不伤正。方中以强劲的破血之品桃仁、红花为主，力主活血化瘀；以甘温之熟地、当归滋阴补肝，养血调经；芍药养血合营，以增补血之力；川芎活血行气，调畅气血，以助活血之功。全方配伍得当，使瘀血去，新血生，气机畅，化瘀生血是该方的显著特点。对于肾阴虚瘀血证患者，以六味地黄丸合桃红四物汤加减，滋阴补肾化瘀；对于肾阳虚瘀血证患者，多采用右归丸合桃红四物汤化裁，以补阳益肾化瘀。此外，周老师还注重辨病与辨证相结合，骨髓纤维化患者后期可出现病态造血，外周血液中幼稚细胞增多，周老师擅长用小剂量白花蛇舌草、栀子、蒲公英、黄芩等清热解毒之药抑制骨髓纤维化，改善造血环境，促进幼稚细胞的分化成熟，又不致苦寒碍胃。

（二）典型案例

**肾阴虚瘀血证**

**案例**　黄某，男，68岁。

主诉及病史：2010年7月2日，乏力、盗汗5月余，左上腹胀满6天就诊。5个月前患者在无明显诱因下出现乏力、盗汗，于当地医院就诊，经骨髓常规及活检明确诊断为原发性骨髓纤维化，予沙利度胺、泼尼松治疗2个月后，乏力、盗汗症状未见明显改善。6天前患者出现左上腹胀满，复查血常规：白细胞$9.0\times10^9/L$，血红蛋白97g/L，血小板$185\times10^9/L$。骨髓穿刺，多部位干抽。骨髓活检：纤维组织增生，网状纤维染色（++），造血组织减少，未见异常形态改变。外周血涂片：红细胞大小不等，中心浅染，偶见泪滴样、棒状等不规则形态。为求进一步诊治，来我院就诊。

四诊摘要：乏力明显，寐则汗出，口干欲饮，左上腹胀满不适，纳少，二便尚调，舌质暗红，苔薄白，脉沉细涩。

化验检查：血常规：白细胞$9.0\times10^9/L$，血红蛋白97g/L，血小板$185\times10^9/L$。骨髓穿刺，多部位干抽。骨髓活检：纤维组织增生，网状纤维染色（++），造血组织减少，未见异常形态改变。外周血涂片：红细胞大小不等，中心浅染，偶见泪滴样、棒状等不规则形态。腹部B超：脾脏肋下2cm，肝脏形态、大小均正常。

西医诊断：骨髓纤维化，脾大。

中医诊断：积聚。

治疗经过：患者以“乏力、盗汗5月余，左上腹胀满6天”为主诉，予免疫调节药物及激素治疗后症状无明显改善，且出现腹胀、口干等不良反应。患者肾阴不足则精血生化无源，故见肢体乏力；血虚则脉络不充，气失所载而不行致脏腑经络痹阻，日久成瘀，形成腹中积块，故见左上腹胀满不适；肾阴不足，不能濡养机体，虚热内生，寐则汗出，口干欲饮；舌暗，脉涩示瘀血内阻，脉细主阴血不足，沉主里。周老师诊为积聚，辨证为肾阴虚瘀血证。在原有西药治疗的基础上，予六味地黄丸合桃红四物汤加减，以滋补肾阴、活血化瘀。处方：熟地黄 25g，山茱萸 15g，山药 15g，当归 15g，茯苓 9g，牡丹皮 9g，泽泻 15g，川芎 15g，赤芍 10g，炮穿山甲 10g，桃仁 10g，红花 10g，菟丝子 15g，制何首乌 15g，白花蛇舌草 15g，炒谷芽 15g，炒麦芽 15g。每日 1 剂，水煎分 2 次服用。方中熟地黄、山茱萸、山药合制首乌以滋补肝肾阴血，辅以菟丝子意为阴中求阳；牡丹皮、茯苓、泽泻祛阴中之伏火；桃仁、红花、赤芍、炮穿山甲活血化瘀散结；当归补血活血调经；川芎活血行气开郁，四物相配，补中有通，滋阴不腻，温而不燥，阴阳调和，使营血恢复；恐有滋腻之弊，辅以炒谷芽、炒麦芽，助脾胃消化；白花蛇舌草清热解毒。

二诊：2010 年 7 月 9 日。患者乏力、盗汗、口干欲饮好转，胃纳一般，二便尚可，舌质暗红，苔薄白，脉沉细涩。复查血常规：白细胞 $7.6\times10^9$/L，血红蛋白 117g/L，血小板 $164\times10^9$/L。患者肾阴虚症状明显改善，而瘀血未尽，须加强活血化瘀之力，在原方基础上加全蝎 9g，水蛭 15g，枳实 9g，加强破血行气之功。

三诊：2010 年 7 月 23 日。患者自诉仍稍感乏力，其余诸症皆已除，但胃纳稍差，二便尚调，舌质暗红，苔薄白，脉沉细。前方去牡丹皮、泽泻，减熟地黄为 15g，山茱萸为 9g，菟丝子为 9g，加神曲 12g。

四诊：患者诸症已除，胃纳可，二便调，舌质稍偏暗、苔薄白，脉沉细。复查血常规：白细胞 $5.4\times10^9$/L，血红蛋白 132g/L，血小板 $198\times10^9$/L。骨髓活检：纤维组织增生较前减低，网状纤维染色（+），造血较前明显恢复，未见异常形态改变。腹部 B 超：脾脏大小未见明显异常。周老师嘱患者以中成药左归丸再巩固 3 个月，并定期复查血常规，门诊随访，患者病情稳定。

**经验体会** 目前骨髓纤维化的西医治疗多是姑息性的，临床多采用雄激素、干扰素、沙利度胺、糖皮质激素、细胞毒药物等治疗，并不直接针对细胞学和遗传学的根本病因。而中医治疗则从补益肝、脾、肾着手，益气养血，活血化瘀，从“本”论治该病，具有疗效稳定持久，不良反应少等优势，补肾、化瘀兼顾，消补兼施，临床取得了显著的疗效，丰富了骨髓纤维化的中医诊治理论，为临床提供了诊治思路。

（三）西医诊治现状[13]

**1. 诊断程序**

（1）病史采集：必须仔细询问患者年龄、有无栓塞病史、有无心血管高危因素（如高血压、高血脂、糖尿病、吸烟和充血性心力衰竭），有无疲劳、早饱感、腹部不适、皮肤瘙痒和骨痛，有无活动力、注意力、此前1年内体重下降情况，有无不能解释的发热（＞37.8℃或重度盗汗及其持续时间，家族有无类似患者等。建议采用骨髓增殖性肿瘤总症状评估量表（MPN-SAF-TSS）对患者进行症状负荷评估。

（2）实验室检查：以下实验室检查应作为疑诊PMF患者必检项目。①外周血细胞计数；②骨髓穿刺涂片和外周血涂片分类计数；③骨髓活检病理细胞学分析和网状纤维（嗜银）染色；④染色体核型分析；⑤JAK2、MPL和CALR基因突变和BCR-ABL融合基因检测，TET2、ASXL1、SRSF2、EZH2、IDH1/2、DNMT3A等基因突变作为备选检查；⑥血清EPO水平测定；⑦肝脏、脾脏超声或CT检查。有条件单位推荐应用MRP测定患者脾脏容积。

**2. 诊断标准**

PMF的诊断标准采用2014年修订的WHO（2008）诊断标准。由于80%～90%的PMF患者有JAK2V617F、CALR或MPL基因突变，修订标准中将WHO（2008）PMF主要诊断标准中第3条修订为“有JAK2、CALR或MPL突变”，在次要诊断标准增加“有克隆性标志（如异常染色体核型）或无反应性骨髓纤维化证据”。

导致反应性骨髓纤维化的常见原因有感染、自身免疫性疾病或其他慢性炎性疾病、毛细胞白血病或其他淋系肿瘤、骨髓增生异常综合征（MDS）、转移性肿瘤或中毒性（慢性）骨髓疾患。

纤维化前期（prefibrotic）PMF应与ET进行鉴别，二者的鉴别主要是依靠骨髓活检病理细胞学形态分析：“真正”ET患者年龄调整后的骨髓增生程度无或轻微增高，髓系和红系造血无显著增生，巨核细胞胞质和细胞核同步增大，体积大至巨大，细胞核高度分叶（鹿角状），嗜银染色纤维化分级常为MF-0；纤维化前期PMF患者年龄调整后的骨髓增生程度显著增高，髓系造血显著增生，红系造血减低，巨核细胞细胞核体积的增大超过胞质，体积小至巨大，成簇分布，细胞核低分叶呈云朵状，嗜银染色纤维化分级常为MF-0或MF-1。

有血细胞减少的纤维化前期和纤维化期 PMF 应与 MDS 合并 MF 进行鉴别诊断：近 50% 的 MDS 患者骨髓中有轻～中度网状纤维增多（MF-0 或 MF-1），其中 10% ～ 15% 的患者有明显纤维化（MF-2 或 MF-3），与 PMF 不同的是，MDS 合并 MF 常为全血细胞减少，异形和破碎红细胞较少见，骨髓常示明显三系发育异常，胶原纤维形成十分少见，而且常无肝脾肿大。

**3. 预后判断**

预后判断可根据对中国 PMF 患者特征修订的 IPSS（IPSS-Chinese）或 DIPSS（DIPSS-Chinese）积分，如下：① IPSS 或 DIPSS 低危积 0 分；② IPSS 或 DIPSS 中危 -1、触诊脾脏肿大或 PLT<100×$10^9$/L 积 1 分；③ IPSS 或 DIPSS 中危 -2 积 2 分；④ IPSS 或 DIPSS 高危积 3 分。依据积分分为低危（0 ～ 1 分）、中危（2 ～ 3 分）和高危（4 ～ 5 分）三组。

**4. 治疗**

PMF 患者面临一系列临床问题，如贫血、脾脏肿大、体质性症状、症状性髓外造血等，应尽早确认这些临床问题并给予适当处理。

（1）造血干细胞移植：异基因造血干细胞移植（Allo-HSCT）是迄今唯一可望治愈 PMF 的方法。影响移植疗效的主要因素是移植前 Hb 小于 100g/L、骨髓硬化和移植后出现严重的急慢性 GVHD。移植前切脾可减少延时植活，因此脾显著增大的病人建议在移植前先进行脾切除。预后较差的年轻患者若有合适的相关供体可选择 Allo-HSCT 治疗。对于年龄大于 45 岁且常规治疗无效的患者，自体造血干细胞移植（Auto-HSCT）是另一种可选择的治疗方法。

（2）免疫调节药：沙利度胺具有抗血管新生、免疫调节和下调 TNF-α 水平的作用，能改善 PMF 患者的贫血、血小板减少和脾大。单独用量为 100 ～ 400mg/d，总有效率约为 60%。主要不良反应有嗜睡、乏力、便秘、头晕、抑郁和震颤。小剂量沙利度胺（50mg/d）联合泼尼松 [0.5mg/（kg·d）] 较单用沙利度胺能提高疗效，减少不良反应。来那度胺是沙利度胺的类似物，作为第二代免疫调节药物（IMiD），来那度胺的化学性质比沙利度胺更稳定，抗肿瘤、免疫调节等作用更强，同时克服了沙利度胺常见的不良反应。

（3）JAK2 抑制药：这类药物有 INCB018424（Ruxolitinib）、CEP-701、XL019、TG101348 和 ITF2357。Ruxolitinib 已获 FDA 批准用于中危或高危的 MF 患者的治疗，当患者的血小板计数大于 200×$10^9$/L 时，起始剂量为 20mg，口服，每日 2 次，当血小板计数（100 ～ 200）×$10^9$/L 时，起始剂量

为 15mg，口服，每日 2 次。

（4）雄激素和糖皮质激素：雄激素可使 1/3 ～ 1/2 患者的贫血得到改善，糖皮质激素可使 1/3 严重贫血或血小板减少患者得到改善。因此，伴贫血和（或）血小板减少的患者初治时可联合雄激素（司坦唑醇，6mg/d，或达那唑，200mg，口服，每 6 小时 1 次或每 8 小时 1 次）和糖皮质激素（泼尼松，40mg/d），至少 3 个月。如果疗效好，雄激素继续使用，糖皮质激素逐渐减量。

（5）促红细胞生成素：EPO 治疗 PMF 贫血的有效率为 30% ～ 40%。主要适用于血清 EPO 小于 100U/L 有贫血的患者，常用剂量为每周 3 万～ 5 万 U。

（6）干扰素：IFN-α 可抑制巨核细胞系增殖，抑制巨核细胞 / 血小板衍生的纤维形成生长因子如 PDGF 和 TGF-β 的产生和释放，提示 IFN-α 可用于 PMF 的治疗。IFN-α 对早期增高增殖阶段是一个有效的降细胞药物，但对有严重贫血或全血细胞减少的严重骨髓纤维化患者疗效极其有限。常用剂量为每次 $3.5\times10^6$U，每周 3 次，疗程至少为 12 个月。

（7）口服化疗药：白消安及其他烷化剂、6- 硫代乌嘌呤、羟基脲使部分患者的脾和肝大缩小，盗汗、体重减轻等症状得到改善，可使血红蛋白增高，血小板计数、骨髓纤维含量减低。白消安起始剂量为 2 ～ 3mg/d，口服，约相隔 3 周调整一次剂量。羟基脲用量为每次 20 ～ 30mg/kg，每周 2 ～ 3 次或 1.5g，每日 1 次。

（8）静脉化疗药：克拉曲滨（Cladribine）0.1mg/（kg·d），静脉持续滴注，连用 7d，或 5mg/（$m^2$·d），静脉输注 2h 以上，连用 5d，每个月 1 个疗程，达最佳疗效为 4 个。对脾大、血小板增高、WBC 增高和贫血的有效率分别为 55%、50%、55% 和 40%。

（9）放射治疗：其临床运用指征有严重的脾区疼痛（脾梗死）；显著的脾肿大而有切脾禁忌证；由腹膜髓样化生所致的腹水；局部严重骨骼疼痛；髓外纤维造血性肿瘤。可取得明显缩脾效果的照射，剂量为 200 ～ 300cGy，分 10 ～ 15 次 / 分，分次照射，局部照射 50 ～ 200cGy 后即可使脾区疼痛明显缓解。

**5. 疗效判断标准**

疗效判断标准可参考用 2013 年的 EUMNET 和 IWG-MRT 共识标准。

（宋岩松）

# 第七节 健脾益肾治虚劳

白细胞减少症（leukopenia）是常见的血液病。凡是外周血中白细胞持续低于 $4\times10^9$/L 时，统称为白细胞减少症，若白细胞总数明显减少，低于 $2\times10^9$/L，称为粒细胞减少症；中性粒细胞绝对值低于 $0.5\times10^9$/L，甚至消失者，称为粒细胞缺乏症。其临床症状以乏力、头晕为主，常伴有食欲减退、四肢酸软、失眠多梦及低热心悸等。中医学虽无白细胞减少症病名，但根据其症状表现，应归属于中医学“气血亏虚”“虚劳”等范畴。目前，临床上以放化疗及其他疾病继发引起的白细胞减少症较为多见。

## （一）周老师中医药治疗白细胞减少症经验介绍

### 1. 病因病机

周老师认为本病的病机为气血阴阳的亏虚，病损在心、肝、脾、肾诸脏，其中与脾、肾关系尤为密切。脾为后天之本，气血生化之源，五脏六腑赖以滋养，若脾虚，气血无以生化则成血虚之证；肾为先天之本，主骨生髓，受五脏六腑之精而藏之，若肾气不足则髓海不充，此时气血生成也会受到影响；脾虚，运化水谷精微的滋养功能失常，可导致肾气虚弱；反之，肾阳不足，则不能温煦脾阳，两者相互影响，以致脾肾两虚，营卫气血不足而成本病。病因诸多，《理虚元鉴·虚证有六因》中说：“有先天之因，有后天之因，有痘疹及病后之因，有外感之因，有境遇之因，有医药之因。”或因禀赋薄弱、素质不强，体质薄弱，易于罹患疾病，并在病后久虚不复，致使脏腑气血阴阳亏虚；或因烦劳过度，损伤诸脏，劳伤心神易使心失所养，脾失健运，心脾损伤，气血亏虚成劳；饮食不节则使脾胃损伤，水谷精微不能化生，气血来源不足，脏腑经络失养；或因大病久病，邪气过盛，脏气损伤，正气难以恢复，久病迁延不愈，日久深传，则损耗气血阴阳。五脏相关，气血同源，阴阳互根，相互影响，日趋复杂。总的来说，病因病机不外乎先天和后天两个因素。先天的关键在于肾，后天的关键在于脾。先天禀赋薄弱、后天失养或外感内伤等多种因素均可发为本病，如放化疗及其他药物作用于肿瘤患者，致使邪气侵袭入体，久羁于内；起居不慎、劳倦过度、饮食不节或大病后失于调理而使脾肾受损，亦可发为此病。

**2. 中医证型**

（1）脾肾阳虚型：神疲乏力，面色苍白，口唇淡白，形寒肢冷，气短懒言，食欲不振，腰膝酸软，面浮肢肿，夜尿频数，大便溏泻，舌淡胖，苔薄白，脉沉细无力。

（2）气血两虚型：神疲乏力，四肢倦怠，面色少华，头晕乏力，少气懒言，夜间少寐，动则气急，舌淡，苔薄，脉细无力。

（3）肝肾阴虚型：心悸、气短，周身乏力，面色苍白无华，唇淡，甲床苍白，伴有低热，手脚心热，盗汗，口渴思饮，大便干结，舌红少苔，脉细数。

**3. 辨治经验**

（1）温补肾阳：肾阳虚者多表现为神疲乏力，面色苍白，畏寒肢冷，舌淡胖，脉沉细无力。肾中蕴含命门之火，为元阳之根本。肾阳不足，命门火衰，失于温煦，甚则火不生土，影响脾胃运化，故见以上诸症。治疗宜温补肾阳，益气养血，方选右归丸加减，方中附子、肉桂培补肾中元阳，熟地、山药、萸肉滋补肾阴、填精益髓，取“阴中求阳”之义，佐以菟丝子、杜仲补肝肾，加黄芪、防风、白术益气固表。若阳虚致便溏者，可加补骨脂以补肾固精止泻；若阳虚致阳痿者，可加巴戟天、肉苁蓉以补肾壮阳。

（2）滋补肾阴：肾阴虚者多表现为头晕乏力，潮热盗汗，舌红，苔少，脉细。肾藏精，主骨生髓，肾阴亏虚，肾精不充，封藏失司，清窍失养，阴虚则阳亢，迫津外泄，故见以上诸症。治疗宜滋阴补肾，方选左归丸化裁，重用熟地滋肾填精，山萸肉涩精敛汗，山药补脾益阴，枸杞、牛膝加强补肾阴之力，鹿角胶、菟丝子补阳益阴，取“阳中求阴”之义。

（3）健脾益气：可表现为饮食减少、少气懒言、大便稀溏、舌淡脉虚，脾虚症状更甚于肾虚者，可以甘味药为基础，又据“虚者补之，损者益之，劳者温之”的原则，选用补中益气汤加减，重用黄芪，补脾益气，升阳固表，党参、甘草、白术与黄芪合用，以增强其补益脾气之功；因虚多生湿，湿困脾，故选白术、茯苓为臣，渗湿健脾为辅。若有头晕者，佐以少量升麻，引阳明清气上，清窍得以濡养。

（4）顾护胃气：周老师强调临床上治疗白细胞减少症患者，必须注重顾护胃气。在用药选择上不应一味使用补益类药物，在补益脾肾的同时应佐以鸡内金、炒谷芽等，消积化食，补与运相结合，使补益之药在脾胃运化的作用下更好吸收，运化之力在补益之药佐助下效果更明显，避免益气补血药因过于滋腻而损伤胃气。

（5）兼症并治：周老师指出，白细胞减少的患者免疫力较弱，易引起呼吸道、消化道、泌尿道等部位的感染，严重者可危及生命。若患者出现上呼吸道感染症状时，在不使用抗生素的情况下，风热感冒可选用银翘散加减，方中银花、连翘辛凉透邪清热，佐以桔梗宣肺止咳、竹叶清上焦之热，甘草合桔梗清利咽喉；风寒感冒可选用紫苏、生姜、桂枝、防风辛温解表。若出现尿路感染，可选木通、车前草、金钱草等清热利尿。中药在控制感染、保护白细胞方面具有较好的疗效。其他的非特异性症状，如乏力、头晕、失眠等，通过中医辨证施治可对人体进行整体调节，可以有效改善患者的临床症状，提升患者的生活质量。如天麻、柴胡升清缓解头晕，炒枣仁、夜交藤、远志宁心安神助眠。

## （二）典型案例

### 1. 脾肾阳虚证

**案例1** 王某，女，58岁。

主诉与病史：反复神疲乏力3年余，于2017年4月28日就诊于浙江省中医院。患者于2012年行肠梗阻手术后，自觉神疲乏力，查血常规提示白细胞减少，期间症状反复发作，休息后可缓解，均未予特殊治疗。10个月前患者感乏力加重，伴头晕、自汗盗汗、低热、食欲减低、失眠多梦、心慌等，予升白细胞药物口服治疗，疗效欠佳，为求中医治疗特来浙江省中医院就诊。体格检查：一般情况可，咽红，扁桃体无肿大，心肺查体无殊，肝脾肋下未及。既往无其他重大疾病史，平素易感冒，易患上呼吸道感染、咽喉炎等感染。

四诊摘要：面色少华，神疲乏力，少气懒言，心悸失眠，气短，眩晕耳鸣，腰膝酸软，纳差，便溏，畏寒肢冷，自汗，平素易感冒，舌质淡胖，边有齿痕，苔薄白，脉沉迟无力。

化验检查：查血常规：白细胞 $3.3\times10^9/L$，中性粒细胞绝对值 $1.2\times10^9/L$，淋巴细胞 $1.1\times10^9/L$，血红蛋白122g/L，血小板 $145\times10^9/L$。涂片未见异形淋巴细胞。生化类基本正常，血清噬异凝集试验阴性。骨髓常规检查：有核细胞增生活跃，粒细胞数：红细胞数=1.4 ∶ 1；粒细胞增生活跃，呈成熟障碍，以晚幼粒细胞和杆状核细胞增生为主，分叶核细胞数量相对减少，形态正常；淋巴细胞、红细胞及巨核细胞系统正常。

西医诊断：白细胞减少症。

中医病名：虚劳。

治疗经过：中医辨证首诊，患者为中老年女性，脏器功能开始由盛转衰，又经大手术耗伤气血，加之病后失于调养，终成本病。脾气亏虚，运化失司，故见纳差；脾虚不运，气血生化乏源，血虚无以上荣，故见面色少华；气血亏虚，脏腑功能减退，见神疲乏力、少气懒言、气短；血不养神，故见心悸失眠；气血不足，清窍失养，肾开窍于耳，肾阳亏虚，耳窍失于温养，故见头晕耳鸣；肾主骨生髓，腰为肾之腑，肾阳亏虚，温煦无力，故见腰膝酸软；脾肾阳虚，温煦失职，故见畏寒肢冷；阳气亏虚，不能固护体表，故见自汗、易感冒；脾肾阳虚，水湿内生，湿邪困，故见大便稀溏。舌质淡胖乃阳气亏虚，水湿不化；脉沉无力，亦属脾肾阳虚之候。根据舌脉症状，诊为虚劳，证属脾肾阳虚。治宜温中健脾，补肾益精。用药如下：黄芪 30g，白术 15g，茯苓 12g，山药 12g，熟地 12g，山萸肉 12g，桂枝 9g，制附子 3g，干姜 6g，夜交藤 9g，远志 9g，红枣 9g，炙甘草 6g。每日 1 剂，水煎，分 2 次服用。

二诊：服药 2 周后，患者诉偶有便溏，饮食、睡眠有所改善，乏力症状仍比较明显，舌质淡胖边有齿痕，苔薄白，脉沉迟无力。复查血常规：白细胞 $4.1\times10^9$/L，红细胞 $5.11\times10^{12}$/L，血红蛋白 147g/L，中性粒细胞绝对值 $2.3\times10^9$/L，淋巴细胞 $1.5\times10^9$/L，血小板 $167\times10^9$/L。血象提示疾病好转，继续予以温补脾肾疗法，同时重用黄芪、白术等健脾益气药。用药如下：党参 15g，黄芪 30g，白术 15g，茯苓 12g，山药 15g，升麻 6g，熟地 6g，山萸肉 9g，桂枝 9g，干姜 9g，制附子 3g，鸡内金 9g，柴胡 6g，夜交藤 9g，远志 9g，炙甘草 6g。14 剂，水煎服，每日 1 剂，早晚分服。

随诊：患者继续服用中药半个月，服药期间无明显不适主诉，乏力症状改善，复查血常规无任何异常。嘱患者继续原方治疗，同时注意避免疲劳、适寒温以避免感冒；饮食以营养丰富、易于消化、不伤脾胃为原则。后患者多次复查血常规无异常后自行停药，故嘱其半年后复查。

**2. 心脾两虚证**

**案例 2** 杨某，女，9 岁。

主诉与病史：发现白细胞减少 1 年余，于 2016 年 10 月 24 日于浙江省中医院就诊。患者 1 年来常感头晕、乏力、精神不振，时有心慌不适，失眠多梦，食欲减低，畏寒恶风，易外感。感冒后常咳嗽咳痰，无发热，病情迁延 1 月余。2015 年 9 月，查血常规示白细胞 $3.5\times10^9$/L。后多次查血常规，白细胞均在（3.2 ～ 3.8）$\times10^9$/L，血红蛋白及血小板计数正常。体格检查：一般情况可，浅表淋巴结未及肿大，胸骨无压痛，肝脾肋下未及。当地医院诊断：白细胞减少症。

四诊摘要：神疲乏力，面色少华，胃纳欠佳，夜寐欠安，大便溏薄，小便正常，舌淡，苔薄白，脉细弱。

化验检查：血液白细胞总数多为（3.2 ～ 3.8）$\times 10^9$/L，中性粒细胞绝对值低于 1.5$\times 10^9$/L，淋巴细胞相对增加，血红蛋白在 110g/L 左右，血小板 120$\times 10^9$/L 左右；骨髓象基本正常。2015 年 11 月 18 日查血常规：白细胞 3.8$\times 10^9$/L，血红蛋白 120g/L，血小板 124$\times 10^9$/L。

西医诊断：白细胞减少症。

中医病名：虚劳。

治疗经过：患者神疲乏力，面色少华，胃纳欠佳，夜寐欠安，大便溏薄，小便正常，舌淡，苔薄白，脉细弱，证属虚劳（心脾两虚）。治拟益气健脾，养心安神，予归脾汤加味。处方：黄芪 15g，党参、白术、白芍各 12g，桂枝、柴胡、远志、川芎各 9g，生姜 5 片，当归、红枣、甘草各 6g。每日 1 剂，水煎，上下午分服。服 14 剂后大便正常，余症减轻。继服 14 剂，诸症进一步好转。查血常规：白细胞 4.2$\times 10^9$/L，血小板 128$\times 10^9$/L，血红蛋白 128g/L。

**经验体会** 白细胞减少症是多种原因引起的外周血白细胞计数持续低于 4.0$\times 10^9$/L 的临床综合征。临床上白细胞减少症多慢性起病，初期患者可无症状，随着病情进展，多数患者有乏力、头晕、低热、食欲减退等症状，且由于中性粒细胞是机体抵抗感染的重要因素，故中性粒细胞减少会明显增加感染的风险，故应积极治疗该病。中医认为，血液的生成与脾胃的生理功能密切相关。脾胃乃后天之本，气血生化之源，“中焦受气取汁，变化而赤，是谓血”；脾运化失职则气血生化乏源，而肾乃先天之本，先天后天相互滋生，若脾阳亏虚则久之伤肾。前方中以四君子汤为基础方健脾益气培补后天之本，化生气血之源：干姜、附子、桂枝温补脾肾阳气；山萸肉、熟地补肾养阴，益精填髓，寓阴中求阳之意，并可使姜、附辛燥而不伤正，全方共奏健脾益胃、温补肾阳之力。后方中以归脾汤为基础方健脾益气同时养血安神。患者服药后血象得到明显改善，说明辨证思路正确，但患者乏力之主要不适未有明显缓解，故重用黄芪、党参、白术以增强补气之力，同时加用柴胡作为脾胃引经药，升提阳气。《本草纲目》有谓：“升麻引阳明清气上升，柴胡引少阳清气上行，此乃禀赋虚弱，元气虚馁，及劳役饥饱，生冷内伤，脾胃引经最要药也。”临证辨证准确，药随法立而收效明显。

（三）西医诊治现状

**1. 口服药**

（1）利血生：利血生为噻唑羧酸类药物，其成分为半胱氨酸和苯乙酸，有促进白细胞增生的作用，临床用于治疗放疗和化疗引起的白细胞减少症。

（2）维生素 $B_4$：维生素 $B_4$ 是核酸的活性部分，为维持生物体代谢功能的必要成分，可促白细胞增生。有文献报道，维生素 $B_4$ 与鲨肝醇等其他生白药物联合应用的疗效较好。

（3）鲨肝醇片：鲨肝醇为动物体内固有物质，可能为体内造血因子之一，可促进白细胞增生并有抗放射线的作用。

（4）肾上腺皮质激素：肾上腺皮质激素可促进骨髓释放细胞进入外周血循环，对于系统性红斑狼疮等免疫因素所致的白细胞减少症疗效较好。

（5）碳酸锂：碳酸锂通过拟细胞因子作用提高白细胞水平，用药期间需监测血锂浓度，故临床应用受限。

**2. 注射剂**

粒细胞集落刺激因子及粒细胞－巨噬细胞集落刺激因子。集落刺激因子类药物能刺激造血干细胞向粒细胞、巨噬细胞分化，促进其发育成为成熟的粒细胞和巨噬细胞，分为粒细胞集落刺激因子和粒细胞－巨噬细胞集落刺激因子。疗效好，起效时间快，但持续时间短，停药后白细胞很快降低，且不良反应较重、价格较高。可用于重度白细胞减少症的即时治疗，但不能作为常规治疗药物。

（李晓蕾）

## 第八节　固本化瘀解髓毒

骨髓增生异常综合征（myelodysplastic syndrome，MDS）是一组异质性克隆性疾病，以造血细胞不可逆的数量和质量异常为特点，临床表现以贫血、感染或出血为主，部分患者最后可发展成为急性白血病。中医学文献中并无骨髓增生异常综合征病名的记载，但依其临床表现、病因与发病特点，可归属于“髓毒劳”“虚劳”“血证”等范畴，目前认为 MDS 基本病变因造血干细胞发育异常，导致无效造血及恶性转化而来。

### （一）周老师中医药治疗骨髓增生异常综合征经验介绍

**1. 病因病机**

周老师认为 MDS 发病的病因病机关键在于“虚”“毒”“瘀”，乃本虚标实之证。MDS 有低危型、中危型、高危型之分，低危型的始动因素是脾虚在先，由于误治失治、烦劳过度更伐其肾脏，故脾虚及肾。另外，邪毒入里侵袭机体脏腑经络，损髓耗血而致肝火伏热。总之，病机必损其脾肾精气，髓枯血竭，肝火伏热。故低危型 MDS 病人治疗中常以补益脾肾、填精益髓法为主；病程迁延不愈，发展为中危型，邪毒蕴郁日久，化热伤阴或暗耗气血，出现气阴两虚或气血双虚之证，故在中危型 MDS 病人诊治过程中益气滋阴养血、解毒救髓当为重中之重，同时兼顾扶正、健脾益肾；邪毒蕴久化热，暗耗阴津，血行不畅，久病致瘀，瘀血阻滞在内，血不循常道而出现各种出血症状；瘀血不去，新血不生而发病。邪毒进一步发展，侵及营血，毒入骨髓或内陷心包而见热毒炽盛之象。高危型患者，虽然发热、出血症状重，但本质仍为本虚，以精气内夺为病理基础，病机以虚损为本，其根本在于脾肾两脏亏损，对高危型患者，采用扶正抗癌、活血化瘀、增强免疫、抑制肿瘤的中药配合化疗诱导等方法对病人改善症状，克服骨髓抑制，减少化疗药物对胃肠道及肝肾功能的影响方面有所帮助。除上述病因病机外，肝火伏热在中高危型发病中也占有重要地位。对于病因病机的正确认识为辨证治疗提供了理论基础。具体介绍如下。

（1）肾虚：MDS 的发病部位主要在骨髓，肾为先天之本，由于“肾主骨生髓”，肾精亏虚，则骨髓生化乏源，而致髓海空虚，骨髓减少。现代医学研究显示，MDS 患者骨髓中存在着病态造血。《素问·刺法论》曰：“正气存内，邪不可干。”《素问·评热病论》曰：“邪之所凑，其气必虚。”《素问·生气通天论》也说：“骨髓坚固，气血皆从。”因此邪毒能否致病，在很大程度上取决正气强弱。由于先天禀赋不足，后天失养，或劳倦内伤，或久病不复，致使机体正气不足，卫外不固，六淫转化之毒，或环境之毒，或内生之毒，或药毒，趁虚而入，由表及里，累及肾脏，耗血伤髓，乃发此病。因此，MDS 的发病与肾脏关系十分密切。

（2）脾虚：MDS 属中医“虚劳”“血证”范畴，临床多以贫血为主要表现。脾为后天之本，气血生化之源。《灵枢·决气》曰：“中焦受气取汁，变化而赤，是谓血。”《张氏医通》也谓：“人之虚，非气即血，五脏六腑莫能外焉，而血之源头在乎肾，气之源头在乎脾。”强调了脾肾亏损在虚劳发病中的重要性。脾为后天之本，气血生化之源，先天肾精也依赖于后天气血精微的濡润，脾肾之间紧密相连。脾主统血，脾气亏虚，摄血无权，血溢脉外而发为衄血。由于五脏之间相生相克，脾肾两脏亏虚，累及它脏，进而出现多脏器虚损的表现，因此脾肾亏虚贯穿于MDS发病过程的始终，故脾肾亏虚是MDS发病的关键。

（3）瘀毒：历代医籍并无瘀毒之名，而名瘀血、恶血、蓄血、血瘀者，常含瘀毒之意。《素问・至真要大论》指出：“疏其血气，令其调达，而致和平”，“坚者消之”，“结者散之”，“留者攻之”。《灵枢・小针解》曰：“宛陈则除之者，去血脉也。”王清任在《医林改错》中云：“温毒在内烧炼其血，血受烧炼，其血必凝。”对因毒致瘀进行了详细阐述，这些皆为后世医家在瘀毒相关病因病机与治疗法则的研究方面提供了理论依据。正气虚损，复感邪毒，邪毒内蕴，伏于骨髓，阻遏气血生化，因毒致瘀，或瘀血留滞，日久化毒，以致毒瘀互阻，气血逆乱，不能化生精血，使气血运行失调，血溢脉外，产生气滞、血瘀、痰阻等病理表现，而进一步加重其出血、感染、发热症状。毒和瘀为邪实，气血阴阳虚损为正虚，随着疾病的进展，正邪之间相互消长，邪实伤正导致正虚加重，正虚不能抵邪导致邪实更盛。因此MDS的发病特点主要为本虚标实，脾肾亏虚为本，瘀毒内停为标，治疗上单用补虚则瘀血不去，新血不生，仅用活血则易伤正气或加重出血，治以健脾补肾与化瘀解毒同用，标本兼治，相辅相成。

**2. 中医证型**

（1）脾肾两虚，毒瘀阻滞证：面色苍白或虚浮，纳呆便溏，腰膝酸软，畏寒怕冷，重者衄血或便血，或皮肤紫斑，舌淡胖苔水滑，脉沉细。

（2）气阴两虚，毒瘀阻滞证：头晕乏力、面色无华，气短心悸，自汗或盗汗，五心烦热，重者衄血或便血、或皮肤紫斑，舌淡嫩苔少，脉虚大无力。

（3）邪热炽盛，毒瘀阻滞证：发热，汗多，常见衄血或便血，或皮肤紫斑，口干口苦，喜饮，大便干结，小便黄赤，舌红苔黄，或有瘀点瘀斑，脉洪数或脉细涩。

**3. 辨治经验**

（1）健脾补肾，扶正固本法：低危型以难治性血细胞减少伴多系病态造血（RCMD）、难治性贫血（RA）、环形铁粒幼细胞性难治性盆血（RAS）患者为主，症状主要表现为贫血，面色萎黄，倦怠纳减，腰脊酸软，两足痿软，苔薄白，舌淡或有齿痕，脉细弱。中医辨证多属脾肾两虚，精血不化。李东垣在《脾胃论·脾胃盛衰论》中曰："脾胃不足，皆为血病，……诸阳气根于阴血中。"明确提出脾胃虚弱导致血病。脾为后天之本，气血生化之源，脾虚运化之力减弱则气血生化乏源，见面色萎黄，倦怠纳减；肾藏精，主骨生髓，精血同源，内寓真阴真阳，肾虚则精髓不能化血，无以濡养脏腑脉络，见腰膝酸软，两足痿软。周老师认为治疗当从脾肾着手，培补元气，治以调补脾肾，填精益髓，方以左归丸合右归丸加减，药用炙黄芪、党参、熟地、生地、当归、山萸肉、炒杜仲、怀牛膝、白术、生白芍、菟丝子、黄精、龟板胶、鹿胶、陈皮等加减，全方补而不滞，温而不燥，滋而不腻，阴阳并补，旨在扶正固本，阴平阳秘。甚者部分患者可出现神疲乏力，少气懒言，面色苍白，畏寒肢冷，纳差便溏，腰膝酸软，或面浮肢肿，舌淡胖，苔白，脉沉细等症候。临床辨证当属脾肾阳虚，可用仙灵脾、补骨脂、巴戟天等温补肾阳药物，常能获得良效。此期希望能通过刺激正常残存造血干/祖细胞，从而提高血细胞数量，早日摆脱输血，提高生活质量。大量临床药理研究证实，健脾补肾中药有促进骨髓干细胞和早期细胞增殖分化、自我复制的作用，而中医中药通过整体辨证施治可改善造血刺激因子和造血抑制因子的失衡，减少造血祖细胞凋亡，促进早期造血细胞增殖、分化。

（2）益气滋阴，清热解毒法：中危期中大部分为难治性贫血伴原始细胞增多（RAEB）、中危-Ⅱ型患者，临床除见贫血之外，还有发热，热型起伏，甚至高热不退，伴皮肤黏膜出血，原始细胞＞5%，甚者外周血多见各型幼稚细胞，除脾肾两虚症状外，尚可见发热、鼻衄，刷牙时出血等，舌淡红，苔薄腻，脉弦。证属气阴不足，热毒内伏引动肝火，中医病机多以毒瘀为主，正气不足，气阴虚损，邪热内伏，入侵骨髓，久则耗伤人体精血津液，导致机体精亏血少，脏腑虚损；热毒之邪自骨髓向外蒸发，浸淫诸脏，往往引动肝中伏火，内犯营血，损伤络脉见出血。此期多为虚实夹杂之证，所谓"邪气盛则实，精气夺则虚"，是MDS疾病过程中的重要转机时期，其治法遵《素问·阴阳应象大论》"审其阴阳，以别柔刚……定其血气，各守其乡。血实宜决之，气虚宜掣引之"，对气血病变的论治，血行阻滞则驱邪疏导之，气虚需提携补充之，可谓补益驱邪法之准则。治拟益气滋阴、清热解毒、扶正驱邪法，以充足脏腑，平衡阴阳，方以清瘟败毒饮合八珍汤加减。药用太子参、炒白术、生白芍、生地、黄芩、黄连、茜草根、丹皮、卷柏、玄参、干茅根、炙甘草、茯苓、陈皮，加减药用水牛角、旱莲草、仙鹤草、藕节炭等。此期患者常较快向后发展，故虚证虽重，单用益气养阴往往疗效欠佳，所以不应遗漏清热解毒抗癌药物，多用青黛、蚤休、藤梨根，或加用牛黄解毒片等；出血不明显者，则可加用活血化瘀药物，如三棱、莪术、虎杖等，临床使用小剂量并无加重出血之忧。针对此期患者药用重剂，以期解毒救髓，而益气养阴的药物又能提高机体自身免疫功能，辨证施治冀以扶正固本，增强机体自身抗肿瘤活力，杀伤肿瘤细胞，并改善贫血，使疾病得到缓解，转入低危期。

（3）解毒化瘀法：高危型患者多见于复发及难治性 MDS。高危型 MDS 多有明确白血病的基本表征，此期患者在不同部位进行骨穿，或短期内再次复查骨穿，往往就符合白血病诊断标准，单纯中医药施治难以在短期内清除邪毒，缓解病情，故以中西医结合治疗为主，以期延长患者生存期。《仁斋直指方论·血营气卫论》说："盖气者，血之帅也。气行则血行，气止则血止，气温则血滑，气寒则血凝，气有一息之不运，则血有一息之不行。"气虚运行无力，气机郁滞而致血行瘀阻，而瘀血不去，新血不生，瘀毒蕴郁化火而耗水谷、伤阴津，周而复始，形成恶性循环，故疾病进展到后期以气阴亏虚日久致瘀毒内结多见，而化疗后气阴虚损症状尤为明显，多合并肝火伏热，久治不愈，气阴亏虚日久，阴损及阳，可进一步加重病情，从而导致患者迁延不愈。经长期临床观察，高危组患者除表现为正虚出血外，常伴有瘀血内阻、热毒壅盛之象，故临床施治以解毒祛瘀、阴阳双补为主，兼清肝木之火，方以膈下逐瘀汤、青蒿鳖甲汤合十全大补汤加减，药用太子参、茯苓、白术、白芍、生地、丹皮、黄柏、北沙参、麦冬、五灵脂、当归、赤芍、香附、枸杞、蒲公英、蛇舌草、虎杖根、羊蹄根、生麦芽等加减。待病情稳定，治疗可加强健脾滋肾，兼清肝泻热，药可改用生黄芪、太子参、炒白术、制半夏、当归、炒杜仲、怀牛膝、枸杞、蛇舌草、陈皮、生炙甘草、虎杖根、茜草根、羊蹄根、鸡血藤、菟丝子、生白芍、补骨脂、蒲公英、炒黄柏等加减。此期患者病情危重，虚损与邪毒并重，预后较差，中西医结合治疗，在杀灭恶性克隆，恢复正常造血功能的同时，仍不忘调护脏腑，扶养气血，清除余邪，以期巩固疗效，获得长期缓解。随症加减如下。症见发热则须区分外感、邪热内伏、骨蒸劳热的差别。外感多可加用银花、连翘、荆芥、防风、柴胡、大青叶等；邪热内伏伴白细胞增高可加用蛇舌草、白英、山豆根、大青叶等清解伏毒；骨蒸劳热则加用青蒿、地骨皮、鳖甲等。出血实证可伍用茜草根、水牛角、丹皮、凤尾草等清泻热毒、凉血止血；虚证则用龙骨、牡蛎、山萸肉、参三七等固摄止血。

### （二）典型案例

#### 1. 气阴两虚，毒瘀阻滞证

**案例1** 李某，男，68岁。

主诉与病史：主因心悸头晕，神疲倦怠，时有发热，或手足心热，于2011年7月初就诊于济南某西医医院，经外周血象、骨髓象及分子生物学检查诊断为骨髓增生异常综合征（MDS-RA）。当时血象检查示白细胞$2.6\times10^9$/L，血红蛋白50g/L，血小板$22\times10^9$/L，即给予十一酸睾酮、环孢素，并以输血支持治疗。患者服药半个月后，除出现食欲下降、恶心、牙龈肿胀等一般性不良反应外，还出现了严重的肝功能异常，血压、血糖升高，遂停药予以对症支持治疗，包括注射促红细胞生成素、输血、止血及并发症的控制措施等。经半年治疗，高血压基本控制，但外周血象难以缓解，输血频度逐渐增加（15天输血800mL），症状日趋加重而来浙江省中医院就医。

四诊摘要：心悸头晕，神疲倦怠，时有发热，或手足心热，面色萎黄、气短纳减、视物模糊、夜寐安，二便调，舌质淡红而嫩，边有裂纹，少苔，脉细弱。

化验检查：首诊时化验检查结果如下：①外周血象：白细胞$2.5\times10^9$/L，血红蛋白50g/L，血小板$47\times10^9$/L。②骨髓象报告：骨髓增生明显活跃。粒系增生旺盛，见有双核粒细胞，原始细胞4%（胞质丰富，核呈圆形，染色质较细致，可见核仁）；红系以中、晚阶段为主，散在、成簇及灶性分布，偶见双核红及花瓣；巨核细胞不少，可见单圆核及双核巨核细胞。部分区域成熟淋巴细胞易见。③免疫分型与基因检查：CD34、CD13、CD33、CD2、CD7、CD10、CD19表达值分别为26%、28%、34%、12%、25%、5.6%、3.5%；染色体46，XY，染色体核型异常。④生化检查主要指标：血清谷丙转氨酶102U/L；空腹血糖11.1mmol/L；总胆红素38μmol/L，直接胆红素12μmol/L，间接胆红素26μmol/L。

西医诊断：骨髓增生异常综合征（MDS-RA）；糖尿病；肝功能异常。

中医病名：髓毒劳。

治疗经过：首诊中医辨证属气阴（血）两虚，血瘀内阻证候，当以益气养阴，活血化瘀立法，拟四君子汤（《太平惠民和剂局方》）和益胃汤（《温病条辨》）加减。处方：人参6g，白术10g，茯苓15g，生地10g，白芍12g，玉竹20g，麦冬12g，沙参12g，甘草6g。每日1剂，水煎服，每次80mL，每日 2 次。

二诊：服上方 28 剂后，患者自觉症状好转，胃纳可，二便无殊，舌质淡红，苔薄白，脉细。复查血常规：白细胞 $3.8\times10^9$/L，血红蛋白 75g/L，血小板 $73\times10^9$/L。原方加西洋参 6g，加五味子 12g，白芍药 12g，垂盆草 10g。每日 1 剂，嘱服月余，遵医嘱。主诉的前三项症状减半；生化检查谷丙转氨酶、血糖、总胆红素、直按胆红素、间接胆红素恢复正常，守方继服 14 剂。

三诊：患者服上方 21 剂后，自觉乏力、头晕、低热症状好转，贫血貌改善，皮肤黏膜无出血点，纳可，夜寐安，但时有小便频数，伴有尿痛，大便无殊，舌脉同前。原方去五味子、白芍，加车前子 15g，木通 12g，鸡血藤 9g，服至 2012 年 6 月 28 日。期间输血频度逐渐减少，3 个月后每月 1 次输血，6 个月后已脱离输血。外周血象检查恢复正常，继服 28 剂。随访 1 年，患者病情稳定，血象控制可。

**2. 脾肾两虚，毒瘀阻滞证**

**案例 2**　钱某，男，58 岁。

主诉与病史：因面色萎黄，腰脊酸软，不思饮食，身有瘀斑和瘀点，于 2011 年 6 月 28 日就诊于南京某西医医院。查血常规：白细胞 $5.5\times10^9$/L，血红蛋白 69g/L，血小板 $23\times10^9$/L。骨髓穿刺：增生性骨髓象，造血细胞有病态造血。结合流式细胞术、染色体检查，明确诊为 MDS-RCMD。因高热、贫血，予泼尼松治疗，并输血支持，平均每周输血 400 ～ 800mL，联合十一酸睾酮、复方皂矾丸促髓造血，效果不佳，欲求助中医治疗，改善疗效。末次输血时间为 2012 年 7 月 25 日。

四诊摘要：面色萎黄，不思饮食，腰脊酸软，身有瘀斑和瘀点，时有低热，胃纳可，二便调，舌淡红，苔薄腻，脉弦。

化验检查：2012 年 7 月 30 日血常规：白细胞 $5.6\times10^9$/L，血红蛋白 68g/L，血小板 $21\times10^9$/L。

西医诊断：骨髓增生异常综合征（MDS-RCMD）。

中医诊断：虚劳。

治疗经过：首诊中医辨证属脾肾亏虚，毒瘀阻滞证，治拟健脾滋肾，化瘀止血，药用怀牛膝 20g，炒白术 20g，生白芍 15g，熟地 12g，茜草根 12g，丹皮 10g，卷柏 9g，茯苓 15g，陈皮 9g，青黛 10g，炒稻芽 12g，炙甘草 6g，每日 1 剂，水煎服，每次 80mL，每日 2 次。

二诊：服上方 28 剂后，患者酸腰膝软较前好转，食欲增加，肌肤无明显瘀斑和瘀点，伏热已退，乏力时作，感受风寒，稍有咽痛，咳嗽偶作，舌质淡红，边有齿痕，苔薄白，脉沉细。复查血常规：白细胞 $3.6\times10^9$/L，血红蛋白 90g/L，血小板 $39\times10^9$/L。原方去卷柏，减炒稻芽 6g，加防风 12g，牛蒡子 9g，前胡 6g，金银花 6g，继服 15 剂。

三诊：患者诸症明显好转，咳嗽已止，但偶有畏寒肢冷，小便清长，纳寐可，大便无殊，舌质淡红，苔薄白，脉沉细。查血常规：白细胞 $5.6\times10^9$/L，血红蛋白 101g/L，血小板 $88\times10^9$/L。原方去前胡、金银花，加山茱萸 9g，煅龙牡 15g，仙茅 15g，守方继服 28 剂。患者服药半年症情渐趋稳定，逐渐摆脱输血，2013 年 6 月份患者血象恢复至正常，目前仍门诊随访中。

**3. 邪热炽盛，毒瘀阻滞证**

**案例 3** 张某，女，55 岁。

主诉与病史：面色晦滞、乏力 3 年余，发热、口舌生疮 2 月余。患者于 2015 年因全身酸软乏力就诊于某省级医院，经骨髓穿刺确诊为 MDS-RAEB Ⅱ，曾于该省级医院应用 AraC、VP16、乌苯美司治疗，口服中药、输血支持。患者每半个月输注浓缩红细胞 2 单位。2016 年 3 月患者发热，峰值 38℃，体温波动在 37 ～ 38℃，当地医院予以激素、抗生素抗感染处理后，仍有间断发热，为求中医治疗，故就诊于我院门诊。

四诊摘要：面色晦滞，发热乏力，口舌生疮，皮下有青紫瘀斑，肌肤甲错，毛发枯萎，便秘溲赤，舌质淡紫，或有瘀点瘀斑，脉细涩。

化验检查：血常规：血红蛋白 81g/L，网织红细胞 1.5%，白细胞 $3.2\times10^9$/L，单核细胞 5%，血小板 $18\times10^9$/L。骨髓细胞学检查：增生明显活跃，红系增生活跃，原红细胞以下各期细胞均见，比值略高，形态无明显异常；粒系增生活跃，骨髓原粒占 12%，形态无明显异常；全片见巨核细胞 4 个，血小板偏少。胸部 CT：肺部感染，支气管炎。

西医诊断：骨髓增生异常综合征（MDS-RAEB Ⅱ）；肺部感染；支气管炎。

中医诊断：髓毒劳。

治疗经过：综合脉证，四诊合参，中医首诊辨证属瘀毒内蕴虚劳证，治以解毒祛瘀，阴阳双补，药用膈下逐瘀汤、青蒿鳖甲汤合十全大补汤为主方加减。组方如下：黄芪 30g，党参 30g，白术 12g，金银花 15g，香附 20g，柴胡 10g，生地 12g，玄参 12g，枸杞 10g，麦冬 10g，白花蛇舌草 30g，半枝莲 25g，小蓟 15g，当归、丹皮各 12g，甘草各 6g。每日 1 剂，水煎服，每次

80mL，每日 2 次。

二诊：患者服药期间自觉症状好转，发热与皮肤瘀斑已退，但心烦失眠，口干喜饮，舌脉同前。复查血常规：白细胞 3.6×$10^9$/L，血红蛋白 90g/L，血小板 39×$10^9$/L。前方去金银花、柴胡，减生地 9g，加芦根 12g，酸枣仁 15g，守方继服 25 剂。

三诊：乏力、心烦、口干明显减轻，仍有少许汗出，胃纳可，夜寐安，大便稀溏，舌淡红，苔薄，脉细。复查血常规：血红蛋白升至 101g/L，白细胞 3.8×$10^9$/L，血小板 80×$10^9$/L。前方去生地，加浮小麦 9g，茯苓 20g，减酸枣仁 6g、芦根 6g，继服 25 剂。诸症好转，仍续用上方，随访 1 年，患者病情稳定。

**经验体会** MDS 的中医发病机制归纳为正气不足，毒瘀蕴结，属邪实正虚、虚实夹杂之证。肾为先天之本，藏五脏六腑之精气，肾主骨而生髓，藏精而化血。脾为后天之本，气血生化之源。机体正气不足，邪毒侵袭，气虚血亏，血虚致瘀，瘀而化热，内热炽盛，毒瘀互结，因此发病。周老师认为，在疾病发展的不同阶段，正邪消长、阴阳失调各有偏重，中医通过辨证论治，审证求因，灵活把握病机转化的规律与特征，分阶段治疗 MDS，可取得理想的疗效。目前中医治疗 MDS 主要以健脾补肾、解毒活血法为核心，随症加减，使祛邪而不伤正，扶正利于祛邪，准确运用气血相关、阴阳平衡及扶正祛邪，急则治其标、缓则治其本等治法治则，使毒祛血畅，髓旺血生，气血调和，病人得以逐渐康复，日渐彰显中医药在 MDS 中的治疗效果。

（三）西医诊治现状[14]

**1. 诊断**

MDS 诊断需满足两个必要条件和一个确定标准。

（1）必要条件：①持续一系或多系血细胞减少，红细胞（HGB<110g/L）、中性粒细胞（ANC<1.5×$10^9$/L）、血小板（PLT<100×$10^9$/L）；②排除其他可以导致血细胞减少和发育异常的造血及非造血系统疾患。

（2）确定标准：①发育异常，骨髓涂片中红细胞系、粒细胞系、巨核细胞系中发育异常细胞的比例≥ 10%；②环状铁粒幼红细胞占有核红细胞比例＞ 15%；③原始细胞，骨髓涂片中达 5% ～ 19%；④ MDS 常见染色体异常。

（3）辅助标准：①流式细胞术检查结果显示骨髓细胞表型异常，提示红细胞系和（或）髓系存在单克隆细胞群；②遗传学分析提示存在明确的单克隆细胞群；③骨髓和（或）外周血中祖细胞的 CFU（± 集簇）形成显著和持久减少。当患者符合必要条件、未达确定标准（不典型的染色体异常、发育异常细胞 <10%、原始细胞比例≤ 4% 等）、存在输血依赖的大细胞性贫血等常见 MDS 临床表现、临床表现高度疑似 MDS 时，应进行 MDS 辅助诊断标准的检测。符合者基本为伴有骨髓功能衰竭的克隆性髓系疾病，此类患者诊断为高度疑似 MDS。若辅助检测未能够进行，或结果呈阴性，则对患者进行随访，或暂时归为意义未明的特发性血细胞减少症（ICUS）。部分 ICUS 可逐渐发展为典型 MDS，因此应严密监测，随访过程中如患者出现典型的细胞遗传学异常，即使仍然缺乏原始细胞增加及细胞发育异常的表现，应诊断为 MDS。

**2. MDS 的鉴别诊断**

MDS 的诊断依赖于骨髓细胞分析中所发现细胞发育异常的形态学表现、原始细胞比例升高和细胞遗传学异常。MDS 的诊断一定程度上仍然是排除性诊断，应首先排除其他可能导致反应性血细胞减少或细胞发育异常的因素或疾病如①维生素 $B_{12}$ 和叶酸缺乏；②接受细胞毒性药物、细胞因子治疗或接触有血液毒性的化学制品或生物制剂等；③慢性病性贫血（感染、非感染性炎症或肿瘤）、慢性肝病、HIV 感染；④自身免疫性血细胞减少、甲状腺功能减退或其他甲状腺疾病；⑤重金属中毒、过度饮酒；⑥其他可累及造血干细胞的疾病，如再生障碍性贫血、原发性骨髓纤维化（尤其需要与伴有纤维化的 MDS 相鉴别）、大颗粒淋巴细胞白血病（LGL）、阵发性睡眠性血红蛋白尿症（PNH）、急性白血病（尤其是伴有血细胞发育异常的形态学特点的患者或急性髓系白血病）及其他先天性或遗传性血液病（如先天性红细胞生成异常性贫血、遗传性铁粒幼细胞性贫血、先天性角化不良、范可尼贫血、先天性中性粒细胞减少症和先天性纯红细胞再生障碍性贫血等）。

**3. MDS 分型**

目前，WHO2008 分型已被广泛接受，MDS 患者均应按照 WHO2008 分型方案进行诊断分类。与 FAB 分型相比，主要包括以下变化：①将诊断 AML 的骨髓原始细胞比例阈值由 30% 降至 20%，将 RAEB-t 亚型并入 AML；②增加了难治性血细胞减少伴单系发育异常的亚型（RCUD）；③将 CMML 划分入 1 个新的髓系肿瘤类别 MDS/ 骨髓增殖性肿瘤（MPN）；④增加 1 个以 5q- 为分类特征的亚类：伴有单纯 5q- 的 MDS；⑤将伴有多系发育

异常的环形铁粒幼细胞（RCMD-RS）归人 RCMD；⑥根据外周血和骨髓的原始细胞比例将 RAEB 分为 RAEB-1 和 RAEB-2。

**4. 预后**

（1）国际预后评分系统（IPSS）：IPSS 基于 FAB 分型，可评估患者的自然病程。危险度的分级根据以下 3 个因素确定：原始细胞百分比、血细胞减少的程度和骨髓的细胞遗传学特征。

（2）修订的 IPSS（IPSS-R）：2012 年，MDS 预后国际工作组对 IPSS 预后评分系统进行了修订，对染色体核型、骨髓原始细胞数和血细胞减少程度进行了细化分组积分。该预后评分系统，核型分析结果是 IPSS-R 分类最重要的参数。

（3）基于 WHO 分类的预后评分系统（WPSS）：2011 年修订的 WPSS 预后评分系统将评分依据中的红细胞输注依赖改为血红蛋白水平。WPSS 作为一个时间连续性的评价系统，可在患者病程中的任何阶段对预后进行评估。

**5. 治疗**

MDS 患者自然病程和预后的差异性很大，治疗宜个体化。MDS 患者可按预后分组系统分为两组：相对低危组（IPSS- 低危组、中危 -1 组，IPSS-R- 极低危组、低危组和中危组，WPSS- 极低危组、低危组和中危组）和相对高危组（IPSS- 中危 -2 组、高危组，IPSS-R- 中危组、高危组和极高危组，WPSS- 高危组和极高危组）。IPSS-R- 中危组患者根据其他预后因素如发病年龄、体能状况、血清铁蛋白水平和 LDH 水平决定采取相对低危组或相对高危组方案，且对低危方案疗效不佳者亦可采用高危组治疗方案。低危组 MDS 患者的治疗目标是改善造血、提高生活质量，高危组 MDS 治疗目标是延缓疾病进展、延长生存期和治愈。

（1）支持治疗：支持治疗最主要目标为提升患者生活质量。包括输血、EPO、G-CSF 或 GM-CSF 和祛铁治疗。

（2）免疫调节治疗：常用的免疫调节药物包括沙利度胺和来那度胺等。部分患者接受沙利度胺治疗后可改善红系造血，减轻或脱离输血依赖，然而患者常难以耐受长期应用沙利度胺治疗后出现的神经毒性等不良反应。对于伴有 5q− 的 IPSS- 低危或中危 1 组 MDS 患者，如存在输血依赖性贫血、且对细胞因子治疗效果不佳，可应用来那度胺治疗，部分患者可减轻或脱离输血依赖，并获得细胞遗传学缓解，生存期延长。来那度胺的常用剂量为 10mg/d×21d，28d 为 1 个疗程。伴有 5q− 的 MDS 患者，如出现下列情况不建议应用来那度胺：骨髓原始细胞比例＞ 5%；复杂染色体异常；IPSS- 中危 2 或高危组；检出 p53 基因突变。

（3）去甲基化药物：常用的去甲基化药物包括 5- 阿扎 -2- 脱氧胞苷（decitabine，地西他滨）和 5- 阿扎胞苷（azacitidine，AZA）。去甲基化药物可应用于相对高危组 MDS 患者，与支持治疗组相比，去甲基化药物治疗组可降低患者向 AML 进展的风险、改善生存。相对低危组 MDS 患者如出现严重血细胞减少和（或）输血依赖，也可应用去甲基化药物治疗，以改善血细胞减少、减轻或脱离输血依赖。接受 AZA 治疗的 MDS 患者，首次获得治疗反应的中位时间为 3 个疗程，约 90% 治疗有效的患者在 6 个疗程内获得治疗反应。

（4）化疗：相对高危组尤其是原始细胞比例增高的患者预后较差，化疗是其治疗方式之一，但标准 AML 诱导方案完全缓解率低、缓解时间短，且高龄患者常难以耐受，小剂量阿糖胞苷的缓解率亦仅有 30% 左右。预激方案为小剂量阿糖胞苷（$10mg/m^2$，每 12 小时 1 次，皮下注射 ×14d）基础上加用 G-CSF，并联合阿克拉霉素或高三尖杉酯碱或去甲氧柔红霉素。预激方案在国内广泛应用于相对高危组 MDS 患者，治疗相对高危组 MDS 患者的完全缓解率可达 40% ～ 60%，且老年或身体机能较差的患者对预激方案的耐受性优于常规 AML 化疗方案。

（5）Allo-HSCT：Allo-HSCT 是目前唯一能根治 MDS 的方法。适应证：①年龄 <65 岁、相对高危组 MDS 患者；②年龄 <65 岁、伴有严重血细胞减少、经其他治疗无效的中低危患者。拟行 Allo-HSCT 的患者，如髓原始细胞≥ 5%，在等待移植的过程中可应用化疗或联合去甲基化药物桥接 Allo-HSCT，但不应该耽误移植的进行。

（魏　岳）

第五章

# 学术成就

## 第一节　未病先防为上工

《素问·四气调神大论》最早提出了“治未病”。经曰：“是故圣人不治已病治未病，不治已乱治未乱，此之谓也。夫病已成而后药之，乱已成而后治之，譬犹渴而穿井，斗而铸锥，不亦晚乎。”何谓“治未病”，涵义有三，即未病先防，欲病早治，既病防变。但凡当前没有明显某种疾病，或某种疾病尚未出现可能发生的传变、发展之前，都可谓未病。

周郁鸿教授从医40余载，立志于中西医结合治疗血液系统疾病的研究，中西医融会贯通，深谙中医“治未病”三大精髓（未病先防、既病防变、愈后防复）。在临床工作中逐渐将“上工不治已病治未病”的思想应用于治疗多种血液系统疾病中，逐渐形成了独特的中医治疗血液病中未病先防的学术思想。其学术思想主要表现为以下几方面。

### 一、注重脾胃及外感——“未病先防”

《难经·六十一难》：“望而知之谓之神，闻而知之谓之圣，问而知之谓之工，切而知之谓之巧。”《素问·阴阳应象大论》：“善诊者，察色按脉，先别阴阳；审清浊，而知部分；视喘息，听音声，而知所苦；观权衡规矩，而知病所主。按尺寸，观浮沉滑涩，而知病所生。以治无过，以诊则不失矣。”《灵枢·邪气脏腑病形》：“见其色，知其病，命曰明；按其脉，知其病，命曰神；问其病，知其处，命曰工……故知一则为工，知二则为神，知三则神且明矣。”四诊功夫过硬，“能合色脉，可以万全”。周郁鸿教授在治疗血液系统疾病的临床实践中，逐步认识到重视顾护脾胃之气，在很大程度上可起到“未病先防”的功效。祖国医学认为，脾胃乃后天之本，气血之源泉，水谷皆入于胃，五脏六腑皆禀气于胃。汤药皆从口入，经胃腐熟，经脾运化，方能达病所，起药效。若脾胃不顾，犹如釜底抽薪，实非明智之举。脾胃一伤，诸药哑然。故周教授在治疗多种血液系统疾病中，每剂汤药必添醒脾和胃之二三味，恐防脾胃之伤。临床上若见神疲乏力伴胃纳欠佳患者，脾虚论治毋庸置疑，“中央生湿，湿生土”，脾虚生内湿，根据伴或不伴湿困症状，选择香砂六君子汤或参苓白术散加减，此为脾虚为本之辨证。若为他证，亦防药物对脾胃之伤，故时时顾护胃气，免攻伐太过、滋腻壅滞，宜益气健脾，行气和胃，在主方上加用白术、茯苓、山药、薏苡仁等健脾之药，亦添枳壳、陈皮、砂仁、木香等行气之剂。药味宜少不宜多，以防本末倒置，影响疗效。

此外周教授在“未病先防”治疗血液病的学术理念中也非常重视外感的参与因素及情志的自我调摄。周教授再三强调注意自我调摄，患者避风寒、慎起居，谨防外感的重要作用。否则易使之前治疗前功尽弃，故其在汤药中多在原方基础上加用玉屏风散之黄芪、白术、防风，并贯穿始终，达到抵御外邪之效；如若原方煎剂不宜融合玉屏风散，则改用中成药坚持口服，调节免疫，减少感染机会。此外周教授也非常重视疾病先兆，倘若患者主诉稍有咽痛或咳嗽，则需调整方剂，加重祛风散寒、清热利咽、降气止咳、清热解毒等对症中药，如荆芥、防风、桔梗、牛蒡子、前胡、紫苏梗、金银花、大叶等药，药味可达 4 ～ 6 味，若症状稍重，甚至直接过渡为解表剂，力求祛风之力直达病所。此实乃既病防变之应用。

重视预防西药治疗疾病过程中可能的毒副作用也是周教授“未病先防”思想在血液系统疾病治疗中应用的重要一部分。西医对多种血液系统疾病如免疫性血小板减少症、自身免疫性溶血性贫血、淋巴瘤、急性淋巴细胞白血病、骨髓移植术后抗排异等的治疗都会用到糖皮质激素这一类药物。但我们知道糖皮质激素在中医理念中乃纯阳之剂，起类于“壮火”之效，起初易出现两颧潮红、身热难忍、胃热嘈杂、夜寐不安等壮热之象，继而易演变成阴虚阳亢、阴虚火旺之证，从而出现一系列毒副作用。周教授非常重视激素运用过程中的中药辅助作用，从而达到“解热毒之渐，平内外之火”之功效。在减少不良反应及加快减量过程中皆可通过提前调整中药以平和激素的热毒作用。如在初诊 ITP 患者首次运用激素足量疗法时，同时予中药，评估患者本身症候，在原方清热凉血或补脾摄血或养阴泻火的基础上酌加清热泻火之剂以制外入之“壮火”，减少“食气”之变，亦是“未病先防”之用。随着激素的减量，患者证型多发生变化，胃内嘈杂、亢奋不寐等热火之象渐渐退去，两颧潮红、手足心热等阴虚之本渐渐展露，遵循“壮水之主，以制阳光”的原则，周教授根据激素减量快慢及多少评估养阴泻火之药的取舍，力求激素与中药同时摄入后能保持整体“阴平阳秘”之态。当激素减至小剂量时，基本恢复原方。

## 二、防治并重，务求其本——“欲病早治”

现代人的生活节奏越来越快，生活压力越来越大，对健康的关注日益增加。周郁鸿教授指出，定期体检，根据出现异常的理化检查结果，从专科病种中做相关进一步追查，避免忽视病理潜证，做到早防早治。已发现了潜病态，欲病态者，要进一步结合其体质情况、既往病史、家族史、有否某种家族遗传倾向、居住地域环境、饮食习惯、风俗水土等因素，综合考虑，做出判断。病既成，轻浅者正气胜邪，可自愈。但大部分若不及时正确治疗，便由表及里，由浅至深，由简单延至多种合并症，病情加重复杂。如《素问·脉要精微论》所说：“病复何谓？岐伯曰：风成为寒热；瘅成为消中；厥成为巅疾……病之变化不可胜数。”提出“上工刺其未生者也，其次，刺其盛者也”。因此，精心诊察，把握病机，确定病位，预测病势，早期施治，截断传变加重。在张仲景《伤寒论》中，十分重视既病防变，截邪扶正，强调诊断治疗的预见性。如《伤寒论》第 4 条，“伤寒一日，太阳受之，脉若静者，为不传；颇欲吐，若躁烦，脉数急者，为传也”，据脉数急、欲吐、躁烦，可测知将传入里。又如第 185 条，“本太阳初得病时，发其汗，汗先出不彻，因转属阳明也。伤寒发热无汗，呕不能食，而反汗出濈濈然者，是转属阳明也”，仅汗出不彻，及燥热汗出，转属阳明。进而辨别属阳明经证还是阳明腑证，分别果断用药。第 253 条，“阳明病，发热汗出者，急下之，宜大承气汤”，证属里热蒸腾，迫津外泄，故当机立断，急下存阴，以免津竭阴亡之虑。第 65 条，发汗后，其人脐下悸者，欲作奔豚，茯苓桂枝甘草大枣汤主之”。欲作奔豚，及早用药，先安将受累之脏，防水寒之气上冲。在《伤寒论》中，“观其脉证，知犯何逆，随证治之”，示人要综观全局，及早诊疗。

血液的化生同脾、肾二脏密切相关，血液病治疗的各个阶段都可以见到脾、肾功能失调，临证时需要特别注意顾护。就脾而言，脾为后天之本，气血生化之源，脾胃的运化受纳，升清降浊，将摄入的饮食化为人体所需的精微物质，以滋养人体，维持人体正常的生命活动。正如李中梓说：“谷入于胃，洒陈于六腑而气至，和调于五脏而血生，而人资之以为生也……”血液系统疾病病程一般较长，病人在发病过程中往往存在脾虚现象。另外，此类病人用药复杂，往往需要中西药并举。部分攻伐类中药及化疗类西药特别容易损伤脾胃，可导致气血化生障碍，造血功能也就难以恢复，如《脾胃论》中说“脾胃虚弱，乃血所生病”。所谓“胃气一绝，百药难施”，周郁鸿教授在临床上治疗血液病时刻不忘顾护脾胃，强调“但存一分胃气，便得一分生机”。另外，顾护脾胃也体现了“欲病早治”的防病治病观念。《黄帝内经》云“四季脾旺不受邪”，《金匮要略》说“见肝之病，知肝传脾，当先实脾”，就是这一观念的具体呈现。周郁鸿教授处方用药时，往往避免妄施攻伐及滋补之剂，常在辨证论治的基础上加用炒麦芽、炒谷芽、焦山楂及鸡内金等中药以时时顾护脾胃，以免影响到后天气血生化之本。以血液病化疗病人为例，在化疗过程中，患者特别容易出现恶心、呕吐、腹泻及食欲不振等脾胃不适症状。周郁鸿教授指出，在辨证的基础上，合理使用中药，能有效地改善症状，使化疗得以顺利地进行下去。比如，遇见心下痞、便稀、恶心等寒热错杂见症，周郁鸿教授仿用泻心汤方义加减治疗，临床常常收获良效；若病人出现湿邪阻滞中焦、胃纳少、恶心、舌苔厚腻等证候，用三仁汤化裁往往收效；如出现胃阴虚证候，则以麦门冬汤化裁。

就肾而言，肾为先天之本，藏精，纳气，内蕴真阴真阳。《灵枢·决气》说：“两神相搏，合而成形，常先身生，是谓精。”《灵枢·经脉》亦述：“人始生，先成精，精成而脑髓生……”周郁鸿教授认为，大多数血液系统疾病后期可见骨髓受损，髓不生血，肾的功能失常与血液病息息相关。以慢性再障为例，该病由多种原因引起，临床上可见血三系细胞减少、贫血、出血、感染等，现代研究也证实此类病人的骨髓造血干细胞及造血微环境都有损伤，同时合并有机体免疫机制异常，从而导致骨髓造血功能的衰竭。对应于中医，此病属于“虚劳”“髓劳”范畴，早期治疗时医家往往从脾胃入手，脾为后天之本，气血生化之源，以健脾补气补血方法治疗，但疗效并不确切；后认识到肾生髓，肾的功能受损在发病中起到至关重要的作用，从补肾入手，分为肾阴虚、肾阳虚、肾阴阳两虚等证型，以益肾填精的方法进行治疗，疗效较前得到了极大提高。肾阴虚者，周郁鸿教授习惯选用制黄精、制首乌、女贞子、旱莲草、熟地黄等；肾阳虚者，周郁鸿教授习惯用山茱萸、仙灵脾、肉桂、附子、菟丝子等；贫血特别严重时还酌加血肉有情之品，如紫河车、阿胶及鹿角胶等。她强调，临证时还应注意阴阳互补，“阴中求阳，阳中求阴”，以增加治疗效果。

周教授指出，治疗血液病还应注意近期疗效与远期调摄的结合。血液病治疗初期，病人和医生的首要目标是希望能够看到近期疗效，唯此才能获得治疗信心，故此时治疗基本以祛邪为主。不可否认西医在这一阶段优势明显，但辨证得当，中医药辅助也能起到很好的增效作用。西医治疗手段可以使病人症状很快得到改善，但其毒副作用明显，对部分病人造血功能、消化道功能、免疫功能甚至心脏功能带来很大的损伤。患者病邪尚未祛除，而正气已经受损，辨证属正气不足、余邪未清的正虚邪留状态。若这种情况得不到改善，则病情有可能反复。此时用中医药进行远期调摄的作用就得以凸显。应用中医药，对机体的阴阳气血脏腑平衡进行及时调整，是阻止疾病反复的有效途径。大量的临床实践也已充分证明，周郁鸿教授强调血液病根深蒂固，应防治并重，立法务求其本，一方既定，应坚持长期服药，方可取效。对于长期服药的病人，她认为治疗方针应有所变化，药味要精，药量不宜过大，要有整体观念，不能头痛医头，脚痛医脚。对于这类病人，她强调，既要做到效不更方，又要做到效到更方，应根据患者病情的不同、证候的改变而进行微调，不能不管不顾一条道走下去。

## 三、辨体质结合辨证——“既病防变”

《金匮要略·脏腑经络先后病脉证》，对已病防变，明确指出：“问曰：上工治未病，何也？师曰：夫治未病者，见肝之病，知肝传脾，当先实脾。四季脾旺不受邪，即勿补之，中工不晓相传，见肝之病，不解实脾，惟治肝也。”仲景示人要从人体内部脏腑相关的整体观念出发，指出已病防传的关键，在于掌握疾病的脏腑传变规律及虚实异治的法则。清代叶天士在《温热论》中，既强调温病治疗分卫气营血的阶段性和层次性，也重视对险恶之证强调客邪早逐。如邪入营，斑疹隐隐时，要“急急透斑为要”，见舌干而黑，要“急泻南补北”。验齿，见上半截润，下半截燥，须“急急清心救水”等。在治疗上，提出“如甘寒之中加入咸寒，务使先安未受邪之地，恐其陷入易易耳”。预见性地先发制证，先证而治，可阻断疾病发展，早期恢复。

《素问·刺热》中指出：“肝热病者左颊先赤，心热病者额先赤，脾热病者鼻先赤，肺热病者右颊先赤，肾热病者颐先赤。病虽未发，见赤色者刺之，名曰治未病。”面部色诊，先兆微显，非一般医生能识别，或虽见赤色，却不知所以。《史记·扁鹊仓公列传》有段记载：“扁鹊过齐，齐桓侯客之。

入朝见，曰：‘君有疾在腠理，不治将深。’桓侯曰：‘寡人无疾。’扁鹊出，桓侯谓左右曰：‘医之好利也，欲以不疾者为功。’后五日，扁鹊复见，曰：‘君有疾在血脉，不治恐深。’桓侯曰：‘寡人无疾。’扁鹊出，桓侯不悦。后五日，扁鹊复见，曰：‘君有疾在肠胃间，不治将深。’桓侯不应，扁鹊出，桓侯不悦。后五日，扁鹊复见，望见桓侯而退走。桓侯使人问其故。扁鹊曰：‘疾之居腠理也，汤熨之所及也；在血脉，针石之所及也；其在胃肠，酒醪之所及也；其在骨髓，虽司命无奈之何！今在骨髓，臣是以无请也。’后五日，桓侯体病，使人召扁鹊，扁鹊已逃去。桓侯遂死。”这记载足见扁鹊察色见微知著，洞察疾病发展的高超技术。扁鹊指出：“使圣人预知微，能使良医得蚤从事，则疾可已，身可活也。人之所病，病疾多；而医之所病，病道少。”扁鹊名闻天下，但有一天，魏文王问他说，你家兄弟三人擅长医术，到底谁最高明？扁鹊答道，我大哥医术最高，二哥次之，我最差。魏文王听后很惊讶，以为是扁鹊自谦之词，便接着问，那为什么你名闻天下，而你两个哥哥却默默无闻呢？扁鹊回话，因为我大哥治病能防患于未然，大家并不知道，病未发作便被消除了隐患，所以他没有名气。二哥治病，治在病情初起，药到病除，大家以为他只治轻微小病，但并不知道这个病会发展成为要命的大病，所以二哥名气也不大。其实我治病技术最差，因为我在病人生命垂危时才出手，一般人认为我能起死回生，故名传天下。这故事很能说明“治未病”的重要性。《针灸甲乙经·序》所载，张仲景见侍中王仲宣时，说他已患病，40岁眉毛将脱落，嘱服汤可免除。但王仲宣不从，40岁果然脱眉，继则死去。以上这些见微知著的高超诊技，在古代医家中有很多记载，使有“征”之欲病得到早防早治，既病者防变早日康复，才能更好地发挥中医药的特色优势。

周郁鸿教授指出，在血液病治疗中，“祛邪”与“扶正”是中医治疗血液病的基本法则。一定要把“祛邪”与“扶正”辨证地结合起来，单纯“祛邪”或单纯“扶正”都是不可取的，要根据患者的具体情况，斟酌“祛邪”“扶正”主次先后，方能够在临床获得好的疗效。周郁鸿教授在治疗过程中，经常会对邪气及病人正气力量对比进行评估，以确定治疗原则，或“祛邪”为主，或“扶正”为主，或两者并举。比如，白血病急性发作，临证时以“邪实”为主要矛盾，以壮热和出血为主要症状，两者都可导致疾病急速恶化，甚至危及患者生命，此时“祛邪”可有效地控制壮热和出血而成为治疗成败的关键因素。再如，白血病缓解期，往往出现脾肾亏虚证候，治疗的重点在于补益脾肾，只有脾肾旺盛，方可气血充足，防止疾病反复，此时“扶正”

则成为治疗的关键。当然，“祛邪”与“扶正”两者不是对立的，是互相依存、密切相关的，“邪去”方可“正安”。“祛邪”的过程也是机体恢复正常功能的过程，从这一点看，“祛邪”未尝没有“扶正”的意义在里面。这深刻地体现了中医治疗过程中对立统一的哲学理念。“祛邪”与“扶正”应按照患者的不同情况区别对待。她打比方说，“邪气”如毒草，“正气”如禾苗，“邪气”与“正气”的关系就像土地上的毒草与禾苗，毒草生长迅速，就会夺取土壤中的营养，致使禾苗缺乏充足营养，而要想有好的收成，就必须抑制毒草生长，培育好禾苗。在血液病的早期，正气未衰，治则应重在“祛邪”除毒草，同时注意顾护正气；在疾病的发展过程中，若患者邪气未除，但正气受损，则在“祛邪”除毒草的同时兼以“扶正”养禾苗；在病的晚期，正气虚弱，已不能耐受攻伐，则应该以“扶正”养禾苗为主，必须处理好两者的关系，才能带病生存或无病生存。比如，她在治疗骨髓增生异常综合征的病人时，在“扶正”治疗的同时，不忘加入“祛邪”药物以祛毒救髓，以防止疾病向白血病方向进展。在临床中常用清热解毒、活血化瘀、化痰利湿及软坚散结等祛邪方法，以提高临床疗效。

化疗是恶性血液病治疗中最常用的方法之一。目前临床上除了靶向治疗药物外，大部分化疗药物在杀灭肿瘤细胞的同时不可避免地损伤机体正常细胞，特别是新陈代谢旺盛的细胞更容易受损，通俗一点说，就是杀敌一千，自损八百，有点分不清楚“敌我”。化疗可引起全身各个系统损伤症状，如恶心呕吐、腹泻等消化道反应，全血细胞下降等骨髓抑制现象，心肝肾毒性及脱发等，其中以脱发、消化道症状及骨髓抑制最为常见，临床表现为低热、乏力、倦怠、纳差、失眠多梦及大小便失调等症状。周郁鸿教授长期的临床实践证明，化疗时配合中医药能够做到减毒增效，与单纯西药化疗相比，可以提高机体的免疫功能，保护骨髓造血，改善胃肠道症状，使化疗得以顺利进行，充分体现了中医药配合化疗治疗恶性血液病的优势，体现了周郁鸿教授既病防变的治疗观。比如，周郁鸿教授根据其临证体会，将急性白血病分为化疗前期、化疗期和化疗后期三个阶段，采用中药联合化疗治疗，取得了较好的临床效果。化疗前期患者发热、出血等邪实情况比较明显，肿瘤细胞增殖旺盛，同时由于骨髓正常的造血功能受抑制，患者往往还夹杂有正虚征象，可见发热、皮肤瘀点瘀斑、衄血、骨痛，特别有胸骨疼痛、肝脾淋巴结肿大、倦怠、舌质红、舌苔黄燥、脉象滑数等，辨证大多属毒热内蕴，迫血妄行，治疗选择清热解毒、凉血止血法，方剂选用犀角地黄汤合并清热解毒药为主治疗，常用的药物有水牛角、牡丹皮、生地、玄参、土大黄、七叶一枝花、三叶青、半枝莲及半边莲等。化疗期间，患者常出现胃肠道反应，心脏、肝、肾和神经系统等毒性症状，临床多见胃脘部不适、恶心呕吐、大便溏泄、乏力、舌质淡、舌苔白滑、脉象濡细等，临床辨证多属脾虚夹湿，以健脾益气化湿为主，方剂选用香砂六君子汤加减治疗，常用的药物有白术、茯苓、薏苡仁、陈皮、砂仁、白豆蔻、木香、蚕沙等。在病人耐受的情况下，有时她会加少量白花蛇舌草、半边莲等清热解毒药，以增强抗肿瘤细胞作用，但她强调此时杀灭肿瘤细胞还是以西药为主，不宜选用强效的抗肿瘤中药，以免戕害人体正气，反而导致疾病加重。化疗后期，往往出现骨髓抑制，在此期间患者往往出现骨髓损伤、气血虚弱及脾肾功能失调情况，临床以倦怠乏力、少气懒言、食欲不振、面白少华、舌质淡红、苔白、脉沉细无力为主要特征，临床辨证多属气血不足，脾肾两虚，治疗以补养气血、健脾补肾为主，方剂选用八珍汤等加减，常用药物有黄芪、当归、白芍、阿胶、党参、白术、制黄精、制首乌等。针对红细胞下降、白细胞下降、血小板下降、免疫功能下降及胃肠功能不适，在辨证论治的基础上她习惯用下述药物以增加疗效。红细胞下降，加生黄芪、当归、熟地、党参、阿胶、龟板胶、鹿角胶等；白细胞下降，加生黄芪、太子参、女贞子、枸杞子、菟丝子、鸡血藤、当归、仙灵脾、补骨脂等；血小板下降，加生黄芪、鸡血藤、女贞子、旱莲草、山萸肉、生地、鳖甲胶、龟板胶、茜草、紫草及仙鹤草等；免疫功能下降，加生黄芪、人参、白术、防风、制黄精、菟丝子及补骨脂等；胃肠功能失调，加陈皮、制半夏、炒白术、茯苓、砂仁、白豆蔻、鸡内金、炒麦芽及炒谷芽等。

《伤寒论·自序》曰："余每览越人入虢之诊，望齐侯之色，未尝不慨然叹其才秀也。"张仲景对秦越人（扁鹊）治未病，活人之精妙医术谓然叹服。周郁鸿教授指出，"未病"症状，事实上大多已有所显露，只不过尚轻浅，或隐匿。能否为医者所诊察，取决于医者的理论学识、临床经验、专科专病的造诣，能结合理化检查结果，运用切合临床的思维推理，独具慧眼，做出判断，才能真正做到"治未病"。

周教授通过对体质学说深入探析及结合多年临证经验，认识到辨体质结合辨证在中医药治疗血液系统疾病中对于防治疾病演变也具有非常重要的价值，并在临床实践的积累中逐渐形成辨体质结合辨证从而达到"既病防变"的学术思想。张介宾曾在《类经》曰："病之先受者为本，病之后受者为标。生于本者，言受病之原根。生于标者，言目前之多变也。"就是说体质是素体相对稳定的特殊状态，而证是疾病发展过程中某一阶段病理本质的概括。周老师认为“质”为“先受者”，“证”为“后受者”，“证”之于“质”，相当于“标”之于“本”。《黄帝内经》最早论及人的体质，分别论及“火形之人”“土形之人”“金形之人”“水形之人”，也说明了不同体质的肤色、形体、心理特征，以及对疾病的易感及反应的规律。《伤寒杂病论》中关于“喘家”“呕家”“汗家”“酒家”等及“强人”“盛人”“羸人”“尊荣人”等都也是对体质的阐述，并且根据不同体质特征提出患病倾向及用药的宜忌。

在治疗慢性再障中，周教授很好地将这一学术思想进行了阐释。慢性再障通过中医辨证施治从改善不适症状来看，近期疗效尚可；但慢性再障病程长，病情易反复，血象回升易出现“平台期”。因此应根据标本缓急的原则施治，当辨证与辨质在用药上相左时，“急则治其标”，当以辨证施治为主，“缓则治其本”，当以辨质施治为主。

经过多年临证观察周教授总结认为慢性再障这一疾病主要病机为肾虚为本，阳气衰，阴分陨，阴阳俱羸，痰瘀为变。其基本证型为肾阳虚、肾阴虚、肾阴阳两虚。而慢性再障多病情缠绵，骨髓空虚，脾胃虚弱，易生痰湿；肾虚气化不能，脾中水谷精微不能入心化赤为血，故气血亏；血于脉内运行不畅，则血瘀；脾虚不摄血，出现离经之血亦为血瘀。因此，部分患者较易出现痰瘀的病理改变。针对痰瘀互结之变证，周教授主张化痰健脾药与活血祛瘀药同用。

慢性再障形成体质差异，内外因均有，主要以微缓的内因为主，其特征表现在性别、年龄、形体特征、心理特征、饮食偏嗜、发病倾向、对环境的适应等方面。周教授认为本病体质多为气虚质、阳虚质、阴虚质、痰湿质、血瘀质。气虚质多易脾气虚损，运化失常，气血亏虚；气不摄血，则脾不统血。气虚质较易出现齿衄、鼻衄、肌衄、咯血、血淋、便血等，虽暂无出血，周教授亦常于补肾基础上加入黄芪、党参、白术、茯苓、龙眼肉等取归脾汤意以健脾统血；气虚质患者亦多见卫表不固，易患感冒，临证在补肾同时，固护卫表以为常，常合用玉屏风散、黄芪桂枝五物汤等，旨在纠其气虚质，防治外感导致的伤精劳髓而影响骨髓造血，强调“既病防变”的思想。阳虚质患者多肌肉松软不结实、平素畏寒、手足不温、喜热饮、性格多沉静内向、发病易从寒化、耐夏不耐冬。根据其肾阳虚体质不易化热的特点，加茯苓、桂枝、白术、干姜等纠正体质偏差；如兼脾阳虚出血者加灶心土、炮附子、白术以温阳健脾止血。长期使用环孢素或糖皮质激素患者常免疫力低下，肺感染予抗生素和化痰药治疗后，仍咳嗽、咯痰反复或迁延不愈者，除辨证施治外，阳虚质后期调护必加蛤蚧温肾纳气以纠体质，尤宜呼吸浅快者。阴虚质患者多形体偏瘦、肌肉坚紧、手足心热、性情急躁、外向好动、活泼、嗜辛辣、发病易从热化、耐冬不耐夏。阴虚质慢性再障患者虽初发时可为肾阳虚证，却易进展为肾阴虚或肾阴阳两虚证，此类患者肾阴虚证多见，“阳虚易治，阴虚难调”。周教授在疗效平台期时，在补肾基础上合用生脉饮以纠阴虚体质。阴虚质外感后，易入里化热，易伤津，常加入金银花、连翘、水牛角、紫草等清热解毒以升血小板，阴虚质患者血小板上升较难，周教授尤其中意紫草，常用量为30g左右。痰湿质患者多形体肥胖，腹部肥满松软，面部皮肤油脂较多或易出汗、喜食肥甘甜腻、性格偏温和、稳重、多善于忍耐，对梅雨季节及湿重环境较难适应；如合并湿热则多面垢油光而易生痤疮，男性易阴囊潮湿，女性易带下增多，夏末秋初气候及湿热较湿重或气温偏高环境难适应。对于痰湿质，常补肾同时不忘合用自拟调胃方（柴胡、升麻、党参、茯苓、阳春砂、玉竹、麦冬、乌元参、绿梅花、枳实等）加减，健脾益胃，行气升阳，助脾胃健运，以阻断生痰之源，纠正痰湿体质。湿热者常于黄连、黄柏中稍佐干姜、半夏，取半夏泻心汤意调理湿热体质，防单用黄连、黄柏伤脾肾之阳而影响骨髓造血。慢性再障患者临床多以中药联合雄激素治疗，常出现女性男性化、闭经、多毛、痤疮等，影响患者身心健康，周教授注重对患者情绪疏导的同时，予柴胡、白芍、香附、玫瑰花疏肝；闭经者加益母草、泽兰、茜草等。血瘀质患者胖瘦均可、肤色晦暗、色素沉着、口唇暗淡、易烦、健忘、不耐寒。本病血瘀质患者多见于病程较长，或输血性血色病患者。血小板低下时易致皮肤黏膜出血，出现血溢脉外，离经之血即为血瘀；贫血致脉道不充，血行不畅亦为血瘀。常于左归丸或右归丸补肾基础方中酌加三七、当归、鸡血藤、丹参、牡丹皮、赤芍、红花等，避免使用破血之品以防出血。周教授多中意三七，认为三七有化瘀与止血双向调节作用，《本草纲目拾遗》云“人参补气第一，三七补血第一”，因此三七亦能补虚损；根据《神农本草经》中论述当归“主咳逆上气”，结合本病久病必瘀的特点，周老师善用当归调理血瘀质，认为尤宜血瘀质患者肺炎抗感染治疗后见“咳逆上气”者。而治疗慢性再生障碍性贫血西医长期使用环孢素导致的牙龈增生而出血者，痰阻则牙龈增生，瘀血阻络则易出血，或见痰湿质兼血瘀证者，或见血瘀质兼痰湿证，当辨体质与辨证用药相协同时，应根据具体情况确定以治痰湿为主还是治血瘀为主；并且痰瘀同治常能增效，并能防治牙龈增生之变。

周教授时刻注意“治病必求于本”，认为本病治疗整个过程中应贯彻辨证与辨体质思想，以期“既病防变”。

## 四、调情志——“愈后防复”

“调情志之常，防七情之变”在疾病的治疗中有着重要的作用。对于年轻女性或更年期女性的血液病患者，疾病对患者心理的冲击不可小觑。周教授发现在血液疾病临床治疗过程中，患者往往会缺乏耐心，略显焦虑，肝郁气滞者不在少数，故周教授总是“安慰”之余亦重视从肝论治。一旦发现患者出现唉声叹气、烦躁不安、两胁胀痛等肝气郁结之象，则在中药中运用疏肝理气之法，加柴胡、白芍、郁金、佛手等平肝之药。但部分血液疾病如免疫性血小板减少症、再障等易出现阴虚之证，对香附等过分香燥之药尚不推崇，以防劫肝阴之变。“见肝之病，知肝传脾，当先实脾”，若患者肝郁症状较明显，则加健脾之药以防木旺乘土，方以逍遥散或丹栀逍遥散加减为多。对于更年期的女性，甘麦大枣汤的运用也较普遍，患者情志大多能调节舒畅。

“是故圣人不治已病治未病，不治已乱治未乱，此之谓也。夫病已成而后药之，乱已成而后治之，譬犹渴而穿井，斗而铸锥，不亦晚乎！”

# 第二节　血液痰瘀同治观

## 一、再障“补肾”为中心兼以“痰瘀同治”学术思想

《灵枢·邪客》说：“营气者，泌其津液，注之于脉，化以为血。”这说明津液是血液的重要组成部分。津液病变，血液势必会受到影响。《素问·调经论》谓：“孙络水溢，则经有留血。”孙络是别络的分支而细小者，遍布于全身。若孙络之水外溢，则会产生局部湿滞和水肿，水阻经隧，络脉不通，故留血成瘀。《景岳全书·痰饮》认为“痰涎皆本气血，若化失其正，则脏腑病，津液败，而血气即成痰涎”，唐容川在《血证论》中也提到“血积既久亦能化为痰水”，说明血瘀阻络则可留滞为痰饮。明代《病机汇论·湿门》曰“血为湿滞”，《金匮要略》说“血不利则为水”，《张氏医通》指出“血薄血浊能致水”，故水病及血，血病及水，常相伴而行。水聚则可成痰湿病邪，加之再障病久必有瘀血于内，痰湿、瘀血往往交互为患，胶结难化，成为再障疗效不佳的原因之一。

再障按发病特点中医学将其纳入“急劳”“热劳”“髓劳”范畴，认为先天禀赋不足或劳伤体气，邪气热毒乘虚而入，中伤骨髓精气，以令精血生化乏源、髓骨亏空是总的发病机理。再障有急性再障与慢性再障之分，虽均以贫血为主，但引起急性再障的始动因素是外感毒邪，毒邪入血伤髓，致髓不生血，血不归经，故而出血；正邪相争遂发热不止。急性再障发病急、进展快，虽然发热、出血症状重，但本质仍为本虚，或由于正气亏虚，不能抵御外邪；或个体禀性不耐，为药物偏激所伤，邪毒乘虚入侵，进一步耗伤正气，影响气血的化生。慢性再障病程较长，以血虚为主，病久必虚，虚久及肾。因肾藏精生髓，“精血同源”，故肾虚是慢性再障病机之本。再障病变在骨髓，属“怪病”“络病”。再障迁延不愈，元气亏虚，无力推动血行，可致血瘀；同时阴虚内热或邪热内侵，血热妄动可致出血，瘀阻于局部脉又成瘀血，髓海瘀阻则新血不生。现代医学亦证实，慢性再障患者存在骨髓微循环缺陷。津血同源，痰瘀相关，津化成痰，血滞为瘀，痰滞则血瘀，血瘀则痰凝，痰瘀胶着而致病程迁延不愈。

结合多年的临床经验，周教授认为，急性再障初期虽病情危重，尚处邪盛正不虚之阶段，以清解热毒，祛邪外出为要是明智的，而若在此基础上酌加祛痰化瘀之品，则将收获更好的治疗效果。《诸病源候论》指出“诸痰者，此由血瘀壅塞，饮水结聚而不消散，故能痰也”，进一步明确了痰与瘀的病理关系。而相应的“痰瘀同治”法则首见于朱丹溪的《丹溪心法》，认为单行瘀则痰不消，独豁痰则瘀难除，唯兼施二法方能拔毒而出，其治疗怪病、难病多宗此法。而慢性再障，久病必瘀、久病入络、久病必虚，最终可致瘀血内阻、痰湿内生，交杂为邪，若留滞于髓骨则旧血不去新血不生，痰阻髓窍更令精气不通，生血乏源，因此补肾祛瘀之法为其治疗大法不难理解。而急性再障初期急用活血化瘀、化湿祛痰之法似乎有弊于患者出血情况的改善，甚至有引起颅内出血，危及生命之隐患。然而经过多年的临床实践验证，凉血解毒酌加“痰瘀同治”法治疗急性再障初期非但没有预见的危险性，反而对于患者血象的恢复具有积极的意义。而急性再障为本虚标实，虽正气未衰，但其虚早就，无论气血阴阳孰虚，皆当致瘀。此外，急性再障患者热象显著，邪热之毒内陷营血，蒸迫阴血，熬血成瘀，或迫血妄行于脉外，留为瘀血；热灼津，津聚则为痰湿。可见，急性再障形成之时，痰瘀亦早存在，唯被邪热之象掩盖耳，临床上同样当细细体会。而至于出血复行活血、祛痰之法的顾虑，明代医家缪希雍已做了很好的阐述，其治血三法中主张“宜行血而不

宜止血”，概“行血则血循经络，不止自止。止之则自凝，血凝则发热恶食，病日痼矣”，止血则瘀滞，瘀血不去新血不生，血液不得归经而常复出，当因势而利导之。

## 二、淋巴瘤及骨髓瘤的痰瘀论治观

### （一）淋巴瘤

淋巴瘤是一种淋巴细胞（和）或组织细胞恶性增殖性疾病。根据病理组织学不同淋巴瘤可分为霍奇金淋巴瘤和非霍奇金淋巴瘤。目前临床治疗主要采取放疗、化疗和造血干细胞移植等措施。但由于放疗、化疗的毒副反应较大，配合中医药辨证施治可扶正祛邪以抗癌，增强和恢复机体免疫功能，提高抗病能力，有效地减轻放、化疗的不良反应，改善生存质量。对于观察等待期的惰性淋巴瘤，中医疗法甚至可以成为主要治疗方法。古代中医药文献对淋巴瘤症状、病机和诊断已有许多认识，如《医宗金鉴》曰：“喉瘤形如桂圆，红丝相裹或单或双生于喉旁，也有顶大蒂小者。”《外科证治全生集》曰：“阴疽之症，皮色皆同，然有肿与不肿，有痛与不痛，有坚硬难移，有柔软如绵，不可不为之辨。……不痛而坚，形大如拳者恶核失荣也。……不痛而坚如金石，形大如斗者，石疽也。”因此，根据症状表现，淋巴瘤属中医学的“恶核”“失荣”“石疽”“痰核”“瘰疬”等范畴。

淋巴瘤的形成与外邪侵袭、七情内伤、正气内虚等有关，其基本病机为脏腑功能失调、痰浊瘀血凝滞。大多数医者认为，淋巴瘤的形成以正虚为本，痰浊为标。而周教授则认为，淋巴结肿大应以痰瘀的形成为重点和根本，正所谓“无痰不成核”。淋巴瘤病变过程中出现的各种证型皆由痰气瘀结所致，一方面痰气瘀结日久可化火，形成肝火亢盛之证，火热内盛又可耗伤阴津，导致阴虚火旺之候；另一方面痰气瘀结日久也可深入血分，导致血液运行不畅而形成血瘀之候。此外，由于痰的形成与气血津液有着密切的关系，如元代王隐君曰“髓脑涕唾胰、精津气血液，同出一源，而随机感应，故凝之则为败痰”，明代张景岳曰“痰即人之津液，无非水谷之所化，此痰亦既化之物，而非不化之属也，但化得其正，则形体强，营卫充，而痰涎本皆血气；若化失其正，则脏腑病，津液败，而血气即成痰涎”，明代周子干曰“痰者，精气之变也，精并于上而为痰”，故还可出现气血亏虚之证。

周教授认为，淋巴瘤的病变部位主要在肝、脾，与心、肺、肾密切相关。

肝主藏血，主疏泄，调畅气机，若肝气郁结，则气滞不行津液而成痰；脾主运化，司津液之生成与输布，若脾虚生湿，则水谷精微不化气血津液而痰湿内生；心为君主之官，主血脉，心动则脉道通利，气血运行合宜，若心气不足，则脉道失利，气血津液运行不畅而生痰；肺主宣发肃降，为水之上源，功能通调水道，若肺遏金壅，则津液失于宣发肃降而凝聚成痰；肾主水液，乃水液代谢之原动力，肾衰水寒，津液失于蒸腾气化，致清者难升，浊者难降，水液停聚成痰，痰瘀日久而成痰核之证。五脏相息，经脉贯通，痰核之产生与五脏均有关联。淋巴瘤的病理性质多为虚实夹杂，初起以实证为主，随着病情的发展，一方面痰瘀可阻滞气血津液运行，又生痰瘀等病理产物，形成恶性循环，则可耗伤大量气血津液；另一方面痰瘀日久可化火伤津耗气，导致虚证日渐明显。

治疗方面周教授认为，痰瘀是淋巴瘤的本质，应以化痰祛瘀，软坚散结为治疗大法，在临床的工作中往往贯穿于本病治疗的始终，并在此基础上将淋巴瘤分为 5 个证型。痰湿凝滞型：痰核质软，局部不热，不伴发热，面色淡白无华，神疲乏力，舌质淡，苔薄白腻，脉细弱稍滑紧；治宜健脾理气，软坚散结，方选二陈汤加减。痰瘀互结型：痰核肿大坚硬或有结节，肝、脾肿大，纳差腹胀，恶心呕吐，胸闷气短，舌质暗或紫，有瘀斑，舌苔薄白或白腻，脉沉弦或涩；治宜活血化瘀，软坚化结，方选鳖甲煎丸加减。热毒壅盛型：痰核轻中度肿大，烦热汗出，急躁易怒，头目眩晕，口苦，咳嗽气逆，心悸喘息，胸胁疼痛，舌质红，苔薄黄，脉弦数；治宜清热解毒散结，方选清瘟败毒饮或白虎汤加减。肝肾阴虚型：痰核质地坚硬，五心烦热，咽干口燥，潮热盗汗，失眠，头晕目眩，胁痛耳鸣，腰膝酸软，遗精，舌红少津、苔薄黄，脉弦细无力；治宜滋阴降火，软坚散结，方选消瘰丸合六味地黄丸加减。气血两虚型：痰核肿大，质地坚硬，推之不移，面色无华，神疲乏力，头晕失眠，心悸胸闷，身体消瘦，食少纳呆。舌质淡，苔薄白，脉沉弦无力；治宜益气养血，软坚散结，方选八珍汤加减。

此外，周教授尤善用夏枯草、白花蛇舌草、浙贝母等消癥散结的药物。夏枯草有清热解毒、消肿散结之功效，正如《神农本草经》言“主寒热、瘰疬、鼠瘘、头疮、破癥，散瘿结气，脚肿湿痹”。白花蛇舌草具有清热解毒、利尿消肿、活血止痛等功效，药理研究证明其具有抗肿瘤、抗菌消炎、神经保护等作用；浙贝母功能清热化痰、散结消痈，《本草正》言“解热毒，杀诸虫及疗喉痹，瘰疬，乳痈发背，一切痈疡肿毒……”，尤其是与夏枯草合用则化痰消癥之力更显。这些消癥散结的药物不仅对抑制疾病本身的进展有一定的作用，还可提高免疫力、增强抗感染的能力，对于放疗、化疗过程中出现的一些副作用亦有辅助治疗作用。

### （二）多发性骨髓瘤

多发性骨髓瘤是浆细胞的恶性克隆增殖性疾病，以骨髓中浆细胞恶性克隆性增生、血清或尿液中出现异常单克隆免疫球蛋白（M蛋白）、正常免疫球蛋白受到抑制及广泛溶骨性病变，或骨质疏松为特征。本病无特异性临床表现，常见骨痛、病理性骨折、骨骼肿瘤、贫血、肾功能损害、感染发热、神经系统症状、高黏滞综合征、淀粉样变性等。

根据本病的临床表现，可归属于中医“骨痹”“骨蚀”“虚劳”等范畴。周教授认为，本病的发生不离肾，如《素问·痹论》所言：“五脏皆有合，病久而不去者，内舍于其合也，故骨痹不已，复感于邪，内舍于肾。”本病以肾虚为本，涉及心、肝、脾、肺诸脏，以毒结、痰阻、血瘀为标。本虚标实，初期以邪实为主，后期以本虚为主。肾为先天之本，元阴元阳之所系，主骨，藏精生髓，肾阳亏虚，水失气化，脾失健运，水湿内停，聚而为痰；肾脏亏虚，邪毒内侵，潜伏经络，留而不去。一方面蕴久化热，煎熬津液成痰；另一方面阻碍气机运行致瘀，毒、痰、瘀互结为病，深至骨髓，着而难除，故可见骨肿块、骨痛。肾藏精，肝藏血，精血互生，肝肾同源，肝肾亏虚，故精血亏少，骨失所养，而见乏力、腰痛、骨痛易折等症状；肾虚累及脾虚，气血生化乏源，气血亏虚，气不摄血，亦可导致乏力、头晕、心悸、出血等气虚血少证候。正气虚损，易遭外邪侵袭。《灵枢·刺节真邪》云：“虚邪之中人也，洒淅动形，起毫毛而发腠理。其入深，内搏于骨，则为骨痹……虚邪之入于身也深，寒与热相搏，久留而内着，寒胜其热，则骨疼肉枯，热胜其寒，则烂肉腐肌为脓，内伤骨，内伤骨为骨蚀。”故常见本虚标实的毒热炽盛征象。

有研究表明，本病中医证型以肾虚血瘀型最多，约占60%，且属瘀毒为患，故补肾化瘀解毒为常用治法。周教授诊疗这类患者，以地黄、山茱萸、山药滋补肾阴，丹参、赤芍、茜草等活血化瘀，金银花、土茯苓、白花蛇舌草、龙葵清热解毒、除湿散结。伴有肿块者，加清半夏、浙贝母、山慈姑化痰散结，三棱、莪术破血逐瘀。骨质破坏、关节变形者，加青风藤、海风藤、威灵仙等祛风湿、通经络、利关节。腰膝酸软者，加续断、补骨脂强筋骨。痛甚者，加延胡索行气止痛。

## 三、骨髓增殖性疾病的活血化瘀治疗

骨髓增殖性疾病属于造血干细胞增生性疾病，在骨髓细胞增生时出现系列的细胞突出现象，且持续增殖。目前，因增殖细胞系列的不同，将骨髓增殖性疾病分为慢性粒细胞白血病、真性红细胞增多症、原发性血小板增多症、骨髓纤维化等。这类疾病属于中医学“积聚”“癥瘕”“虚劳”“血瘀”等范畴，其发病与劳倦过度、情志不遂、饮食失节、外感邪毒或药物毒邪等因素有关。正如《景岳全书·积聚》曰：“积聚之病，凡饮食、血气、风寒之属，皆能致之。”上述病因导致脏腑功能失调，正气虚衰，邪毒乘机侵袭，扰乱气血，邪蕴血瘀，则发为积聚、虚劳等。

中医对该类疾病的认识与治疗有其独到之处。而周教授从医 30 余载，中医熟稔于心，临证时也每有独到的理法方药。

### （一）原发性骨髓纤维化的补肾祛瘀治疗

周教授观察到单以化瘀大法治疗原发性骨髓纤维化，仅部分患者可达到满意疗效，而化瘀补肾并施治疗难治性原发性骨髓纤维化患者疗效甚佳。我们知道原发性骨髓纤维化是一种造血干细胞克隆性增殖所致的骨髓增殖性肿瘤，表现为不同程度的血细胞减少和（或）细胞增多，外周血可出现幼红、幼粒细胞；骨髓纤维化和髓外造血，常导致肝脾肿大，此病最终将进展为骨髓衰竭或转化为急性白血病。西医学对本病迄今尚无特殊治疗方法。中医学认为正气亏虚是本病发病的内在因素，疾病的形成及演变均与正气的强弱密切相关，多认为该病属中医“积聚”范畴。正如《景岳全书·积聚》云：“凡脾肾不足及虚弱失调之人，多有积聚之病。”积聚是在正虚感邪、正邪斗争而正不胜邪的情况下，邪气踞之逐渐发展而成。积聚的发生主要关系到肝、脾两脏，气滞、血瘀、痰结是形成积聚的主要病理基础。积聚有别，《难经》曰：“病有积有聚，何以别之？然：积者，阴气也，聚者，阳气也，故阴沉而伏，阳浮而动。气之所积名曰积，气之所聚名曰聚，故积者，五脏所生，聚者，六腑所成也。”其中聚证以气机阻滞为主，推之不移者也；积证则气滞、血瘀、痰结三者均有，而以血瘀为主，推之则移者也。

周教授综合原发性骨髓纤维化患者的临床表现和当代医家的认识，并结合《素问·痿论》之“肾主身之骨髓……肾气热，则腰脊不举，骨枯而髓减，发为骨痿”的理论，认为本病病理特征为“骨枯髓虚”，应命名为“骨痿”，而“肾主骨生髓”，病变在肾，亦称“肾痿”，系痿证之一。此旨重在辨病与辨证相结合，突出了肾在原发性骨髓纤维化发病过程中的地位。本病正虚以肾虚为显，邪实以瘀血为著。通过多年的临床观察，周教授总结原发性骨髓纤维化证候多有以下规律：早期可无任何症状，后逐渐出现乏力、左上腹疼痛、盗汗、心慌、纳差、舌质暗红、苔薄白、脉沉细涩等症状，随着病情进展多出现面色苍白、气短等虚损症状及腹痛、腹部肿块、瘀斑、瘀点、舌质暗红或有斑点、苔薄白、脉沉涩等血瘀症状。疾病之初正虚多以肾阴虚为主，随着病程进展，阴损及阳，逐渐转化为肾阳虚或阴阳两虚。

在原发性骨髓纤维化的中医辨治上，周教授谨遵《素问·阴阳应象大论》之“病之始起也，可刺而已，其盛，可待衰而已”之义，对原发性骨髓纤维化分阶段、依病情治疗。其谨守病机，病之初以邪实为主，予以消散；中期邪实正虚，故消补兼用，以化瘀为消，以滋肾阴为补；后期以正虚为主，应温补肾阳辅以化瘀。由此“法随证立，方从法出”，方证统一，以求事半功倍之效。

周教授常以补肾为纲，化瘀为常。肾为先天之本，功在藏精主骨而生髓，肾虚一则精血生化无源，二则血失温煦推动而涩滞不畅，渐而瘀血内积终致腹中积块；瘀血不去，新血不生，日久则气血两虚，肾之精气失充养，又致肾亏髓枯。周教授认为肾虚、瘀血两者相互影响，主导着疾病的发生与进展，正如《灵枢·百病始生》云：“此必因虚邪之风，与其身形，两虚相得，乃客其形。”而比较两者对原发性骨髓纤维化发病的重要性，周教授认为肾虚是疾病之本，瘀血是该病之标。故临证之时，周教授提倡养正祛邪并举，即补肾化瘀共施，以期正气复、邪气除，正气存内，邪不可干。

遣方用药方面，周教授常用熟地黄、制何首乌、黄精、枸杞子滋肾阴，以淫羊藿、肉苁蓉、菟丝子、鹿角胶温肾阳。温补肾阳时常少佐滋养肾阴之品，意在阴中求阳，使“阳得阴助而生化无穷”；滋补肾阴时常辅以少量助阳之品，意在阳中求阴，使“阴得阳升而泉源不竭”。周教授考虑到原发性骨髓纤维化患者“骨枯髓虚”，生血乏源，临证之时，常用桃红四物汤加减，以期化瘀而不伤正。此方以祛瘀为核心，辅以养血、行气。方中以强劲的破血之品桃仁、红花为主，力主活血化瘀；以甘温之熟地黄、当归滋阴补肝，养血调经；芍药养血和营，以增补血之力；川芎活血行气、调畅气血，以助活血之功。全方配伍得当，使瘀血去、新血生、气机畅，化瘀生新是该方的显著特点。周教授临证处方用药时，对于肾阴虚瘀血型患者，以六味地黄丸合桃红四物汤加减，滋阴补肾化瘀；对于肾阳虚瘀血型患者，多采用右归丸合桃红四物汤化裁，以补阳益肾化瘀。在桃红四物汤的基础上配合补肾药物，则临床疗效明显提高。

此外，原发性骨髓纤维化疾病发展过程中，因白细胞、血小板低下，可出现发热、出血等变证。周教授常在有效使用抗生素及输血治疗的基础上合以中药治疗。热盛而无瘀斑、瘀点患者，病在气分，若津气未伤，采用白虎汤加减治疗，津气已伤，则选白虎加人参汤；热盛而有瘀斑、瘀点患者，病在血分，若斑点隐隐，以清营汤为主方，斑色紫黑甚或热甚动血，方选犀角地黄汤；热不盛而有瘀斑、瘀点者，其多因于阴虚火旺，治予茜根散化裁；无发热而有瘀斑、瘀点者，若为气不摄血所致，方予归脾汤加减，瘀血阻络，用桃红四物汤加减。周教授在多年的临床实践中发现，不少发热患者属气虚、阴虚发热，故治疗上不可一味给予清热、凉血之品。出血部位有牙龈、鼻腔、皮肤之分，出血病因有气不统血、瘀血阻络、热甚动血、阴虚火旺之别，周教授治疗出血变证时选药亦有所区别。

周教授还注重辨病与辨证相结合，原发性骨髓纤维化后期可出现病态造血，外周血液中幼稚细胞增多。周教授在整个疾病过程中擅用白花蛇舌草、栀子、蒲公英、黄芩等清热解毒的中药抑制骨髓纤维化，改善造血环境，促进幼稚细胞的分化成熟。

### （二）血小板增多症多因素治疗

原发性血小板增多症也是一种常见的骨髓增殖性疾病，西医主要以骨髓抑制药物控制血小板计数和抗血小板药物防止血栓形成为主，短期疗效明显，长期治疗效果不明显，副作用较大，甚至有继发白血病的可能。古代中医药文献中虽没有血小板增多症这一病名，但在《黄帝内经》中则有“血凝泣”“恶血”等描述，这与血瘀及血小板的功能相匹配。又如《诸病源候论》谓“瘀久不消，则变成积聚”；《灵枢·百病始生》云“阴络伤则血内溢，血内溢则后血”，故据原发性血小板增多症的临床表现，可将其归为“血证”“瘕瘕”等范畴。清代黄玉璐的《四圣心源》曰：“肝血陷则凝瘀……坎阳虚亏，不能生发乙目，温气衰损，故木陷而血瘀……肝血不升之原，则在于脾，脾土虚陷，生气遏抑，故肝无上达之路。”

周教授则认为原发性血小板增多症是风、寒、湿、毒相兼为患，不可独一而论。《黄帝内经》中认为血瘀的形成主要与寒邪、风邪有关。《灵枢·痈疽》云：“寒邪客于经络之中则血泣，血泣则不通。”《灵枢·九宫八风》云：“风从西北方来，名曰折风，其伤人也……脉闭则结不通，善暴死。”风为百病之长，助寒邪入于血脉，进一步加重血瘀。《素问·天元纪大论》曰：“寒暑燥湿风火，天之阴阳也。”这是自然界的正常气候，若六气太过或不及则为六淫，而如今的雾霾、辐射之类的当属火毒，外感火毒，毒邪内郁，煎灼血分，亦可引发血瘀。情志过极，内伤肝脾，情志内伤可引起血瘀，尤其是忧思郁怒对原发性血小板增多症的发生发展极其重要。如《灵枢·百病始生》云：“内伤于忧怒，则气上逆，气上逆则六输不通，温气不行，凝血蕴里而不散，津液涩渗，著而不去。”可见血瘀的形成与怒伤肝有关，肝气郁结，血热内生，脉道艰涩。思则气结，脾虚不运，致气血生化乏源，血虚不行，因虚致瘀，瘀血内阻，血行不利，血溢脉外。饮食不节，偏嗜咸味，“谷味咸，先走肾”，养肾之气，而过食咸味，则肾气乘心，心气抑郁，血脉瘀滞。《素问·五脏生成》云：“是故多食咸，则脉凝泣而变色。”另外，过食咸亦可水侮土，致使脾虚不摄血。

治疗方面，周教授认为本病为本虚标实之证，以脾虚为本，痰瘀为标也。在治疗上，周教授主要根据血瘀这一病机，以“逐瘀以和血”为基本治法，在具体治疗方法上，主张分阶段治疗，血小板计数高，痰瘀较甚时，以祛瘀邪为主，扶正气为辅，治以化痰散瘀，方用桃红四物汤加减；而血小板计数接近正常时以健脾理气为主，祛瘀邪为辅，治以健脾益气，方用四君子汤加减。具体辨治经验有以下几方面。

首先，肝脾同治，兼顾肾阳。脾胃位居中焦，为气机升降的枢纽，《血证论》曰：“脾统血，血之营运上下，全赖乎脾，脾阳虚则不能统血，脾阴虚又不能滋生血脉，血虚津少。”脾阳虚失于统摄，血溢脉外；脾失运化，气血生化乏源，水液不能四达，痰湿内生，进一步加重血瘀。可见，后天之本脾在治疗原发性血小板增多症中的重要性。肝血瘀滞责之脾肾，“以脾陷之由，全因土湿，土湿之故，全因水寒。肾寒脾湿，则中气不运，是以太阴不升”，而“肝脾不升，原因阳衰阴旺，多生下寒，而温气抑郁，火胎沦陷，往往变而为热。然热在于肝，而脾肾两家，则全是湿寒，不可专用清润”。故“血瘀之证，期下宜温而上宜清，温则木生，清则火长。若木郁而为热，乃变温而为清，而脾肾之药，则纯宜温燥，无有二法”。周教授认为补后天之本脾更易于补先天之本肾，而肝脾是正气与邪气强弱产生的基础，因此肝脾的病变也是疾病产生的根源，尤其是杂病的病因病机所在。因此，在治疗上，注重肝脾同治，同时温补肾阳。

其次，化痰祛瘀，防生他变。原发性血小板增多症多因痰瘀互结而致脉道不利，《血证论》曰："瘀血在经络脏腑之间，则结为瘕，瘕者或聚或散，气为血滞，则聚而成形，血随气散，则没而不见，方其既聚，宜以散气为解血之法。"因此，周教授在祛瘀的同时，注重气机的调节，使气血调和，从而达到更好的治疗效果。常用活血药有川芎、丹参、牡丹皮、赤芍、红花等；祛痰药有陈皮、半夏、青皮、茯苓、竹沥等。祛瘀不选破血动血之品，祛痰不取涤痰迅猛药味，力求稳步收效。

最后，饮食适宜，劳逸结合。《素问·痹论》曰："饮食自倍，肠胃乃伤。"是故张仲景在《金匮要略》中有杂疗方和禽兽鱼虫禁忌并治两篇以示后人"饮食不节多生杂病"。这正是提示饮食不节，使得人体脾运化失常，正气不足而使得杂病丛生。可见饮食适宜在治疗原发性血小板中的重要性，因此，在方剂和药物的选择上，周教授多顾护脾胃，加健脾助运之药，如豆蔻、陈皮、山药、炒麦芽等；同时嘱患者注意劳逸结合，忌辛辣肥厚滋腻之品，晚餐不要多吃，特别注意少食咸味。

## 第三节 中西合参整体治

### 一、骨髓移植中"分清体质辨阴阳"

造血干细胞移植是经大剂量放化疗及其他免疫抑制预处理，清除受体体内的肿瘤细胞、异常克隆细胞，阻断发病机制，然后把自体或异体造血干细胞移植给受体，使受体重建正常造血和免疫，而达到治疗目的的一种治疗手段。20 世纪 90 年代后造血干细胞移植迅速发展，同时移植种类也逐渐增多，提高了临床疗效。而阴阳是中医古代哲学的一对范畴，是对于自然界的事物或现象相互联系而又对立的属性的概括。阴阳的概念初成形于西周，春秋战国时期进一步发展，抽象地认识到事物的内部普遍存在着阴阳两种对立的势力，这两股势力既相互作用又相互联系。万物皆可分阴阳，阴阳是不断运动的，阴阳互藏互化，互根互用，对立制约。阴阳学说贯穿在中医学理论体系的各个方面，广泛用来说明人体的组织结构、生理功能、病理变化，并指导疾病的诊断和治疗。调整人体疾病过程中的阴阳失调，使之向恢复平衡的方面发展，达到阴平阳秘的状态，方可达到治愈疾病和缓解病情之目的。造血干细胞移植治疗疾病是一个复杂的过程，阴阳消长、互藏互化、互根互用、

对立制约存在于这一过程中的各个阶段。如何使阴阳双方在彼此消长的运动过程中保持阴阳动态平衡对于造血干细胞移植术的成功实施具有非常重要的价值。

浙江省中医院在浙江省内率先开展自体和异基因骨髓移植治疗急性白血病并取得成功。目前造血干细胞移植治疗再障、急性白血病等在临床逐渐普遍，虽然移植技术越来越成熟，但感染、GVHD 等仍是影响成功率及预后的重要原因。周教授通过既往文献及临床观察研究发现，在移植中及移植后结合中医辨证治疗对于加快患者造血和免疫功能重建、减少移植并发症有良好疗效，可以更好地提高移植成功率。周教授认为，患者经历移植预处理后处于阴阳俱亏的状态，植入之髓元为先天精髓，需后天水谷精微之滋补方能充足，生化无穷。髓元为血肉有形之品，其体属阴，内含元阴元阳，入于内则阴虚已纠，常表现为脾肾阳虚，故予温补肾阳，调和阴阳平衡。随着移植术后时间的推移，植入之髓元逐渐强大，阳气渐复，但髓元尚浮于外，而不在髓海、命门中，易致相火妄动，内攻脏腑，外透肌肤，由此形成 GVHD，故此时当稍减扶阳之品，适当加入滋补肾阴之品，使植入之髓元渐胜，患者血气渐复。移植后患者需予免疫抑制治疗，因此免疫功能仍偏低，容易感染外邪，此时应酌加黄芪、防风、板蓝根等固护肌表、清疏风邪之品。此外周教授从气血着手，认为脏腑阴阳失衡，气血运行失度，为移植后并发症发病关键。治疗当从调和气血，平衡阴阳出发，采用和法，通过调气、和血、平衡阴阳，将微观的血管内皮与宏观的机体稳态结合起来，治疗与预防并举，为中医临床诊治造血干细胞移植中的问题提供新的思路和方法。具体介绍如下。

**1. 移植早期预处理阶段中的阴阳平衡**

预处理是 HSCT 的开始，也是关系到其成败的重要环节之一。所谓预处理是指在移植前对患者进行的放疗、化疗和免疫抑制治疗，以使移植物顺利植入并最大限度清除异常细胞或肿瘤细胞。因此，我们知道预处理的主要目的：①消灭患者体内的异常细胞或肿瘤细胞，最大限度减少复发；②抑制或清除患者免疫系统，防止移植物被排斥。那么，选择使患者能很好耐受的预处理方案及药物，即能完全达到抗肿瘤及移植物植活的要求，又最大限度地减少药物的毒副作用，从而减少治疗相关死亡率和 GVHD 的发生，这是选择预处理方案的关键点。周教授认为，预处理的放疗、化疗消灭异常或肿瘤细胞、抑制清除免疫系统为预处理积极作用的方面，在移植的预处理治疗中是积极的、向上的、“阳”的一面；而预处理的放化疗对患者的损伤和毒副作用，是消极的、“阴”的一面。正如《素问·至真要大论》所说：“谨察阴阳所在而调之，以平为期。”周教授在临床工作中强调在造血干细胞预处理阶段，关键是要做好以上这对“阴阳”间的平衡。

预处理方案一般由放疗、化疗和应用生物制剂组成。因此首先要做好预处理方案中每一种治疗药物及治疗方式自身的阴阳平衡。权衡放化疗药物治疗优势及其可能具有的不良反应。如大剂量环磷酰胺的应用其代谢产物丙烯醛可引起出血性膀胱炎（HC）、肾盂积水、尿酸性等。为预防环磷酰胺带来的副作用，在大量补液、碱化利尿、美司钠解毒的基础上，周老师常加用利水渗湿、温阳化气之品，如五苓散加减，诸药相伍，甘淡渗利为主，佐以温阳化气，使水湿之邪从小便而去。

**2. GVHD 与 GVL 中的脏腑阴阳平衡**

Allo-HSCT 是治疗恶性血液系统疾病最有效的手段，这一治疗方法可通过免疫细胞介导的移植物抗白血病（GVL）效应，消除体内残留的肿瘤细胞，达到治愈的目的。供者淋巴细胞与受者白血病细胞之间的次要组织相容性差异是引起免疫攻击的重要因素，因此大多数 GVL 效应中伴有 GVHD，GVL 效应是一种不能与 GVHD 严格分开的同种异体反应。而我们知道 GVHD 是异基因造血干细胞移植常见的并发症，轻者影响患者的生存质量，重者可影响生存率、复发率及危及患者生命。控制 GVHD 的药物大多抑制 GVL 效应，预防控制 GVHD 而又不影响 GVL 效应，或者说增强 GVL 效应的同时抑制 GVHD 是临床研究的热点。现代医学往往用各种方法去除移植物中的 T 细胞来降低 GVHD 发生率和严重程度，但实践证明 GVL 效应会相应减弱，导致复发率相应增加。低剂量供者淋巴细胞输注可诱导 GVL 效应但同时也可能会诱导 GVHD。周教授在多年的临床实践中从气血阴阳探究其发病机制，发现传统的阴阳平衡观念在这一相互对立制约的效应中有着极其重要的意义及指导价值。人体是一个整体，气血的正常运行和肺、肝、脾、肾也密切相关，肺主一身之气，朝百脉，主治节；肝藏血，主疏泄，脾主统血，主运化，为气血生化之源，肺与大肠相表里，五脏功能失调，导致气血运行失度，肝脏及大肠传导功能失常。在这一理论的指导下，周教授强调 GVHD 与 GVL 效应这一对矛盾的阴阳动态平衡，通过调节免疫抑制剂的使用及中药调节 $CD4^+$ 效应细胞中的 Thl 和 Th2，对脏腑阴阳偏衰较明显者，在调和气血的基础上，调整脏腑阴阳，辨证加用温阳、养阴之品，温阳常酌加附子、肉桂、桂枝等，补心阳，通血脉，养阴多以生脉饮为主方。探索有效措施将“坏”的 GVHD

和“好”的GVL效应区别处理，达到充分发挥GVL效应的同时确保GVHD在可控范围内。

周教授常用中医和法来平衡造血干细胞移植后的阴阳、气血失衡。我们知道和法是通过和解、调和或缓和等作用治疗疾病的方法，达到维持机体内环境稳态，即气血调和，阴阳平衡的状态。唐容川云：“至于和法，则为血证之第一良法，表则和其肺气，里则和其肝气，而尤照顾脾肾之气。或补阴以和阳，或损阳以和阴，或逐瘀以和血，或泻水以和气，或补泻兼施，或寒热互用，许多妙义，未能尽举。”可见和法博大精深，变化无穷。此外，周教授也强调“气有余便是火”，故在使用大量补气药的同时要兼以清热养阴，顾护机体阴液，临证常以生黄芪与炙黄芪同用，以红景天清热益气，酌加清热而不伤阴之冬桑叶。对于阴虚火旺较甚，症见心烦，口苦，舌红少苔，脉数者，黄芪易补气助火生热，故易黄芪为黄精，加用大剂量茯苓、茯神益气健脾，养心安神，并以莲子心、黄连等清心热，保心阴，犹如釜底抽薪之义。

**3. 移植后病毒感染与免疫抑制中的气血阴阳平衡**

病毒感染是HSCT患者常见并且可能致命的合并症，也是导致患者非疾病复发死亡的主要原因之一。HSCT后病毒感染错综复杂，巨细胞病毒及EB病毒的感染（包括EB病毒血症、EB病、移植后淋巴组织增生性疾病）是其重要的两个方面。HSCT后病毒感染与无关供者、不相合供者、T细胞去除、应用胸腺细胞球蛋白、非清髓移植、GVHD的发生有着一定关系。其中患者的免疫抑制状态是其最重要的原因。HSCT后病毒感染，潜伏病毒的活化，目前越来越被大家所重视。周教授在这一方面强调预防及抢先治疗策略的重要性，她指出要在移植的各个环节把握免疫抑制剂的使用及增减，在患者的免疫抑制及感染的发生中做到阴阳平衡，并通过中药提高免疫、抗病毒来调控及恢复这一平衡状态。如在重型再障的Allo-HSCT治疗中，因为不需要强的GVL效应，治疗的目的是患者的造血功能的完全恢复，移植中因为担心较重的GVHD的出现，往往在临床中免疫抑制过强，后期的免疫抑制剂减量过慢，这样患者出现巨细胞病毒、EB病毒感染的风险相应就增加。周教授在这一方面，一直致力于通过中医药的参与制定一个最佳方案在防治GVHD的同时、又能促进免疫重建和维护正常免疫功能。她强调在密切监测相关感染及排斥指标的同时进行免疫抑制剂的减量，同时全程应用具有调节功能的抗病毒中药，如金银花、柴胡、黄芩、鱼腥草、黄芪、夏枯草、苦参、牡丹皮、白芍、升麻、青蒿、板蓝根及西洋参、刺五加、野菊花等，根据患者的具体辨证酌情加减使用，从而来抗病毒、提高患者免疫，使患者移植后的免疫状态达到阴阳平衡，初步结果显示此法大大减少了移植后病毒感染的发生。

## 二、白血病的辨证分期与靶向治疗

周郁鸿教授在中西医结合治疗白血病时常常在西医针对性靶向治疗的基础上结合中医辨证施治，逐渐形成了一套独特的治疗方案及理论体系。

慢性粒细胞白血病是一种造血干细胞克隆增生性疾病，以骨髓粒系增生，外周血白细胞增多及脾脏肿大为主要特征。伊马替尼（Imatinib）系人工合成的特异性酪氨酸激酶抑制剂，是第一个成功治疗慢性粒细胞白血病的靶向药物，它能增强抗原提呈细胞的抗原提呈功能，并解除T细胞对肿瘤的免疫耐受。而慢性粒细胞白血病属中医“积证”“虚劳”“血证”范畴。中医认为，本病的发生乃先天禀赋不足或后天失养引起脏腑亏虚，或由于外感六淫，内伤七情等引起气血功能紊乱，脏腑功能失调，致使毒邪乘虚而入所引起。周教授认为积聚者邪毒不去，气难以恢复，因此，治疗基本点应祛邪为主，在对疾病进行靶向治疗的基础上，联合中药以祛毒化瘀，而达到“邪去元气自复”的目的。采用清毒化瘀汤中藤梨根、白花蛇舌草、青黛、墓头回、蒲公英清热解毒；陈皮、青皮行气化痰；丹参、桃仁、红花养血活血化瘀；甘草调和诸药，全方共奏清热解毒、祛瘀化痰之功。采用此法，既针对疾病的发病机制又遵循了中医辨证施治理论，临床观察表明，联合用药疗效更佳。

在老年白血病的治疗中，周教授强调疾病的治疗必须结合患者的体质。《素问·上古天真论》提到：女子七七则任脉虚，天癸竭……男子七八，肝气衰，筋不能动，天癸竭，肾脏衰，形体皆极，八八则齿发去。周教授认为老年白血病的发生与其生理特点密不可分。老年人脏元已虚，五脏六腑功能皆已衰退。肾精不足，则相火妄动，脾胃亏虚，运化失司，湿浊内蕴，以致虚邪内生，蕴积成毒。若邪毒客于骨髓，则发为血癌。故本病总体为虚实夹杂，本虚标实之证。

周教授认为老年白血病乃本虚标实之证，而尤以正虚为主。故治疗上主张攻补兼施，而又以扶正为主，祛邪为辅。扶正方面强调养阴填精，而尤其要注意固护肾阴。祛邪则应慎用峻猛，多予缓攻，以平和为要。周教授强调师古而不泥，用法而不拘，指出应重视老年白血病的发生、发展过程，重视

现代医学的治疗，中西合参，分阶段论治，详查四诊，随证施方。

## 第四节　药对妙用画龙睛

药物虽有个性之长，但使用单味中药治疗疾病往往存在一定的局限性，同时也不能满足复杂病情的需要。中药配伍规律是中医复方疗效的关键之一，也是临床上治疗疾病时必须遵循的原则。中药需要通过配伍应用来扬长避短，增强疗效。药对是中药配伍的最小单位，具有中药配伍的基本特点，是连接单味中药和方剂之间的桥梁，可以作为深入研究中药方剂本质的一个强有力的支撑点，在中医方剂配伍中具有很强的实践价值和科学规律。

周郁鸿教授非常注重配伍，善用对药，在使用每一方剂时，对一证一药及其用量、加减、单用、合用、服法情况都给予详细辨析。注重中药配伍对四气五味、升降沉浮及中药归经的影响。其组方严谨，具有药味少、用量大、针对性强、立意明确、配伍巧妙的特点。例如，周教授在用大黄这味中药时，考虑到其本性为大寒之品，在与芒硝相配伍时，会使其寒性加强，其峻下热结，荡涤肠胃的功用会大大增强。而大黄与附子、细辛配伍时，附子、细辛性温，可共同制约大黄寒凉之性，组成大黄附子汤防止其寒性太过，进一步损伤人体胃气，使大黄通腹下积而不凉遏。又如半夏这味中药，性温燥，味辛，小半夏加茯苓汤中，以同样温燥的生姜配伍半夏，则可以增强其温胃、降逆止呕之功，治疗心下痞，膈间有水，眩晕者疗效良好；这便是一味药在同气配伍时加强疗效，异气同用时去性存用的体现。此外，半夏泻心汤中的味辛之半夏与味苦之黄连合用，也可以起到辛开苦降，加强降逆止呕的功效。

再如前面提到的党参黄芪合用：党参偏于阴而补中气，黄芪偏于阳而固卫气，两者一里一表，一阴一阳，共奏不弃之功，能明显增强患者的免疫力，提高抗病能力，故临床上相须而用，治疗各类贫血、白细胞减少及血小板减少病人。半枝莲和半边莲合用：我们知道半枝莲味苦、辛，性凉，具有清热解毒、散瘀止血、利水消肿之功效。《泉州本草》谓其“通络，清热解毒，祛风散血，行气利水，破瘀止痛”。半边莲味甘，性平，具有清热解毒、利水消肿之功。《陆川本草》谓其“解毒消炎，利尿，止血生肌。治……外伤出血”。热毒是血液病早期的主要病因病理之一，运用两药相须相配，可以增强其清热解毒、消瘀之功，临床常将此二药用于各种血液病证属热毒血瘀患者。菟丝子和补骨脂合用：《名医别录》记载菟丝子“味甘，无毒。

主养肌，强阴，坚筋骨，主治茎中寒，精自出，溺有余沥，口苦，燥渴，寒血为积”。《药性论》取“治男子女人虚冷，添精益髓，去腰痛膝冷。又主消渴、热中”；《日华子本草》以其“补五劳七伤，治鬼交泄精，尿血，润心肺”。两书扩大了补益病证范围，并拓展用于消渴、热中和尿血，明确菟丝子作用趋势的脏腑定位。《本草图经》认为“此药治腰膝去风，兼能明目。久服令人光泽，老变为少”，增加了“治腰膝去风”“明目”的功效。补骨脂为常用的补肾壮阳药。其性温，味苦、辛，归肾、脾经；功效包括补肾壮阳、固精缩尿、温脾止泻、纳气平喘。常用于肾虚阳痿、腰膝冷痛、遗精、遗尿、尿频、五更泄泻、虚寒喘咳。慢性再障最主要的病因病机主要是肾虚，周教授承袭马逢顺教授提出的“补肾益气生血”之治病要点，在临床上将二药合用，使肾精得补，气血乃生。

周教授经常以小青龙汤举例，将其药物之间的五味配伍特点归纳为辛以发散，甘以和缓，辛散酸收，酸苦涌泄，能发散表邪，和缓药性，宣肃肺气，涌泄水饮。其中的麻黄、细辛、桂枝都是味辛之品，相互配伍具有善走窜、增强全方解表之力的作用；而又佐以甘草，辛甘化阳，甘以和缓，缓解此类药物的峻猛伤阴之性；取五味子与芍药配伍，二药合用，均是味酸之品，可起到收敛阴液，防止全方过于温散的作用。这都是单味药使用时无法达到的效果，因此，中药之间的相互配伍，会对中药药性的四气、五味起到一定的影响，强强联合，达到去性存用的功效，获得更好的治疗效果。

周教授也非常注重升降沉浮及归经在中药药对配伍中的作用。升、降、浮、沉是中药药性理论的重要组成部分，也是指导临床用药的重要原则之一。气温热、味辛甘的药物多具有升、浮之性；而气寒凉、味酸苦的药物则多具有升、沉的药性。而临床上根据病人的不同病势，可利用中药的相互配伍，对单味药物的升降浮沉产生一定的影响，加强或减弱其原本的药性，以纠正其气血功能失常，协调人体脏腑机能。如麻黄与杏仁配伍，取麻黄中空性浮之性，长于升浮、宣通肺气，取杏仁降气止咳之用，二药配伍，一宣一降，恢复肺的宣发肃降之功，使肺气通调，咳喘自止。药物归经的不同，决定了其在临床上应用时具备的不同针对性及选择性。例如，周教授在治疗血液系统疾病合并头痛症状时，针对眉棱骨附近的阳明经头痛多选用白芷；而两侧的少阳经头痛多选用柴胡；在巅顶附近的厥阴经头痛多选用吴茱萸等。这就是临床上经常提到的引经药，即可以通过其与其他药物的联合配伍，对某脏腑经络具有选择性作用，能够改变其他中药作用方向或部位，或使其作用侧重或集

中于特定的方向和部位。在临床上，一味中药往往是归属于多经的，其疗效更偏重于哪一经络，还要看全方的配伍与功效合用。

周教授也非常关注药对配伍后对药效物质基础变化的影响，她经常强调：①合适的配伍比例是中药配伍理论的重要组成部分之一，配伍比例不当可能导致方剂的药效降低，甚至有可能产生不良反应，唯有适当的配伍比例才能充分发挥中药的治疗作用。如中药药对石膏与知母在配伍时，随着配伍比例增加其有效成分新芒果苷的含量先增大后减小，在 3 ∶ 1 时含量最大。②不同提取方法，如微波提取法，超生提取法，超临界流体提取法应用于中药的提取，所以优选出最适合的提取方法是非常关键的。因为中药的种属不同，每种中药的活性成分也不尽相同。如采用不同提取方法，黄芪和三七配伍的化学成分溶出种类及含量均有明显差别，尤其对三七化学成分的溶出影响较大。③不同制备方法，药对配伍后不同的制备方法对有效成分的含量变化具有不同影响。如人参与麦冬配伍后不同制备条件对人参皂苷 Rg1、Re、R b1含量的影响，通过对配伍后水煎液、浓缩成膏以及不同干燥温度下人参皂苷的测定，发现人参麦冬配伍后浓缩过程和干燥过程中人参皂苷的损失量最多，并确定配伍后干燥温度不宜超过 60℃。

中药配伍理论是在传统中药药性理论指导下进行组合的传统理论，但其反过来也会对中药药性产生一定的影响。中药药对之间配伍，可以对药物的四气五味、升降浮沉、归经等方面产生不同程度的影响。周教授总是要求我们在临床上应用配伍中药时，应当注意其所产生的影响，并应该不断深入加强对于中药配伍的科学研究。

## 第五节　著文写作育弟子

周郁鸿教授为博士生导师，博士后流动站指导老师，第五批全国老中医药专家学术经验继承工作指导老师。在 40 年的临床、教学和科研工作中，非常重视学术的交流及传播。她擅长中西医结合治疗血液病，尤其在再生障碍性贫血（髓劳）、血小板减少症（紫癜病）、白血病等方面具有独到的见解。创造性地提出了急性再生障碍性贫血（急性髓劳）“凉 – 温 – 热”序贯治疗，慢性再生障碍性贫血（慢性髓劳）以“补肾”为中心，兼以“痰瘀同治”。牵头组织实施了全国 18 家单位参与的关于慢性再障致重因素行业专项，研究共发表科技论文 31 篇，SCI 收录 2 篇；出版科技著作 2 部。目前“慢性再障致重因素行业专项”技术及治疗理论成果已在浙江省内外3家单位（上海中医药大学附属岳阳中西医结合医院、绍兴第二医院、嘉兴市第一医院）推广应用，获得较好的临床疗效。周郁鸿教授还提出了“益气养阴”法治疗紫癜病的学术观点，采用“增血汤”联合“生血散”治疗血小板减少症患者，取得了不错的疗效，已在全国多个省市推广应用。曾先后赴美国、欧洲、日本及我国港、澳、台等地进行学术交流。医务部牵头的周郁鸿名医工作室于台州市中心医院、浙江萧山医院、海宁人民医院开展工作。培养中西医结合硕、博士研究生67名，博士后流动站入站2名，第五批全国老中医药专家学术经验继承人2名。

周郁鸿教授近年在省级以上杂志公开发表论文50余篇，编写《中医血液病证治验条辨——血液病名家学术经验及临证精粹》《中医血液病当代名医验案集》等专著6部，《临床诊断技能训练教程》教材1部。共主持并完成厅局级以上科研项目10余项。其中获浙江省科技成果一等奖1项、二等奖2项、三等奖1项，浙江省中医药科学技术创新奖一等奖1项，二等奖2项。目前主持国家中医药管理局行业科研课题1项。

**主持课题**

（1）慢性再生障碍性贫血致重因素中医干预方案的研究（201107001），国家中医药管理局，3年，720万元。

（2）提高中医药防治重大疑难疾病临床能力与水平的实用技术研究（201407001），国家中医药管理局行业专项，800万元。

（3）再生障碍性贫血中医药干预方案及疗效评价相关机制研究（2009ZDJB01），浙江省中医药重大疾病科技创新平台研究专项，50万元。

（4）人骨髓MSCs对难治性ITP患者免疫细胞分化及功能的影响，浙江省卫生厅。

（5）再生障碍性贫血中医药干预及疗效评价的研究，浙江省中医药管理局，2009年。

（6）益气滋阴法治疗血小板减少症的临床研究，科技部，2006年。

（7）升血灵胶囊联合ATG和CSA治疗重型再生障碍性贫血研究，浙江省科技厅资助课题（2006C23039），10万元。

**工作室成员传承相关研究**

（1）苦参碱分步调控泛素蛋白酶体通路和融合蛋白自噬降解而诱导维甲酸耐药APL细胞再分化的作用研究，2015，国家级，吴迪炯。

（2）益气滋阴方调控 CaN/NFAT 信号通路诱导免疫性血小板减少症中调节性 T 细胞生成的机制研究，2016，国家级，张宇。

（3）蛋白酶体 19S 相关的泛素受体 Rpn13 在苦参碱诱导多发性骨髓瘤细胞凋亡中的作用研究，2016，省部级，邵科钉，吴迪炯。

（4）外泌体及其内含物在弥漫大 B 细胞淋巴瘤中的表达及其意义的研究，2016，厅局级，张宇。

（5）PI3K/Akt/mTOR 信号通路调控多发性骨髓瘤侧群细胞的机制研究，2015，省部级，刘淑艳。

（6）PI3K/Akt/mTOR 信号传导通路调控多发性骨髓瘤侧群细胞的机制研究，2015，厅局级，刘淑艳。

（7）增血汤加减在免疫性血小板减少症激素减量维持过程中的替代效应研究，2015，厅局级，高雁婷。

（8）再生障碍性贫血辨证分型 / 分阶段中医诊治方案的临床研究，2014，国家级（国家中医药管理局中医药行业科研专项），叶宝东。

（9）小干扰 RNA 下调 XIAP 基因表达对 PTFC 诱导白血病细胞凋亡研究，2014，省部级，武利强。

（10）苦参碱双向调控泛素蛋白酶体通路在诱导维甲酸耐药 APL 细胞分化中的机制研究 2014，省部级，吴迪炯。

（11）SDF-1/CXCR4-PI3K/Akt 信号通路研究补肾祛瘀法对再生障碍性贫血骨髓 MSCs 功能的影响，2013，国家级，叶宝东。

（12）泛素蛋白酶体通路在苦参碱诱导维甲酸耐药 APL 细胞分化中的作用研究，2013，厅局级，吴迪炯。

**省部级以上成果奖励**

（1）净化的自体外周血干细胞移植联合中医药治疗难治性复发性自身免疫性疾病，浙江省人民政府，浙江省科学技术奖，二等奖，1，2009，0902110。

（2）补肾益气活血法在慢性再生障碍性贫血中的应用，浙江省人民政府，浙江省科学技术奖，三等奖，1，2015，2015-J-3-148-D01。

（3）升血灵联合免疫序贯疗法治疗急性再生障碍性贫血，浙江省人民政府，浙江省科学技术奖，三等奖，1，2012，1203273-1。

（4）升血灵联合 ATG、CSA 治疗急性再生障碍性贫血，中华中医药学会，中华中医药学会科学技术奖，三等奖，1，2012，201203-44 LC-22。

（5）复方浙贝颗粒辅助化疗提高难治性白血病疗效及其作用机制研究，中国中西医结合学会，中国中西医结合学会科学技术奖，三等奖，6，2013，20138404B。

（武利强）

第六章

# 桃李天下

## 第一节　喜看杏林丰硕果

周郁鸿教授从2003年开始招收硕士研究生，2009年开始招收博士研究生，2014年开始带领博士后，目前已培养硕士、博士研究生70余名。周郁鸿教授在40年的临床工作中，通过充分学习前辈医家的学术思想，结合自身经验，对多种血液病形成了独特的诊治方法。在临床上，周教授教学时不仅限于对课本知识的解读，更多的是通过临床病例进行分析，使同学们更好的理解和记忆。在周教授的言传身教、循循善诱下，各位研究生对血液系统疾病有了全面的学习，并且在临床工作中对血液病及中西医结合治疗有了进一步的研究与认识。

浙江省中医院作为国家中医药管理局“十一五”重点专科再生障碍性贫血协作组组长单位，对于再障的治疗有着丰富的经验。各位研究生通过自己的临床所学，对再障的病因病机及治疗从多方面进行分析研究，成果颇丰。目前认为，免疫功能异常是再障的主要发病机制，再障患者T细胞异常活化和过度增殖可以诱导造血干细胞凋亡，造成骨髓造血功能衰竭。《再生障碍性贫血患者外周血调节性T细胞、γδT细胞表达分析》一文中通过流式细胞术检测对再障患者外周血T淋巴细胞亚群的比例进行分析后发现，再障患者存在T细胞的数量、亚群表型、分布及状态异常，其介导的细胞因子与疾病的发生和进程有关，数量上增加的$CD8^{+}$T淋巴细胞可能在再障发生过程中发挥重要的功能；T淋巴细胞比例失调、调节性T细胞和γδT细胞功能紊乱，可能在再障发生、发展过程中发挥重要作用。进一步研究观察发现，免疫抑制剂治疗有效的患者，尤其是重型再障患者，其T细胞亚群明显降低，这为

$CD8^+$T 细胞可能参与再障的发生间接提供了证据；另一方面，T 细胞亚群的测定可能可以作为临床免疫治疗疗效及预后的依据之一。

雄激素一直作为再障的治疗选择，并取得不错的疗效。由于造血干细胞移植和免疫抑制剂的发展成熟，雄激素的使用逐渐减少，疗效也受到一定的质疑。《再生障碍性贫血雄激素治疗选择及研究现状》通过研究雄激素的作用机制及应用现状，总结出对于符合年龄要求、且有合适供者的患者，造血干细胞移植仍然是急性再障治疗的首选，若不符合移植的要求，在经济条件允许的情况下应选择联合 IST；对于经济条件不允许的急性再障患者、使用 IST 后复发或难治的再障患者，可以单用雄激素，或者雄激素联合环孢素或中药进行治疗。另外发现，如果检测到患者伴有端粒缩短或者端粒酶基因突变，以及对部分女性患者，雄激素治疗再障的疗效会更好。

对于再障的中医治疗，急性再障以“凉温有别，分期论治”为原则，慢性再障以“补肾为主，多法并用”为原则。通过对古代医家思想的研究，学生们对再障的中医治疗有了更多的见解。如《从〈金匮要略〉浅谈再生障碍性贫血的中医辨治原则》中阐述了《金匮要略》血痹虚劳病脉证治、惊悸吐衄下血胸满瘀血病脉证治两篇的治法及方药与慢性再障“从肾论治，顾护脾胃，佐以活血”治疗方法之间的联系，对再障治疗具有指导意义。《“中气升降”理论对慢性再生障碍性贫血的临证启示》通过探讨黄元御“中气升降”理论对治疗慢性再障的启示，指出慢性再障的病机多为中气虚衰、太阴寒湿，治疗用药重在培补中气，顾护下元，使中气斡旋，升降复常，常可收到一定的效果。

在主要辨证方向确立的情况下，中医处方的加减化裁对于治疗的最终疗效也具有重要意义和深远影响。在实际临床中，在经过中医辨证论治后，临证遣方用药时，应根据病情、体质、年龄、性别、气候、地理、习俗等的不同，灵活应用，以其主要表现为主症进行二次辨证，证中有证，在大治则中又可有小治法，因人制宜，因时制宜，所谓辨证之精髓，做到“师其法而不泥其方”。《慢性再生障碍性贫血中医处方的化裁》中总结了根据患者的临床表现、体质等因素进行处方化裁的方法。对于贫血患者，可在从肾而论的基础上从心、肝、脾三方面进一步进行论治，分别投以补益心脾、滋补肝肾、健脾益气之法；对于出血的患者，应辨明其在发展过程中是属于血虚或血瘀或血热或血逆引起的出血，分别采用相应方药治疗；对于伴有感染的患者，多因火邪为患，临床应辨明火邪之虚实，以及虚与火的严重程度。另一方面，周郁鸿教授发现，慢性再障通过中医辨证施治从改善不适症状来看，近期疗效尚可，但慢性再障病程长，病情易反复，血象回升易出现“平台期”。通过对体质学的深入探析，结合多年临证经验，周教授发现不同体质特征的患者具有不同的患病倾向及用药的宜忌，辨证和辨体质结合的治疗方法对慢性再障有重要价值。体质是素体相对稳定的特殊状态，而证是疾病发展过程中某一阶段病理本质的概括，人体的发病与否（易感性）、病理变化及转归均与体质有着密切关系。《从中医体质学说浅论再生障碍性贫血的病因病机》中将影响再障患者体质的因素总结为先天禀赋、年龄性别差异、饮食因素、劳逸所伤、情志因素、地理因素、疾病针药及其他因素等多个方面。《周郁鸿辨证辨体质相结合治疗慢性再生障碍性贫血经验》中进一步对周教授辨病辨体质结合治疗慢性再障进行总结，指出慢性再障形成体质差异，内外因均有，以微缓的内因为主。慢性再障患者的体质大致可分为气虚质、阳虚质、阴虚质、痰湿质、血瘀质五类。同时辨病与辨体质应根据根据标本缓急的原则施治，当辨证与辨体质在用药上相左时，“急则治其标”，当以辨证施治为主，“缓则治其本”，当以辨体质施治为主。

ITP 是一种原因不明的获得性出血性疾病，目前认为大多数 ITP 是由免疫介导的血小板破坏增多所致。近年来的许多研究表明，T 淋巴细胞、树突状细胞、自然杀伤细胞、细胞因子等因素的异常对其发病有着重要作用。《Th17 细胞在特发性血小板减少性紫癜发病中的作用和意义》中通过检测 ITP 患者和正常对照组外周血中 Th17 细胞的比例及血浆中细胞因子的表达水平，发现 ITP 患者外周血 Th17 细胞比例较正常对照组显著升高，血浆中 IL-17、IL-23、IL-6 和 TGF-β1 水平明显高于正常对照组，外周血单个核细胞中 IL-17 和 RORγt mRNA 的表达水平及 PSTAT3 和 RORγt 蛋白的表达水平均明显高于正常对照组。由此提出，在 ITP 发生和发展中，Thl7 细胞亚群比例增高可能是一个重要的决定因素，Th17 细胞相关的细胞因子及转录调控因子水平的变化与 ITP 发病密切相关。另外，《人脐带间充质干细胞对难治性免疫性血小板减少症患者 B 淋巴细胞分化及分泌功能的影响》实验研究发现，人脐带间充质干细胞对难治性 ITP 患者外周血 B 细胞分化为浆细胞分泌抗体有一定的抑制作用，为临床治疗难治性 ITP 提供了一定的实验依据。

目前 ITP 的西医治疗措施主要是肾上腺皮质激素、免疫抑制剂等，治疗无效者予脾脏切除，但存在着毒副作用大、血小板水平不能维持及较易复发等弊端，容易导致病程迁延，预后不良，最终进展为慢性 / 难治性 ITP。中医药治疗 ITP 疗效稳定持久、副作用小，逐渐被广大患者所接受。周郁鸿教授通过多年对血液系统疾病治疗的研究，运用中西医结合的方法治疗 ITP，取得了很好的疗效。同学们通过观察学习周教授用药经验，将其灵活运用于临床。在辨治上，周教授强调“八纲辨证”及“气血津液”理论在治疗免疫性血小板减少症中的结合使用，认为“八纲辨证”可将不同的证候予以定性，是各种辨证的基础，从不同角度揭示人体疾病的内在矛盾运动；而气、血、津液是维持人体生命活动的重要物质基础，ITP 本身是表现为出血的一类疾病，因此与气血的生成运行息息相关。临床观察研究发现，慢性血小板减少症其病机以气阴两虚为主，在《增血汤加生血散辅助治疗特发性血小板减少性紫癜 29 例临床观察》中，应用气阴双补之增血汤联合生血散辅助西药治疗 ITP 患者，能够提升血小板计数，尤其在改善皮肤紫斑、心悸气短、倦怠乏力等临床症状上有明显的疗效，同时无明显不良反应。《益气滋阴方对免疫性血小板减少症患者外周血 Treg 及 Foxp3 影响的临床观察》通过比较单纯西药及联合益气滋阴法治疗 ITP 患者的 Treg 百分率及 Foxp3 mRNA 表达水平，发现益气滋阴方能促进 Foxp3 表达并诱导 Treg 生成，进而通过恢复免疫平衡状态来治疗免疫性血小板减少症。

在临床中同学们发现，对于部分西药治疗效果不佳的 ITP 患者，周教授联合中药或中成药治疗亦可取得良好的疗效。如《达那唑、阿赛松联合参血胶囊治疗难治性免疫性血小板减少症疗效观察》中使用浙江省中医院自主研制治疗血小板、白细胞减少的中成药参血胶囊联合西药，其有效率高于西药组，且未增加不良反应。《周郁鸿胸腺肽联合中药治疗激素耐药 ITP 临床经验》中对正规激素治疗无效或复发且不适于脾切除患者，通过胸腺肽结合益气养阴为主的中医辨证治疗，获得了良好的疗效。

白血病作为常见的血液系统恶性肿瘤，西医治疗以化疗为主，在化疗基础上结合中医中药治疗，能减轻化疗毒副反应，提高免疫力，减少复发。周教授认为，对于白血病的治疗，既要抓住“病”这个中心，又要兼顾不同分期下治疗的侧重点，做到有的放矢、增效减毒。如急性期重在攻邪，以清热解毒、理气化痰、活血化瘀为主；化疗间期以益气养阴、补虚扶正为主；缓解期以扶正祛邪，攻补兼施为主。《周郁鸿治疗白血病经验拾萃》将周教授治疗白血病的临床思路总结为“病为中心，病证结合，扶正祛邪，分期论治”。

近年来，老年白血病发病率呈增高趋势，老年人免疫力低下，对于传统化疗方案耐受性低。周教授对于老年白血病的治疗尤有体会，指出治疗老年白血病时宜注意其独特的生理病理特征，脏气衰惫、邪毒内蕴，治疗时宜应攻补兼施，而尤其要以扶正为本，祛邪为辅。各位学生对周教授中医治疗老年白血病的临床经验进行学习总结，结合前期的学习体会，形成了不同的思路与理解。《老年白血病中医辨治浅析》中认为老年白血病应以个体化治疗为原则，以带病延年、改善患者生活质量为目标，归纳了以权衡邪正、平衡阴阳、调整脏腑为总则，以补益气阴、调补气血、温补阳气为大法的治疗方案。《周郁鸿教授治疗老年急性白血病临床经验》中强调老年白血病的治疗应中西医协同，参考现代医学的治疗周期，以“分期论治”为中心，攻补兼施、扶正为主，扶正之时尤其重视养阴填精，而祛邪则以平和为要，不滥用峻猛之品。

近年来，各位研究生对于周郁鸿教授的中医临床用药进行分析，总结了周教授临床中西医结合治疗多种血液系统疾病的经验。比如《周郁鸿治疗慢性纯红细胞再生障碍性贫血经验》中总结了以“益气生血、平补阴阳”之法治疗纯红细胞再生障碍性贫血；《周郁鸿中西医结合诊治缺铁性贫血学术经验》中指出以“首辨病因、脾肾同治、中西合用”之法治疗缺铁性贫血；《周郁鸿分型辨治原发性巨球蛋白血症经验》中总结以“扶正祛邪”为大法分型辨治原发性巨球蛋白血症；《周郁鸿治疗白细胞减少症经验》中提到从脾肾入手，以“益气健脾、补肾填精”之法治疗白细胞减少症；《周郁鸿治疗原发性血小板增多症经验浅述》中以“逐瘀以和血”为大法分阶段治疗原发性血小板增多症；《周郁鸿治疗真性红细胞增多症之经验》中健脾补肾化瘀法治疗真性红细胞增多症；《周郁鸿教授中医辨证治疗原发性骨髓纤维化症经验》中化瘀补肾并施治疗原发性骨髓纤维化;《周郁鸿从痰瘀论治淋巴瘤经验》中以“化痰祛瘀、软坚散结”为大法辨证治疗淋巴瘤；等等。

周教授善于运用膏方调治血液病，膏方具有扶正祛邪、祛病纠偏的双重意义，像慢性再生障碍性贫血、免疫性血小板减少症、白细胞减少症等慢性病患者，常因感冒、腹泻、劳累等导致疾病复发加重，中医有“冬不藏精，春必病温”之说，在冬季用膏方进补不仅有填精生髓之效，还可预防春季疾病“生发”，可谓事半功倍。通过对周教授的膏方处方进行分析，《周郁鸿用膏方调治血液病经验》中总结了对于不同患者，需要辨证论治、因人制宜，以健脾补肾、填精益髓和养肝宁心、滋阴安神为主要思路，以及在运用膏方之前先行开路方，注重以和为期。

“医者仁心，大医精诚”，周郁鸿教授行医秉承“医德第一”的观念，尽自己的力量去帮助患者，对于学生也是如此要求。周教授常教导学生们，要“精”于高超的医术，“诚”于高尚的品德，具有一颗慈悲同情之心，具备普救众生之仁爱情怀，方可为大医。周教授不辞辛劳的医者仁心，其风之正，其术之精，让学生们终身难忘。

## 第二节　继往开来得益彰

### 一、武利强

武利强是周郁鸿教授招收的第一届研究生，2006 年毕业于浙江中医药大学，获得中西医结合硕士学位，2012 年在中国医学科学院血液学研究所血液病医院学习进修 1 年。目前为浙江省中医院血液内科副主任医师，浙江省中医药学会血液学分会青年委员。武利强医师长期从事临床及教学、临床带教工作，擅长诊治血液内科常见多发病，如贫血、血友病、血小板减少、白血病、淋巴瘤、骨髓瘤、骨髓增殖性疾病等，擅长运用免疫调节、化疗、靶向治疗、造血干细胞移植、血液成分单采及中西医结合等技术方法治疗各类血液系统疾病。参与完成“十一五”国家科技支撑项目 1 项，作为负责人主持浙江省自然科学基金项目 1 项，参与编写多本血液学专著，在国内外核心期刊发表论文 10 余篇。

目前雄激素、免疫抑制剂治疗和造血干细胞移植是再生障碍性贫血主要的西医治疗手段。但由于造血干细胞移植受到患者年龄、经济、供者的选择等多方面因素的限制，目前强化 IST 成为对不宜行造血干细胞移植患者的主要治疗方案，抗胸腺细胞免疫球蛋白（ATG）或抗淋巴细胞免疫球蛋白（ALG）联合 CSA 是急性再障非移植治疗的一线方案。武医师通过观察国产 ATG（ALG-P）及进口 ATG（即复宁）联合 CsA 治疗重型再障，发现两者在疗效、治疗反应时间、药物副作用方面均无显著差异，而治疗费用方面，ALG-P 的价格明显低于即复宁，是一种可选的有效治疗急性再障而价格相对较低的强效免疫抑制剂。但在临床用药中发现，数例 ALG-P 治疗的患者出现了急性溶血的情况，其中一例换用进口 ATG 治疗，未出现再次溶血。关于 ALG-P 引起溶血的机制目前尚未见报道，推测可能与药物免疫动物的来源及使用剂量有关。随着国产 ATG 在国内的广泛应用，我们除了要注意其常见的不良反应，

如过敏反应、血清病、血液系统反应（包括严重的血小板和粒细胞减少）等，还因警惕其出现的罕见不良反应，因此在用药过程中，应密切观察患者的临床表现，以确保用药安全。

IST 是针对再障 T 细胞异常活化这一发病机制的主要治疗策略，既往研究发现，再障患者体内可检测出针对自身抗原的特异性抗体。武医师通过研究再障患者的血清标本，发现再障患者尤其是 IST 治疗无效的患者中 Kinectin 抗体及抗 Moesin 抗体阳性率显著增高。由此推测治疗再障的主要免疫抑制治疗药物（ATG/ALG 和 CsA）可去除抑制性 T 淋巴细胞对骨髓造血的抑制，而对已经存在自身抗体的患者疗效不佳，因此可能需要联合针对这些特异性免疫抗体的免疫抑制药物来治疗，或许可取得更高的疗效。

ITP 是血液科常见的出血性疾病之一，目前 ITP 的治疗主要包括糖皮质激素、免疫调节剂来调节患者体液或细胞免疫，以及脾切除减少血小板破坏等方法来达到提升血小板的治疗效果。但仍有部分难治性 ITP 患者一线治疗效果欠佳，在脾切除后仍需要治疗以降低出血风险，而一些二线药物大多价格昂贵且疗效不确切。武医师在诊治 ITP 的过程中发现，达那唑、曲安西龙片（阿赛松）联合参血胶囊治疗难治性 ITP 在疗效及经济方面相比于单纯西药治疗均有一定优势，且未增加药物相关不良反应，是可选择的行之有效治疗难治性 ITP 的方法之一。参血胶囊是浙江省中医院自主研制的用于治疗白细胞、血小板减少的中成药，主要成分为从人参原料中提取分离出的人参总皂苷，中药人参具有补气升血、固脱生津、安神的作用，从中提取的人参总皂苷具有刺激骨髓造血祖细胞增殖、抑制自身抗体和调整机体异常免疫系统等作用，参血胶囊联合西药具有增效减毒的作用。但武医师发现，部分患者在治疗中出现一过性的肝酶升高，在调整药物剂量及护肝治疗后肝酶均恢复正常，所以在治疗中应注意糖皮质激素和达那唑的用量，注意长期使用糖皮质激素带给患者的副作用及达那唑对肝脏的损伤。

武医师发现，部分 ITP 患者消化道出血倾向尤其严重，并伴有剧烈的腹痛、腹泻、血便，通过肠镜检查发现，该部分患者很多合并有缺血性肠病，该病在临床上较易漏诊、误诊，且进展迅速，对于老年血小板减少伴有绞痛性腹痛、血便者应高度警惕，考虑本病的可能。对于血小板水平较低者，先予丙种球蛋白等药物暂时升高血小板，以利于肠镜检查明确诊断及减少出血，及时予罂粟碱、丹参等血管扩张剂和抗生素支持治疗，积极治疗原发病。在发病初期应半流质饮食或禁食，降低肠道的氧耗，防止腹泻及出血加重。

## 二、吴迪炯

目前为浙江省中医院血液科主治医师，兼任中华中医药学会血液病分会青年委员，浙江省中医药学会血液病分会青年委员会秘书。2008 年拜入全国中西医结合血液病学专家周郁鸿教授门下，潜心钻研中西医结合治疗血液系统疾病的中医理论和有效方法，继承了恩师血液病遣方用药的思想精髓，尤其在再生障碍性贫血、免疫性血小板减少症、白血病及造血干细胞移植等方面具有独到的诊治心得和理论创新。

近年来，吴医生围绕中西医结合治疗血液病开展了一系列的研究，内容涉及中药单体抗白血病、淋巴瘤、骨髓瘤的机制研究，再生障碍性贫血造血微环境及干细胞的基础研究，以及中医药辨证治疗再生障碍性贫血、血小板减少症，参与造血干细胞移植的临床基础研究。主持国家自然科学基金项目、浙江省自然科学基金项目，以及浙江省教育厅、中医药管理局等科研计划项目 5 项，作为主研人参与国家自然科学基金项目、国家中医药管理局科研专项、浙江省自然基金项目等 15 项，是浙江省学技术协会“育才工程”培育对象。目前，在国内外共发表相关学术论文 55 篇，其中 SCI 收录 10 篇，作为编委编撰著作 2 部。相关研究成果获浙江省科技进步三等奖、浙江省中医药科技创新二等奖等 3 项。

周郁鸿教授对于再障的治疗有着非常丰富的经验，吴医生通过对周教授的中医辨证思想及处方用药进行分析，总结出了急性再障辨病与辨证相结合、分期分阶段论治，慢性再障“补肾为纲，固以为常，痰瘀须防”的治疗大法。

在临床中吴医生发现，中医中药对于再障的疗效优势大多集中在慢性再障（非重型再障）的诊治中，针对重型再障，联合中医药治疗能进一步提高临床疗效，但终究无法替代免疫抑制剂、造血干细胞移植等西医治疗方案，且目前对于这一类型再障的中医认识仍未达到完全的共识。通过学习周教授对于急性再障的诊治经验，结合既往文献报道，吴医生总结出急性再障的中医辨治需要注意的几个方面。首先，通过八纲辨证明确寒热、虚实与阴阳；其次，通过脏腑辨证明确病位与病机。在治疗过程中，需要注意分期论治，急性再障病势急，无论是病邪直中或是邪毒内生，一旦合并重症感染，均可能出现典型的卫气营血传变，出现耗血、动血现象。临床上给予免疫抑制治疗或造血干细胞移植，能一定程度上逆转疾病的传变过程，形成新的证候演变规律，治疗上需要区别对待。前期提出的“凉－温－热”的分阶段论治观点，适用于ATG治疗起效的一般演变过程。对于接受造血干细胞移植治疗的患者，移植前多以气虚或阴虚为主证；在预处理过程中，多处于阴阳两虚证候；干细胞顺利植入后，患者血象逐渐恢复，此时主要表现为脾肾阳虚之证。因此在治疗过程中需要结合证候演变规律，分期辨治。

周郁鸿教授在再障的治疗中非常重视痰瘀的防治，从西医的角度看，再障的病理变化主要是红骨髓总容量减少，代之以黄色胶状的脂肪组织，并伴有周围毛细血管排列不齐、畸形等微循环障碍，即痰瘀为患导致的病理改变。慢性再障的痰瘀论治较易理解，但急性再障施以“痰瘀同治”法尚少见报道，一般认为急性再障初期急用活血化瘀、化湿祛痰之法有弊于患者出血情况的改善，甚至有引起颅内出血、危及生命之隐患。然而经过多年的临床实践验证，凉血解毒酌加“痰瘀同治”法治疗急性再障初期非但没有预见的危险性，反而对于患者血象的恢复具有积极的意义。对于这一现象，吴医生通过对急性再障的病机进行分析指出，急性再障为本虚标实，气血阴阳之虚皆可致瘀。另外，邪热之毒内陷营血，迫血妄行，留为瘀血；邪热灼津，津聚为痰。可见，急性再障形成之时，痰瘀亦早存在，只是被邪热之象所掩盖。而对于活血祛痰之法恐有出血之弊的顾虑，就如“治血三法”中所述“宜行血而不宜止血”，以行血之法使血循经络而行，祛瘀方能生新，即因势而利导，这也就从理论上解释了急性再障初期兼治痰瘀的可行性。

同时，吴医生对髓劳患者的铁蛋白水平进行分析，发现通过去铁治疗，能一定程度上改善患者“瘀”的证候表现，所以，铁负荷过载与血瘀证之间存在一定关联性。铁负荷在慢性再障血瘀证的评估中具有较好的指示性，合并铁过载的慢性髓劳患者血瘀证的发生率明显高于单纯髓劳患者。而对急性再障患者，在进行造血干细胞移植的过程中，同样可以发现部分患者即使达到供受体完全嵌合，血小板恢复水平仍不佳，考虑原发植入不良，而这些患者多伴有铁负荷的急剧上升。所以，急性再障同样具有血瘀证的中医病理基础，铁负荷水平可以作为及早发现再障血瘀证的敏感性指标，指导临床尽早加以干预。这也从另一方面证实了周教授对于急性再障和慢性再障均强调“痰瘀同治”思想的重要性。

另一方面，吴医生结合古籍、文献及临床实践经验对再障造血干细胞移植的整个过程进行了中医理论阐述，将移植物按功能不同分为髓阴和髓阳，而造血干细胞移植即为直补精髓的过程，髓阴和髓阳的交互生化及制约权衡决定了移植物抗宿主病的发生与否及严重程度。结合移植过程中气阴两虚–阴阳两虚–脾肾阳虚的证侯演变特点，吴医生发现在分期论治的同时贯穿“痰瘀同治”是可行的治疗方案。

对于再障的中医治疗，吴医生牢记周郁鸿教授将中医经典运用于临床的思想，善于研究古代医家的思路，对其中的辨证思想进行分析，发现对于临床有很大的指导意义。金元四大医家之一朱丹溪是历史上的养阴派代表人物，对杂病创气、血、痰、郁的辨证，吴医生将其杂病治法运用于再障的治疗，临床取得了不错的疗效，包括滋阴为本，兼以泻火治疗具有阴虚火旺之证的再障患者；健中升补法治疗慢性再障以头昏、全身困倦乏力等虚劳之证为主的患者；痰瘀同治法治疗急性再障正气尚充之时及慢性再障的长期辅助治疗；泻热逐毒法治疗再障患者邪热壅盛、血热妄行所致的斑疹等。

吴医生通过回顾国内外近 20 余年再障临床实践指南的现状，分析了各指南形成的背景、特点及差异，发现目前国内再障指南的制定仍处于起步阶段。在诊疗指南的制定过程中，无论是西医还是中医都必须遵循学科的客观规律，强调临床实用性和适用性。再障中医临床研究的水平正得到不断提高，但临床研究的结果在指南制定中的真正价值仍有待评价。一方面应进一步提高中医临床设计的科学性，另一方面，需要就中医疗效的评价标准进行不断完善，使其更符合中医优势特点。此外，在中医指南的制定中，中医医家临床经验的挖掘和继承同样具有重要作用。

浙江省中医院在浙江省内率先开展自体和异基因骨髓移植治疗急性白血病并取得成功。目前造血干细胞移植治疗再生障碍性贫血、急性白血病等在临床逐渐普遍，虽然移植技术越来越成熟，但感染、GVHD 等仍是影响成功率及预后的重要原因。周郁鸿教授通过既往文献及临床观察研究发现，在移植中及移植后结合中医辨证治疗对于加快患者造血和免疫功能重建、减少移植并发症有良好疗效，可以更好的提高移植成功率。吴医生结合古籍、文献及临床实践经验对干细胞移植的整个过程进行了中医理论阐述，认为患者经历移植预处理后处于阴阳俱亏的状态，植入之“髓元”为先天精髓，需后天水谷精微之滋补方能充足，生化无穷。髓元为血肉有形之品，其体属阴，内含元阴元阳，入于内则阴虚已纠，常表现为脾肾阳虚，故予温补肾阳，调和阴阳平衡。随着移植术后时间的推移，植入之髓元逐渐强大，阳气渐复，但髓元尚浮于外，而不在髓海、命门中，易致相火妄动，内攻脏腑，外透肌肤，由此形成 GVHD，故此时当稍减扶阳之品，适当加入滋补肾阴之品，使植入之髓元渐胜，患者血气渐复。但此时仍需予免疫抑制治疗，患者免疫功能仍偏低，容易感染外邪，此时应酌加黄芪、防风、板蓝根等固护肌表、清疏风邪之品。

## 三、徐玲珑

浙江省台州市中心医院血液科主治医师，中西医结合内科博士。2010年拜入周郁鸿教授门下，在周教授耳提面命，谆谆教诲下，通过5年多的跟师学习，徐玲珑医生系统学习了中西医结合治疗各类血液病。在周教授的指导下，参与了国家“十一五”科技支撑项目、国家中医药行业科研专项、浙江省中医药重大疾病科技创新平台科研专项等多项省部级科研项目，并在国内核心期刊发表《周郁鸿中西医结合诊治缺铁性贫血学术经验》《急性早幼粒细胞白血病患者三氧化二砷维持治疗期间的血脂代谢特征分析》《骨髓间充质干细胞下调免疫性血小板减少症患者 $CD8^{+}T$ 淋巴细胞及Th1类细胞因子表达的体外研究》等血液病专业论文10余篇，参与专业书籍编撰2部。

周教授在临证中深谙西医西药治疗之优缺，善中西合用、互补互融。在中医治疗血液系统疾病方面，始终紧抓“正邪交争”这一主要矛盾，根据正邪力量的强弱拟方施药，“损有余，补不足”，以求“阴平阳秘”之态。徐玲珑医生通过对周教授临床用药规律的研究，在应用中医中药治疗血液病方面获益良多。对于缺铁性贫血的辨治，可总结为“首辨病因，合而治之”“脾肾同治，中西合用”，采用现代医学的诊治手段来协助缺铁性贫血的诊断，在西药补铁治疗基础上结合中医辨证治疗，来缓解西药不良反应，提高患者依从性，从而提高疗效。对于白血病的治疗，徐医生根据其“本虚标实”的特点，遵循“病为中心，病证结合，扶正祛邪，分期论治”的原则，根据化疗时期的不同采用不同的治疗。化疗期/疾病未缓解期治疗以清热解毒为主，兼以健脾生津，化疗间歇期/疾病缓解期治疗以益气养阴为主，同时兼以清热祛邪。

针对过敏性紫癜这一常见的血管变态反应性疾病，徐医生通过总结近年来中医中药的相关研究，将其证型大致归纳为风热伤络型、血热妄行型、湿热中阻型、血瘀络阻型、心脾不摄型、阴虚火旺型，根据中医辨证治疗过敏性紫癜取得了一定成果。但徐医生提出，中医药也存在着一定的局限如中药剂型较单一，患者依从性不佳；因药物产地、煎煮等不同，导致药效不稳定；

药物起效时间相对较慢等。目前对于过敏性紫癜相关的临床研究也存在一定的不足，如代表方药的作用机理研究还不够深入；疗效评判标准不够统一及细化；中医临床证型加减繁多，不利于对照比较；缺乏大宗、随机盲法、多中心、前瞻性的临床研究等。对于中医药治疗过敏性紫癜的临床疗效及可重复性，可进一步通过大样本、多中心的随机盲法对照研究进行验证。

ITP 的发病与抗体、细胞免疫等多种免疫因素相关，近年来，关于骨髓间充质干细胞（MSCs）及细胞因子与 ITP 发病之间的研究较多。徐医生将 ITP 患者 T 淋巴细胞与 MSCs 及自身血清共同培养，发现 ITP 患者 IL-2、TNF-α 及 IFN-γ 的分泌增多，IL-10 分泌减少，Th1/Th2 免疫失衡。加入 MSCs 共培养后，ITP 患者 IL-2、TNF-α 及 IFN-γ 水平下降，IL-10 水平上升，提示正常 MSCs 可抑制 Th1 类细胞因子（IL-2、TNF-α 及 IFN-γ）的分泌，促进 Th2 类细胞因子（IL-10）的分泌。另一方面，MSCs 与 ITP 患者的 T 淋巴细胞共培养 72h 后 $CD8^+$T 淋巴细胞比例明显下降，提示 MSCs 通过抑制 $CD8^+$T 淋巴细胞增殖而减少血小板的破坏。由此得出，在 ITP 患者自身血清存在的情况下，MSCs 仍具有较好的负性免疫调控作用，表现为抑制 ITP 患者 $CD8^+$T 淋巴细胞增殖，抑制 ITP 患者 Th1 类细胞因子的表达，促进 Th2 类细胞因子的分泌，重塑 ITP 患者的外周免疫耐受。

## 四、俞庆宏

浙江省中医院血液科副主任医师，2005 年毕业于福建医科大学，2010 年就读周郁鸿教授的博士研究生。经过多年临床工作，俞庆宏医生在再生障碍性贫血、免疫性血小板减少症、白血病、淋巴瘤、骨髓瘤等治疗方面积累了丰富的经验，擅长造血干细胞移植及免疫治疗，对于血液系统疑难病和危重病的诊治有独特的认识。目前为浙江省血液学会青年委员、浙江省血液免疫学会委员、浙江省中西医结合血液学会青年委员。主持和参与国家级、省部级、国际合作及厅局级等研究课题 10 余项，已在国际和国内学术期刊上发表论文 10 余篇，参编多部专著。

俞医生对于多发性骨髓瘤的发病及诊治有着丰富的经验和认识。俞医生通过实验研究发现，三氧化二砷（$As_2O_3$）在体外可通过改变线粒体跨膜电位，触发骨髓瘤细胞系 U266 细胞的线粒体凋亡途径，导致 caspase-3 的活化，同时使 hTERT 表达下调，最终诱导 U266 细胞凋亡，并且呈时间和浓度依赖性。

进一步研究发现，前胡提取物（角型吡喃骈香豆素 APC）能够诱导 U266 细胞凋亡，凋亡机制通过上调凋亡相关蛋白 Caspase3 和 Caspase8，并下调 P-ERK 表达，提示 Caspase3、Caspase8 和 P-ERK 蛋白活性在骨髓瘤细胞的凋亡机制中起一定作用。早在 2006 年浙江省血液病学学术年会上，俞医生就分享了包含硼替佐米（万珂）的联合方案对进展期骨髓瘤（MM）的疗效及相关副反应研究，当时符合研究条件的病例相对较少，通过对用药后疗效及副作用的观察，发现万珂联合方案治疗进展期 MM 是有效、副作用较轻、相对安全的，万珂剂量为 1.3mg/m$^2$ 时疗效优于 1.0mg/m$^2$，并且发现，对于肾功能不全的 MM 无需减低剂量使用，同样安全有效。

骨髓增生异常综合征作为一种克隆性恶性血液病，除造血干细胞移植外尚无其他治愈手段，而移植条件严格，大多数患者需依赖药物治疗，临床骨髓增生异常综合征 - 难治性贫血（MDS-RA）普通药物治疗总体疗效欠佳。近年来，尿多酸肽被发现具有诱导肿瘤细胞分化凋亡、提高化疗疗效等作用。俞医生对于一般药物治疗无效的 MDS-RA 患者采用尿多酸肽治疗 2 个疗程，发现其具有较好的近期疗效，且不良反应较轻，是值得进一步推广的治疗方案。

俞医生对于难治复发的淋巴瘤、白血病等血液系统疑难病的治疗亦有丰富的经验，如运用 IDA 联合中剂量阿糖胞苷治疗难治复发 AML、小剂量 HA 方案治疗老年 AML、CMOD 方案治疗复发难治性侵袭性 NHL 等，在临床取得了不错的效果。另外，在 2008 年，俞医生通过供者淋巴细胞输注的方法治疗移植后复发急性淋巴细胞白血病患者，取得了良好的疗效，为移植后复发的急性白血病的治疗提供了参考。

## 第三节　望闻问切好传承

中医学博大精深，经过几千年的沉淀，形成了独特的理论体系。周郁鸿教授工作后参加了西学中研究班，系统地学习了《黄帝内经》《伤寒论》《金匮要略》《温病条辨》《丹溪心法》《脾胃论》及《血证论》等中医经典。周郁鸿教授非常重视中医经典的运用，在临床上周教授常教导学生，提高中医药治疗血液病疗效没有捷径可走，唯有反复学习中医经典，古为今用，大胆创新，不能拘泥于中医典籍，应崇古而不泥古，取其精华，弃其糟粕，在前人经验及研究成果上大胆探索，寻求血液系统疑难性疾病的诊治方法。周教授先知西医，后明中医，特别注重中西医治疗的有机整合，她认为中西医理论各成体系，但并不代表着互相封闭，应该各取所长，融会贯通。现代医学的理化检查、蛋白质组学、基因检测及循证医学手段等先进研究方法就是中医所欠缺的，中医要发展，就要善于吸收，善于借鉴，才能克服自身不足。反过来西医也需要借鉴中医的辨证方法，吸收其合理内涵，特别是不能以一个模式来治疗病人，要注重整体观与个体化治疗。

通过总结各位名医的学术思想，在学习中医经典理论的基础上，融合其自身深厚的西医功底及临床实践，周教授开创了个体化独特的中西医结合诊疗体系，善于中西医结合治疗各类血液系统疾病，以循证医学的观点重视对疾病的明确诊断，然后按辨证的特点进行治疗。对于西医学目前无成熟治疗方案者，她主张从中医中积极探寻治疗方案；西医学已有较为成熟治疗方案者，应充分发挥中西医结合优势，找准中医治疗的切入点，做到增效减毒以增加治疗效果。在治疗中，周教授注重中医理论及其完整的诊疗体系，注重病因治疗，强调辨病与辨证相结合，认为辨病名是疗效的基础，辨证型是疗效的关键，只有疾病诊断明确、辨证方法得当才能提高中医药治疗血液病的疗效。在近 40 年的临床工作中，周郁鸿教授积累了丰富的经验，在传承中不失创新，既为患者解决了不少血液病的疑难重症，又取得了较为丰硕的科研成果，在中西医结合治疗血液病方面具有独到的见解。

作为第五批全国老中医药专家学术经验继承工作指导老师，周郁鸿教授善于教学，将自己的临床经验倾囊相授，培养了一批中医骨干人才。同时，在继承周教授中医方面思想的基础上，学生们通过不断的学习研究，使中医学在血液病的治疗方面有了更深的进展。

## 一、陈志炉

浙江省立同德医院血液科副主任，副主任中医师，博士研究生，硕士生导师，中国中西医结合学会血液病专业委员会青年委员，中国中医药学会血液病专业委员会青年委员，中国民族医学会血液病分会理事，浙江省中西医结合学会血液病专业委员会青年委员，浙江中医药学会血液病专业委员会委员，浙江省中西医结合学会职业病专业委员会委员，第五批全国老中医药专家学术经验继承人，魏克民全国名老中医药专家传承工作室负责人，浙江省魏克民名老中医专家传承工作室负责人。

陈志炉医生早在 2002 年就开始跟随周教授学习，2013 年成为周教授第五批全国老中医药专家学术经验继承人，在周教授的悉心带教下，经过多年的学习，目前在中医基础理论方面，对血液系统疾病的病因、病机、诊断分型、治则方药及预后等方面都有了更深入的掌握和理解。同时，陈医生全面系统地学习了周教授对造血系统疾病及其他内科常见病的中医、中西医结合诊断与治疗，周教授在临证时，对恶性血液系统疾病多采用扶正祛邪、化痰散结、清热解毒、活血化瘀等治疗方法，而对良性血液系统疾病则多采用补肾生血、益气养阴、健脾和胃等治疗方法。周教授高尚的医德医风为陈医生树立了很好的学习榜样，在工作中陈医生始终坚持“视病人为亲人，急病人所急，想病人所想”，尽自己最大的努力为病人提供最优质的服务。

从事中西医结合临床工作 21 年，陈医生拥有丰富的临床经验，擅长中西医结合治疗骨髓增生异常综合征、再生障碍性贫血、白血病、淋巴瘤、血小板减少症等各种血液病，临床运用益气解毒法治疗淋巴瘤，补脾益肾法治疗骨髓增生异常综合征，益气滋阴法治疗血小板减少症，都取得了较好的疗效。对小剂量化疗配合中药治疗白血病、骨髓增生异常综合征和淋巴瘤等老年恶性血液病，有独到的经验。先后主持和参与省部级、厅局级课题 10 多项。在国家级及省级杂志发表论文 20 余篇，参与编写专著 3 部。

慢性再障以往主要用雄激素治疗，但对雄激素治疗无效或停药复发者则病情迁延不愈，治疗效果差，病死率高。在雄激素治疗的基础上，联合环孢素、细胞因子治疗，则疗效有了一定的提高，但免疫抑制剂和细胞因子价格昂贵，长期服用毒性不良反应大，停药后容易复发，总体疗效和远期疗效仍不满意。陈医生通过学习周郁鸿主任临床以“从肾论治”治疗慢性再障的方法，以补肾益气中药联合雄激素、环孢素治疗慢性再障，补肾益气法中黄芪为补气要药，能增强机体免疫功能；仙茅、仙灵脾补命门，助肾阳而振发脾阳；巴戟天能补肾阳，益精血；黄精益气养阴，滋补脾肾；龟板胶、熟地黄、何首乌、女贞子补肾养阴；当归、鸡血藤、白芍养血活血；熟地有类似肾上腺皮质激素样作用；女贞子具有很好的提升白细胞的功能；鸡血藤具有保护造血系统、改善骨髓微环境、促进造血干细胞的增生和分化、显著增高白细胞的作用。陈医生观察发现，联合中药治疗的患者疗效明显优于单纯西药治疗患者，补肾益气法治疗慢性再障疗效显著，能明显改善慢性再障患者的临床症状，升高外周血象，提高骨髓增生程度，促进骨髓造血功能恢复。再障患者多有造血负调控因子的升高，研究显示，治疗后慢性再障患者 TNF-α、

IFN-γ、IL-2 水平均明显下降，且与临床疗效呈正相关，据此推测补肾益气法可能通过改善骨髓造血微环境、调节造血生长因子、减少造血负调控因子，促进造血干/祖细胞增生、抑制干/祖细胞凋亡，从而调控骨髓造血功能，起到治疗再障的作用。另外，陈医生临床发现，以蚕沙提取物为主要成分的血障平片能够有效地改善慢性再障患者的血象，对于慢性再障的疗效好，且长期使用无毒副反应。

血小板减少症是临床常见的血液系统疾病，对于 ITP，目前西医治疗常采用糖皮质激素、脾切除、免疫抑制剂、大剂量丙种球蛋白、促血小板生成素等，这些疗法效果肯定，但存在副作用大、价格昂贵、停药后易复发等弊端，因而中医药治疗本病的研究越来越受到重视。周郁鸿教授对中西医结合治疗血小板减少症颇有心得，在临床对于西药治疗效果不理想或经济方面有困难的患者，周教授通过联合中药治疗，使疗效有了很大的提高。成人的 ITP 多为慢性型，陈医生通过患者的临床表现进行辨证，大致分为血热妄行型、肾阴亏虚型、气血两虚型三类，以 4 个月为一疗程，通过比较单纯西药（激素 + 丙种球蛋白）及加用中药辨证治疗，发现在西药治疗的基础上辨证加用中药，可以减少激素的副作用，缩短激素维持时间，且疗效稳定，不易复发。另外，陈医生发现，临床很多慢性 ITP 患者表现出气虚、阴虚的症候，对于该部分患者，陈医生以中医益气滋阴法进行治疗，即给予生血散（猴骨粉散剂）同时服用增血汤煎剂（黄芪 30g，鳖甲 15g，太子参 20g，山海螺 30g，紫草 9g，茜草 9g，鲜芦根 15g），其有效率明显高于氨肽素治疗，尤其在改善中医证候方面疗效显著。

中医辨证具有灵活性和个体化，陈医生通过对周教授临床用药经验的研究，以及对医家治疗血小板减少症方法的学习，总结了目前临床对血小板减少症的中医辨证分型，大致可分为肝肾阴虚型、气不摄血型、血热妄行型、阴虚火旺型、瘀血阻滞型几类，另有水牛角马鞭草汤、鸡血藤汤、紫茜合剂等单方验方，仙连颗粒、牛角地黄冲剂、升血小板胶囊等中成药制剂，对于不同证型的 ITP 患者亦有良好疗效。

陈医生指出，中西医结合治疗 ITP，在一定程度上能减少激素、免疫抑制剂等药物的剂量，缩短疗程，同时在激素减量过程中血小板可维持稳定，明显改善患者出血症状。但中医药也存在不足之处，如起效慢、患者依从性不高等；同时中医药的临床疗效评价没有统一标准，主观性较强，缺乏规范的临床研究。因此，可考虑开展大样本、多中心的临床研究，更好地提高中

医药治疗 ITP 的疗效。

在恶性血液病方面，陈医生对白血病的诊治颇有研究，通过长期临床的观察与实践，对于中西医结合治疗白血病积累了丰富的经验。目前利用凋亡机制清除白血病细胞引发出白血病治疗的新观念、新手段，许多临床上常用的化疗药物、激素制剂、放疗等的作用机制之一即是诱导细胞凋亡。近年来，国内外专家利用中药及其有效提取物制剂进行诱导白血病细胞凋亡研究，取得了可喜的成果，中药及其有效提取物制剂已成为抗白血病的重要途径。陈医生将中药诱导白血病细胞凋亡的相关研究进行总结，发现中药可通过多种途径诱导白血病细胞凋亡，包括细胞毒作用、调节体内激素水平、增强免疫细胞活性、影响白血病细胞基因表达、诱导分化、阻滞细胞增殖周期等。陈医生对于中药治疗白血病的机制有着很大的兴趣，认为研究中药诱导白血病细胞凋亡的作用，有助于从更深层次揭示中药抗白血病的作用机制，为中药治疗白血病提供更加科学、客观和现代的手段与方法。

通过多项观察实验，陈医生对于中药治疗白血病的机制研究也有了一定的成果。经过前期的临床观察及研究，陈医生对紫草素有了一定的认识，并在此基础上进行了进一步的研究。紫草是我国传统中草药，具有凉血活血、解毒透疹的功效，是周教授治疗血小板减少症处方中的常客。现代药理学研究表明紫草具有抗菌、抗变态反应、抗肿瘤、解热、止血、降血糖等作用，紫草素是从紫草根中提取的萘醌类化合物，研究发现其可诱导子宫颈瘤、乳腺肿瘤、大肠癌等多种肿瘤细胞凋亡，陈医生推测其对于白血病细胞亦存在诱导凋亡作用，但当时国内尚无紫草素诱导白血病细胞凋亡的研究报道。陈医生对紫草素及白血病细胞进行研究，发现紫草素在体外能通过线粒体介导的凋亡通路诱导 K562 细胞凋亡，进一步研究发现，紫草素能够有效抑制急性早幼粒细胞白血病患者的 HL-60 细胞增殖，并能诱导其发生凋亡，这为将来进一步深入研究和应用紫草素诱导白血病细胞凋亡提供了客观依据，紫草素有望成为治疗白血病的辅助药物。

## 二、赖正清

浙江中医药大学附属第二医院儿科主治中医师，中医师承博士。2012 年入选为第五批全国老中医药专家周郁鸿教授学术经验继承人，现为中华中医药学会血液病分会青年委员，浙江中医药学会血液病分会青年委员。主要从事中医药诊治小儿血液系统疾病及小儿肺系疾病的临床与基础研究。主持厅局级课题和浙江中医药大学校级课题各一项，参与其他课题 2 项，其中省部级以上课题一项。在国内核心期刊上发表了《周郁鸿教授运用风药治疗小儿血液病经验》《周郁鸿教授治疗小儿免疫性血小板减少性紫癜经验》等专业学术论文数篇。先后参与编写《小儿反复呼吸道感染的防治》《育儿真经》《中医儿科临床实践》《中医儿科学》（中医药高级丛书，第二版）及《中医血液病当代名医验案集》等医学专业著作。由赖正清医生参与主编的《周郁鸿教授治疗血液病学术经验集》于 2017 年 1 月正式出版发行，该著作是赖医生及其他多位研究生通过跟师学习后对周郁鸿教授 40 余年临床、科研、学术经验等的总结。对于周教授的学术思想，主要通过“天人合一、形神合一、阴平阳秘、正气为本”的健康观、顾护脾胃的思想、注重中西医治疗有机整合、运用对药治疗血液病、独到使用经方、运用风药治疗小儿血液病几个方面进行归纳阐述。在周教授的临床诊治经验方面，总结了周教授治疗多种血液系统疾病的临床经验，涉及红细胞系统疾病、白细胞系统疾病、出凝血系统疾病及造血干细胞移植等多个领域，并且通过一个个具体的病例展现了如何在实际工作中运用中医中药进行中西医结合的血液病治疗。

周教授对于 ITP 的中西医结合治疗有着丰富的经验，通过跟师学习，赖医生发现周教授对小儿血小板减少症的治疗与成人不同。对于小儿 ITP，周教授认为机体失“和”是其发病基础，主要表现为气血失和、脏腑失和，久之部分小儿可见情志失和，故“以和为期”是其治疗大法。赖医生发现，小儿 ITP 发病以急性型为多，发病前常有病毒感染史，发病急骤，根据其血热妄行为标、脾肾亏虚为本的特点，当分阶段辨证而治。初起以外感邪毒、迫血妄行的出血症状为主，此时当治标为主，以清热解毒、凉血止血为法；随着疾病发展，邪热渐退，阴血受损，加之小儿脾肾常不足，常表现出气不摄血及脾肾两虚证，此时宜治本为主，以健脾补肾、固本止血为法。大多数患儿可在数周内自发或经治疗后缓解，部分慢性 ITP 患儿病情迁延，多虚多瘀，甚至多郁，此类患儿特别适合于“和”法治疗，赖医生遵循周教授“以和为期”的治疗方法，以小柴胡汤为基本方，加以益气凉血中药，达到调肝扶脾、和血宁络之效，临床疗效显著。

在跟师学习中，赖医生发现，周教授善于运用风药治疗血液病，在辨证基础上灵活配伍风药，以其升发、向上、向外之特性，组方配伍后不仅可除外风、息内风，还可发挥胜湿、活血、疏肝、升阳等作用，而达到祛除病邪、消除病因、恢复脏腑功能协调的目的。赖医生将周教授运用风药治疗血液病的思想灵活应用于儿科临床，对风邪表证或是顽固杂证的治疗均取得良效。

过敏性紫癜是小儿常见的血液系统疾病，患儿常急性起病，皮肤风团瘀斑此起彼伏，并常伴瘙痒感。赖医生认为，小儿过敏性紫癜辨证过程中，风为先导，热瘀是关键，在遵循中医学辨证论治的原则下恰当运用风药治疗过敏性紫癜，可使邪有去处，能够提高临床疗效。临证时在辨证论治的基础上常伍用风药祛风脱敏，如蝉蜕、地肤子、钩藤、僵蚕等。对于过敏性紫癜伴发血尿、呕血、便血等症状的患儿，以风、血并治，以凉血止血、活血化瘀法合并祛风药使用，常获良效。对于嗜酸细胞增多症的患儿，中医多以“湿”“毒”为患，而对于部分无证可辨者，需要考虑与过敏反应相关，赖医生从“风”的角度入手，辨病为主，遣方用药时大胆运用“风药”，可明显提高临床治疗效果。小儿的白细胞减少症大多由先天禀赋不足、后天失养及外感内伤等多种原因引起，以脏腑功能减退，尤其是脾肾功能减退，气血阴阳亏损，日久不复为主要病机。此病大多病程较长，由于抵抗力下降常常伴有炎症感染，此时邪实正虚，以控制感染病灶祛邪为主、提高白细胞水平补益肝肾气血扶正为辅，风药的合理使用往往能使邪去正安，标本兼治，取得很好的临床效果。

## 第四节　中华瑰宝有传人

### 一、沈一平

1987 年其进入浙江省中医院血液内科，浙江省中医院主任中医师，硕士生导师，中华中医药学会血液病学会常委、中国民族医药学会血液病分会常委、浙江省中医药学会血液病分会主任委员、浙江省免疫学会血液病分会常委、浙江省中西结合血液病分会委员、浙江省抗癌学会血液淋巴肿瘤专业委员会委员。2017 年，经国医大师葛琳仪教授、全国名中医王坤根教授推荐申报浙江省岐黄学者。主持省部级、厅局级课题 3 项；获浙江省中医药科学技术一等奖 1 项、二等奖 1 项、创新三等奖 1 项，浙江省科学技术二等奖 1 项。先后发表国家级、省级论文 10 余篇，参与编写著作 2 部。

沈一平主任在血液病的中医治疗方面有独到的见解，尤其是在白血病、淋巴瘤等血液肿瘤化疗后的中药免疫调节，以及老年白血病、淋巴瘤、血小板减少症的个体化辨证治疗等方面。

对于慢性血小板减少症，沈主任在临床治疗中发现其病机以气虚、阴虚为主，绝大多数慢性血小板减少症可辨为气阴两虚型，以益气滋阴之增血汤（黄芪 30g，鳖甲 15g，太子参 20g，山海螺 30g，紫草 9g，茜草 9g，干芦根 15g）加减对相当一部分的血小板减少症患者有不错的疗效。另外，对于部分病毒感染引起的血小板减少症患者，沈主任从风邪致病入手，以祛风清热解毒止血为大法，对新近感染或长期慢性病毒感染引起的血小板减少症患者常有不错的疗效。

对于白血病、淋巴瘤、骨髓瘤等恶性血液病，目前西医治疗以化疗为主，周郁鸿教授善于在化疗期间及化疗间期运用中医辨证治疗，以达到扶正祛邪的效果，对于患者的生活质量有很大的提高。沈主任秉承周教授中西医结合治疗血液病的思想，通过对中医药的体会及长期临床经验，总结了具有自身特点的中医诊疗思想。

对于急性白血病的中医药治疗，沈主任颇有经验，早在 1998 年，沈主任对急性白血病化疗间期分别运用益气养阴、补益肝肾为主的中医辨证治疗，发现在感染率与缓解率方面均优于单纯西医治疗。随着老龄化的逐步加重，老年髓系白血病的发病率逐年升高，通过长期临床观察总结，沈主任根据老年急性髓系白血病的病因病机特点自拟的抗白延年汤在临床应用取得较好的疗效。在发作期（化疗期间及不能耐受化疗者）以清热解毒、凉血止血为主，益气养阴扶正为辅的抗白延年汤 1 号组方加减，基础方为白花蛇舌草 30g，半边莲 30g，猫人参 30g，败酱草 15g，藕节 15g，白及 5g，浙贝母 12g，穿心莲 15g，苦参 15g，山药 30g，白芍 15g，甘草 6g，白鲜皮 15g。对于能耐受化疗的患者，沈主任认为化疗不能诛伐太过，过量非但无益，反而有害，应适可而止，在临床常采用小剂量阿糖胞苷、地西他滨、小剂量的高三尖杉酯碱联合阿糖胞苷、阿克拉霉素的方案。在缓解期（即化疗临床缓解后）以益气养阴扶正为主，清热解毒凉血活血为辅的抗白延年汤 2 号组方加减，基础方为熟地黄 15g，生地黄 15g，黄芪 30g，白术 15g，麦冬 12g，五味子 15g，补骨脂 15g，陈皮 8g，豆蔻 3g，甘草 8g，北沙参 10g，当归 9g，白花蛇舌草 30g。目前，抗白延年汤联合小剂量化疗治疗老年急性髓系白血病在临床已广泛应用，取得了非常不错的疗效。沈主任指出，因病变而正气消耗不足者，必须借重于治疗，而治疗必须顾护正气，二者宜相辅而行之。如果仅仅依赖正气而缩小治疗的量，则随着病情进展，正气受损，将发生不利变化；若不注重保护正气，仅仅靠加大药物剂量而想达到治疗效果，则会加重对正气的损害，延误病情。因此，清热解毒、扶正补虚需贯穿疾病的治疗全程。

慢性粒细胞性白血病目前治疗以羟基脲、干扰素等为主，沈主任自拟清热解毒、祛瘀化痰之清毒祛瘀汤，基本方为藤梨根、白花蛇舌草、墓头回、薏苡仁各30g，青黛12g，丹参、蒲公英各15g，当归9g，陈皮、青皮各5g，生甘草3g，在西医治疗基础上联合中药治疗，治疗效果更佳，同时又使病人在维持治疗时羟基脲的用量明显减少，生存质量提高。

对于恶性淋巴瘤，沈主任认为首先确定根据组织学特点，确定淋巴瘤种类，再选取最优的治疗方案，此为辨病；辨病之后，根据患者症状、体征、舌苔、脉象确定证型，予以合适的方药，此为辨证。在治疗上，沈主任多采用攻补兼施、标本兼顾之法，予蛇莓、半边莲、半枝莲、蛇六谷等具有抗肿瘤作用药物，加用鳖甲、瓦楞子以软坚散结，配以莪术、三棱等破血消癥之药，加强攻邪力度，同时适当加入香茶菜、黄芩、蒲公英等清热解毒药，缓解邪毒炽盛之势。

多发性骨髓瘤目前西医治疗上尚无特异性有效的药物，沈主任根据患者的临床症状，将其辨证大致分为瘀毒内结型、脾肾亏虚型、气阴两虚型，同时综合考虑瘤细胞与患者全身情况，辨证与辨病相结合，分别以身痛逐瘀汤、健脾补肾汤、生脉散为基础方，随症加减，灵活运用毒瘀齐攻、脾肾同治、气阴双补的治疗方法，有效地改善症状，减轻病痛，提高患者的生存质量。

另外，对于化疗后血小板减少的患者，沈主任自拟益气养阴、凉血止血之芪紫麦冬汤（炙黄芪、紫草、紫珠草、继木各30g，麦冬、茜草各15g，防风6g，怀山药、米仁各20g，白术9g）加减，对于化疗后血小板减少引起的出血有较好的预防及治疗作用。

## 二、叶宝东

2003年其进入浙江省中医院血液内科，浙江省中医院主任医师，血液科副主任，医学博士，博士生导师。浙江省151人才工程第二层次培养对象，浙江省卫生创新人才培养对象，浙江省高校中青年学科带头人，中华中医药学会血液病分会青年委员会副主任委员、中华中医药学会血液病分会委员、中国中西医结合学会血液病分会青年委员、浙江省血液免疫分会副主任委员兼秘书、浙江省中医药学会博士分会常委、浙江省医学会器官移植学分会委员、浙江省医学会血液病专业青年委员会委员、浙江省中医药学会血液病分会委员兼秘书。

近年来叶主任在科研方面取得了很大的成就。目前主持国家行业专项1项（再生障碍性贫血辨证分型/分阶段中医诊治方案的临床研究），国家自然科学基金面上项目1项（基于SDF-1/CXCR4-PI3K/Akt信号通路研究补肾活血法对再生障碍性贫血骨髓MSCs功能的影响），国家中医药管理局国家中医临床研究基地业务建设科研专项2项（补肾活血祛瘀法联合异基因造血干细胞移植治疗重型再生障碍性贫血；基于PI3K/Akt/mTOR信号通路研究补肾活血对再生障碍性贫血骨髓微环境功能恢复的影响）；省科技厅公益性技术应用研究项目（创新团队）1项（补肾活血法治疗慢性再障的临床研究）。主要参与国家自然科学基金青年基金项目1项，省科技厅公益性技术应用研究项目1项，省自然科学基金项目1项，国家973项目1项。作为主要成员完成省部级以上科研课题6项，其中国家级和省部级各1项，获浙江省科学技术奖二等奖1项、浙江省科学技术奖三等奖2项、中华中医药学会科学技术奖三等奖1项、浙江省中医药科学技术奖二等奖2项。近5年在核心期刊发表论文23篇，其中SCI收录6篇。出版专著2部。

叶主任擅长血液系统危重病的诊治，包括各类白血病、再生障碍性贫血、淋巴瘤、骨髓瘤、骨髓增生异常综合征和血细胞减少等，对于造血干细胞移植更具有丰富的经验。近年来开展了包括再生障碍性贫血、急慢性白血病、骨髓增生异常综合征等多种疾病在内的造血干细胞移植术，其中包括半相合移植、非血缘移植。异基因造血干细胞移植仍是目前根治急重型再生障碍性贫血（SAA）的有效方法，而SAA患者异基因造血干细胞移植后GVHD的发生严重影响了患者的生存。叶宝东在异基因造血干细胞移植治疗SAA前期、移植后早期应用中药补肾活血祛瘀法干预，可以提高移植植入率，减少移植相关并发症死亡率和严重GVHD发生率。

除了血液系统疾病，叶主任还将造血干细胞移植术应用于一些风湿免疫系统疾病，亦取得了不错的效果。应用自体造血干细胞移植治疗难治性重症肌无力、系统性红斑狼疮、多发性肌炎等疾病。如叶主任采用氟达拉滨、抗胸腺细胞球蛋白和环磷酰胺组成的非清髓预处理方案，应用于纯化的自体外周血$CD34^+$造血干细胞移植治疗难治性重症肌无力，近期及远期疗效均较好，且患者的耐受性良好，在治疗上开辟了一条新途径。

另外，叶主任对于血液系统的疑难病也有独特的治疗经验，如雷利度胺治疗自体造血干细胞移植后复发的套细胞淋巴瘤、利妥昔单抗治疗免疫性血小板减少症、异基因造血干细胞移植治疗骨髓增生异常综合征合并坏疽性脓皮病。

目前沈一平主任及叶宝东主任已各自培养研究生 10 余名，学生们将进一步继承与发扬主任们中西医结合治疗血液病的经验，为更多血液病患者带来福音。

## 第五节 谢却功名身外物

周郁鸿教授虽然已经到退休的年纪，但仍坚持每周出门诊，给人一种活力满满的印象。为促进我院国家中医临床研究基地（血液病）可持续发展，推动血液病中医名师学术经验发挥与继承，进一步开展血液病研究型门诊，中西医师带徒、硕士博士临床研究生、博士后流动站人员的培养工作，2015 年 1 月，周郁鸿国家级中西医结合名医工作室正式揭牌，目前工作室成员中有博士 6 人，硕士 5 人，包括西学中或中医的高级职称获得者、血液病专家。周郁鸿名医工作室开创了独特的中西医结合个体化诊疗体系，主要研究方向为各类贫血、血液肿瘤、出血性疾病及造血干细胞移植等，在再生障碍性贫血、缺铁性贫血、溶血性贫血、白血病、淋巴瘤、多发性骨髓瘤、骨髓增生异常综合征、白细胞减少症、原发性血小板增多症、特发性血小板减少症、血友病、过敏性紫癜等方面研究成绩显著，治愈好转率达 90% 以上。工作室成员代表曾受邀在国家卫计委主办的“杏林大汇—中医药传承与创新论坛”中进行再生障碍性贫血中医药诊治的创新推广。

3 年来周郁鸿名医工作室不断壮大，目前已在多家医院开设工作室，如海宁市人民医院、开化县中医院、台州市中心医院、金华市中医医院、浙江萧山医院等，并进行临床指导及教学。2017 年 3 月，周郁鸿国家级中西医结合名医工作室台州站落户台州市中心医院。2017 年 6 月，海宁市人民医院成立了周郁鸿国家级中西医结合名医工作室。成立 1 周年来，成效显著。一是建立血液病康复微信群。建立微信群后医生通过互联网直接指导病人正确用药，答疑解惑。病友之间相互鼓励，传播正能量。目前血液病医患沟通群已经有 100 多人。二是举办血液病患者交流会。血液病患者多为慢性病，通过定期举行交流会帮助患者了解前沿的医学知识，有助于患者自我管理。今年已顺利开展 2 期患者交流会。三是提高科室医生技术水平，不断完善诊治规范，对急性慢性白血病、慢性骨髓增殖性疾病、再生障碍性贫血、血小板减少症诊断及治疗水平大大提高。近一年，完成骨髓穿刺 300 余例，骨髓活检 100 余例。2017 年 9 月，周郁鸿国家级中西医结合名医工作室开化站落户开化县中医院，周郁鸿等多位专家定期实地指导，进行临床查房，开展科研指导、学术交流，进行科技成果转化或推广合作，结合医院现有技术力量，在血液病患者的诊疗救治等方面开展规范化治疗和总结，并联合承担相关科研项目。

工作室成立以来，多次组织下乡义诊和宣教活动。从“血友病之家”的病友联谊到“走进社区”的健康宣教，处处有周郁鸿名医工作室成员活跃的身影，常常有基层医生和病友们欢喜的称赞。2016 年 11 月台州市中心医院举办的“国家级血液病名医大型义诊活动”，不仅为当地血液病患者带来便捷，使更多的患者了解到血液病的相关知识，还为当地医务工作者带去了中西医结合血液病诊疗的最新进展，对当地的医务工作者在疑难血液病的诊治方面起到了指导作用，为发展中医药事业起到一定推动作用。2017 年 5 月，周郁鸿中西医结合名医工作室参与发起的“全国中西医结合血液病名医专家大型义诊及健康科普讲座暨中国血小板日杭州站—血小板减少症医患交流活动”在浙江省中医药学会门诊部举行。周郁鸿教授主持了这次活动，通过临床专家的学术报告交流及义诊活动加强医患沟通，广泛传播血小板疾病知识及治疗进展，促进广大患者对血小板减少性疾病的了解，提高患者的规范治疗意识。本次活动每一位专家的讲解及义诊，每一位志愿者的分享，都让患者收获满满。

## 第六节　誉满乾坤享桃李

### 一、浙江省中医药学会血液病分会主任委员

浙江省中医药学会血液病分会成立于 2006 年，周郁鸿教授当选为第一届委员会主任委员。2011 年 8 月 19 日，浙江省中医药学会血液病分会第二届委员会换届选举会议在杭州召开，经无记名投票方式选举产生了主任委员周郁鸿教授。作为第一、二届浙江省中医药学会血液病分会主任委员，周教授参与举办了多项学术活动，如“2011 年浙江省中医药学会血液病分会学术年会暨国家中医临床研究基地血液病研究 2011 高峰论坛暨国家级继续教育中

西医结合血液病新进展学习班”“国家继续教育中西医结合血液病新进展学习班暨2011中医药行业专项研究者会议暨2012年全国铁过载中西医结合高峰论坛”“2012年浙江省中医药学会血液病分会学术年会”“2011年中医药行业科研专项——慢性再障致重因素中医干预方案的研究基层推广科普讲师培训班”“2013年浙江省中医药学会血液病分会、浙江省中西医结合学会血液病专业委员会学术年会暨省级继续教育学习班”“红细胞疾病中西医结合诊治新进展学习班暨中西医结合血液病诊治与护理新进展学习班”“浙江省中医药学会2014年血液病分会学术年会暨血液病中西医结合特色诊疗新进展学习班”“浙江省中医药学会2014年血友病预防与治疗研讨会”“浙江省中医药学会淋巴瘤诊治新进展研讨会”“浙江省中医药学会2015年血液病分会青年委员会学术年会暨中西医结合诊治血液病新进展学习班”等，推动了血液病的诊疗发展。另外，周教授带领各位委员在各地举办了多场科普讲座及义诊帮扶活动。如“了解贫血，健康属于您”的科普讲座、“健康走进社区——贫血的中西医防治和食疗知识讲座”、“2014血友病之家联谊会暨血友病专家大型义诊”活动、“血液病健康讲座暨全国病友联谊及大型义诊”活动、“贫血高危人群中医治未病”为主题的科普讲座及义诊活动等，周郁鸿教授和多位血液病专家为大家讲述了各类血液病的诊断、治疗与日常保健及中医调养，并解答了病友的提问，提供了贫血养生保健的方案，使得广大病友对日常生活中的注意事项有了更深的了解。

## 二、国家中医临床研究基地血液病学术带头人

2008年12月，国家发改委和国家中医药管理局共同确定11家国家中医临床研究基地，浙江省中医院是浙江省唯一一家入选基地建设的单位，主要研究血液病，主攻再生障碍性贫血和老年白血病。

国家中医临床研究基地是中医药领域国家财政投入最大、重视程度最高、行业内外高度关注的创新型项目。基地建设以来，医院始终遵循“打基础、建机制、谋长远、见成效”的建设思路，以病种研究为基本核心，以基地临床科研信息共享系统建设为主体，以基地科研规范和高水平人才培养为两翼，加强体制机制建设，搭建临床研究平台，加快人才队伍建设，有效整合全国血液病临床研究优质资源，逐步建立起符合中医药发展规律的临床科技创新体系，初步建成具有较强辐射带动作用的国家中医临床血液病研究基地，有

力地推进了医院建设的跨越式发展。

## 三、中国民族医药学会血液病分会会长

2015 年 8 月 15 日，由浙江省中医院承办的中国民族医药学会血液病分会成立大会在杭召开，周郁鸿教授当选为首任会长。学会通过凝聚全国中医、多民族医学、中西医结合血液病学术的力量，开展多中心临床研究，以再障、白血病、血小板减少症等八个重点病种为研究方向，积极探讨血液病领域的疑难问题，提高血液病的临床疗效，以促进血液病学领域的发展。

另外，周郁鸿教授还是浙江省医学会血液病分会副主任委员、中华中医药学会血液病分会副主任委员、中国中西医结合学会血液病分会常委、第八届和第九届中华医学会血液病分会委员、第一届海峡两岸医药卫生交流协会血液病学专家委员会委员。

在这些荣誉背后，是周郁鸿教授在专业领域 40 余年来耗费的大量心血，十年树木，百年树人，周教授的辛勤耕耘培养了一代又一代优秀的学生，继承了她的事业，拯救着一个又一个濒临绝望的血液病患者，愿桃李满天下，春晖遍四方。

（高雁婷）

# 参考文献

[1] 中华医学会血液学分会红细胞疾病（贫血）学组．再生障碍性贫血诊断与治疗中国专家共识（2017 年版）．中华血液学杂志，2017，38（1）：1-5.

[2] 中华医学会血液学分会止血与血栓学组．成人原发免疫性血小板减少症诊断与治疗中国专家共识（2016 年版）．中华血液学杂志，2016，37（2）：89-93.

[3] 小儿过敏性紫癜诊疗指南．中国实用乡村医生杂志，2015，22（17）42-43.

[4] 中华医学会血液学分会白血病学组．急性髓系白血病治疗的专家共识（第一部分）．中华血液学杂志，2009，30（6）：429-431.

[5] 中国抗癌协会血液肿瘤专业委员会，中华医学会血液学分会白血病淋巴瘤学组．中国成人急性淋巴细胞白血病诊断与治疗指南（2016 年版）．中华血液学杂志，2016，37（10）：837-845.

[6] 卫蓓文，唐暐，彭奕冰，等．全相合异基因造血干细胞移植后免疫重建的研究．检验医学，2014，29（9）：925-930.

[7] 张钦，张斌，陈虎．造血干细胞移植后 EB 病毒感染的细胞免疫治疗．中国实验血液学杂志，2015，23（6）：1763-1768.

[8] 张晓辉．造血干细胞移植后的病毒感染及治疗．临床内科杂志，2011，28（6）：365-368.

[9] 中华医学会血液学分会，中国抗癌协会淋巴瘤专业委员会．中国弥漫大 B 细胞淋巴瘤诊断与治疗指南．中华血液学杂志，2013，34（9）：816-819.

[10] 中国医师协会血液科医师分会，中华医学会血液学分会，中国医师协会多发性骨髓瘤专业委员会．中国多发性骨髓瘤诊治指南（2017 年修订）．中华内科杂志，2017，56（11）：866-870.

[11] 中华医学会血液学分会白血病淋巴瘤学组．真性红细胞增多症诊断与治疗中国专家共

识（2016 年版）. 中华血液学杂志，2016，37（4）：265-267.

[12] 中华医学会血液学分会白血病淋巴瘤学组 . 原发性血小板增多症诊断与治疗中国专家共识（2016 年版）. 中华血液学杂志，2016，37（10）：833-835.

[13] 中华医学会血液学分会白血病淋巴瘤学组 . 原发性骨髓纤维化诊断与治疗中国专家共识（2015 年版）. 中华血液学杂志，2015，36（9）：721-725.

[14] 中华医学会血液学分会 . 骨髓增生异常综合征诊断与治疗中国专家共识（2014 年版）. 中华血液学杂志，2014，35（11）：1042-1048.

附录一

# 大事概览

1951 年 周郁鸿教授出生于浙江杭州医学世家

1972 年 马逢顺老主任负责建立血液病专科组

1974 年 周郁鸿教授在浙江医科大学学习

1977 年 周郁鸿教授进入浙江省中医院工作

1984 年 浙江省中医院建立血液病研究室

1985 年 浙江医科大学附属第一医院血液科进修学习 1 年

1986 年 天津血液病研究所参加为期 3 个月血液病高级培训班

浙江省中医院血液科正式独立建科

1991 年 “白血病祖细胞集落形成对高三尖杉酯碱和阿糖胞苷两药的敏感性测定”获浙江省人事厅二等奖，排名第四

1994 年 “69 例再生障碍性贫血实验分型中西医结合治疗的研究”获浙江省卫生厅一等奖，排名第四

1995 年 “慢性粒细胞白血病造血干细胞变异体外动态观察及临床意义”浙江省卫生厅二等奖，排名第五

1997 年 浙江中医学院“西学中班”毕业

1999 年 “中药与皮质激素联合治疗溶血性贫血”获浙江省自然科学优秀论文奖二等奖

2000 年 晋升中西医结合主任医师

“造血干细胞移植联合中医中药治疗恶性血液病”获浙江省卫生厅二等奖，排名第二

2002 年 受聘为浙江中医药大学硕士生导师

2003 年 “环孢菌素 A 与雄激素联合治疗慢性再生障碍性贫血”获浙江省自然科学优秀论文奖二等奖

2004 年 任职浙江省中医院血液科主任

主持浙江省首例再生障碍性贫血骨髓移植术成功

2005 年 晋升二级教授，评为省教育系统 2003-2004 年度“事业家庭兼顾型”先进个人

作为科室主任带领浙江省中医院血液科成为卫生部首批“中华骨髓库采集医院”、“中华骨髓库移植医院”定点单位

2006 年 在浙江省医学会第七届会员代表大会上被评为优秀学会工作者

“HLA 半相合亲缘性骨髓移植联合中医中药治疗白血病”获浙江省科技进步奖二等奖，排名第二

浙江省中医药学会血液病分会成立，周郁鸿教授当选为第一届委员会主任委员

2007 年 被聘为中国免疫学会血液免疫专业委员会委员

受聘为浙江中医药大学博士生导师；8 月 20 日，被聘为浙江省抗癌协会第五届 血液淋巴瘤专业委员会副主任委员（2007 ～ 2012 年）

担任全国中医血液病“再障”协助组组长

带领浙江省中医院血液科成为国家中医药管理局“十一五”重点专科

2008 年 带领科室成为国家中医药管理局“十一五”重点专科再生障碍性贫血协作组组长单位

浙江省中医院院成为第一批国家中医临床研究基地（血液病），周郁鸿教授担任学术带头人

2009 年 “净化的自体外周血干细胞移植联合中医药治疗难治复发性自身免疫病”获浙江省科学技术奖二等奖，排名第一

周郁鸿教授当选浙江省医学会血液病学分会第八届委员会副主任委员

带领浙江省中医院血液科成为国家中医药管理局“中医血液病学”国家中医药重点学科

2010 年 周郁鸿教授担任《浙江医学》第七届编委会编委

带领科室成为卫生部国家临床重点专科中医建设单位（血液病）

带领科室成为浙江省高校重中之重（一级）学科：中医内科（血液病）

“升血灵联合 ATG、CsA 治疗急性再生障碍性贫血的研究”浙江省中医药科技创新奖一等奖，排名第一

周郁鸿教授当选中华医学会血液学分会第八届委员会委员

周郁鸿教授被评为浙江中医药大学“十一五”期间科技工作先进个人，同月被聘为浙江省医学会鉴定专家库成员（2010～2014年）

2011年　周郁鸿教授被聘为《临床血液学杂志》第四届编辑委员会编委
浙江省中医药学会血液病分会第二届委员会换届选举会议在杭州召开，周郁鸿教授再次任主任委员
周郁鸿教授被聘为浙江省中西医结合学会第二届血液病专业委员会副主任委员
周郁鸿教授被聘为中国免疫学会血液免疫分会第三届委员会委员（2011～2015年）
义务参与“ITP家园血小板病友之家”专家义诊及授课活动

2012年　周郁鸿教授担任第五批全国老中医药专家学术经验继承指导老师
带领科室成为浙江省中医药重点学科（血液免疫）
当选第一届海峡两岸医药卫生交流协会血液专家委员会委员

2013年　主编《中医血液病当代名医验案集》

2014年　中国中西医结合学会血液学分会常委，博士后流动站指导老师

2015年　周郁鸿国家级中西医结合名医工作室挂牌成立，目前已在多家医院开设工作室，如海宁市人民医院、开化县中医院、台州市中心医院、金华市中医医院、浙江萧山医院等，并进行临床指导及教学
浙江省中医院承办的中国民族医药学会血液病分会成立大会在杭召开，周郁鸿教授当选为首任中国民族医药学会血液病分会会长

2017年《周郁鸿教授治疗血液病学术经验集》出版

2018年　积极参与各项公益活动，参加白求恩志愿者服务队，组织“中华血液公益行活动”，多次为患者义诊、授课
周郁鸿教授被聘为浙江省造血干细胞捐献专家组副组长
由国家中医临床研究基地（血液病）、周郁鸿名医工作室、浙江省中医院贫血中心共同举办的血液病公益活动 “贫血及血小板病医患交流会”成功召开

2019年　周郁鸿教授被聘为白求恩公益基金会血液病专业委员会委员

附录二

# 学术传承脉络

周郁鸿

- 2003——硕士→武利强
- 2004——硕士→邵科钉
- 2005——硕士→李珍、韩扬、庄爱民
- 2006——硕士→杨阳、张宇、孙成龙
- 2007——硕士→罗培、韩俊莉、朱飞波、郭宇
- 2008——硕士→陈滨海、周秀杰
- 2009——硕士→高宇、冯尽意、高雁婷、吴迪炯、吴湘萍
- 2010
  - 博士→俞庆宏、王潇
  - 硕士→徐玲珑、朱付云、祝嘉佳
- 2011
  - 博士→刘永林
  - 硕士→张翔、沈慧芬、曾玉晓、徐瑾玉、刘婷婷
- 2012——硕士→温晓文、孙艳、罗贇飞、周琦浩
- 2013
  - 硕士→王紫齐
  - 师承→赖正清、陈志炉
- 2014
  - 博士后→刘淑艳
  - 硕士→陈佳娣、黎村丰、周丽媛、崔波涛
- 2015
  - 博士后→王珺
  - 博士→徐玲珑、周淑娟
  - 硕士→孙晓、潘琦、吴昊、郑仁智
- 2016
  - 博士→吴迪炯、邢冲云
  - 硕士→毛钰轩、许晓娜、李杭超、宋岩松
- 2017——硕士→魏岳、李晓蕾
- 2018——硕士→李朗